"十二五"职业教育国家规划教

经全国职业教育教材审定委员会

高职高专旅游类专业精品教材

饭店前厅
运行与管理

（第2版）

韩 军 主编

清华大学出版社

北 京

内 容 简 介

本书是"十二五"职业教育国家规划教材。本书针对高职高专饭店管理及相关专业的教学需要,遵循从原理到方法的思路,将管理学的基本原理与饭店前厅业务管理有机结合,系统介绍了饭店前厅管理的各个方面,包括认识前厅、客房预订、大厅服务、总台接待、前厅销售管理、前厅信息管理、宾客关系管理、前厅服务质量管理、房价管理和前厅管理人员等内容,并在每章中安排实践训练环节,以培养学生的应用技能。

本书适合高职高专饭店管理及相关专业作为教材使用,同时适合饭店从业人员参考。

图书在版编目(CIP)数据

饭店前厅运行与管理/韩军主编.--2 版.--北京:清华大学出版社,2014(2021.8重印)
高职高专旅游类专业精品教材
ISBN 978-7-302-36862-5

Ⅰ.饭… Ⅱ.韩… Ⅲ.①饭店—商业管理—高等职业教育—教材 Ⅳ.F719.2

中国版本图书馆 CIP 数据核字(2014)第 127073 号

责任编辑:刘士平
封面设计:傅瑞学
责任校对:刘 静
责任印制:宋 林

出版发行:清华大学出版社
      网 址:http://www.tup.com.cn,http://www.wqbook.com
      地 址:北京清华大学学研大厦 A 座 邮 编:100084
      社 总 机:010-62770175 邮 购:010-62786544
      投稿与读者服务:010-62776969,c-service@tup.tsinghua.edu.cn
      质量反馈:010-62772015,zhiliang@tup.tsinghua.edu.cn
      课件下载:http://www.tup.com.cn,010-62795764
印 装 者:三河市少明印务有限公司
经 销:全国新华书店
开 本:185mm×260mm 印 张:15.25 字 数:350 千字
版 次:2009 年 9 月第 1 版 2014 年 12 月第 2 版 印 次:2021 年 8 月第 7 次印刷
定 价:32.00 元

产品编号:059277-01

随着旅游业的繁荣,旅游教育也同步发展并促进了旅游业的发展。目前,相关专业的教材比较丰富,特别是对于饭店管理专业来说,由于各院校开设的旅游类专业,多数都是从酒店管理专业开始的,相应的教材比较成熟,品种和版本都比较多,也包括前厅与客房管理方面的教材。这些教材存在的主要不足是,要么缺乏实践教学安排和指导,要么实训教材与理论教材单列,使用起来有些不便,对于高职高专院校的针对性不够,不能满足培养饭店所需的高素质技能应用型人才的需要。本书编者结合多年从事饭店管理相关专业的教学管理经验和深入企业锻炼实践的收获,编写了这本《饭店前厅运行与管理(第2版)》。本书可作为高职高专院校饭店管理与相关专业的教学用书,也可以作为饭店管理人员和从业人员学习的参考资料和培训用书。本书遵循从原理到方法的逻辑编写,在基本结构系统科学的前提下,力图体现以下原则。

1. 典型工作任务导向原则

首先对饭店前厅部各工作岗位进行划分,然后再对不同岗位的典型工作任务进行描述,最后教给学生完成这些工作任务所需要的知识和技能。

2. 理论与实践一体化原则

教材不再只讲理论知识,而是按照工作任务的需要,通过理论知识帮助学生完成工作任务,使教材的使用与高职院校推行"教、学、做"一体化的教学改革相适应。

3. 教材内容最新原则

饭店业的发展呈现出集团化、专业化、精品化、主题特色化的趋势,在前厅的设施、服务与管理模式上均有体现,所以教材的修订将及时吸收最新的饭店行业发展动态信息。

4. 服务培养目标原则

高职院校饭店管理专业,培养的是高素质应用型人才,岗位目标是基层督导。因此,无论是服务技能的训练,还是专业知识的传授,都要紧紧对应督导层管理工作的需要,做到服务技能过硬,理论知识够用。

本书第2版被教育部评为"十二五"职业教育国家规划教材。本书由贵州商业高等专科学校的韩军教授设计和编写大纲,并负责全书的修编工作。贵阳世纪金源大酒店总经理刘利萍先生、贵阳凯宾斯基大酒店总经理福纳德先生、贵州饭店副总经理刘莉女士为本书的修订提供了宝贵意见,在此表示衷心感谢!

由于编者学识水平有限,阅历经验不足,书中难免有缺憾和不妥之处,敬请各位同行和读者批评指正。

编 者

2014 年 6 月于贵阳

任务描述

- 了解前厅部在饭店经营管理和服务运转中的重要地位
- 了解前厅部的主要任务
- 了解前厅部的组织机构及岗位职责
- 了解前厅部与饭店其他部门的工作关系
- 了解饭店大堂的设计布局

子任务 1.1 前厅部的地位和主要任务

前厅部(Front Office)是饭店为销售饭店客房,接待住店客人,办理各种服务手续,联络和协调饭店各部门对客服务,为客人提供前厅服务而设立的综合性部门。前厅部的工作具有接触面广、政策性强、业务繁杂、关系全局等特点,是饭店经营管理中必不可少的重要环节。

1.1.1 前厅部的地位和作用

1. 前厅部是饭店业务活动的中心

任何一家好的饭店都把自己当成客人的家外之家来运作,竭尽所能为客人提供方便、快捷、舒适、温馨的服务,因而饭店为满足客人的需要设立了多个服务部门和管理机构。这些岗位和部门的正常运转,都是以前厅部的运转为中心的。

客房是饭店最主要的产品,前厅部通过客房销售来带动饭店其他各部门的经营活动。为此,前厅部积极开展客房预订业务,为抵店的客人办理入住登记手续和安排客房,积极宣传和介绍饭店的相关服务项目。同时,前厅部还及时将客源、客情、客人需求及投诉等信息传递给各有关部门,联络和协调全饭店的对客服务工作,以确保服务工作的质量和效率。

前厅部自始至终都是对客服务的中心,是客人与饭店联络的纽带。从客人抵达饭店前的预订,到入住和离店后的工作,都离不开前厅部。前厅部作用如图1-1所示。

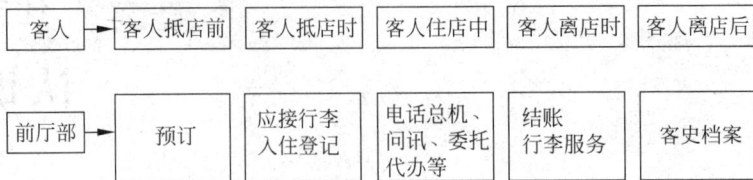

客人	→	客人抵店前	客人抵店时	客人住店中	客人离店时	客人离店后
前厅部	→	预订	应接行李入住登记	电话总机、问讯、委托代办等	结账行李服务	客史档案

图 1-1　前厅部与饭店业务关系图

2. 前厅部是饭店管理机构的代表

由于前厅部是饭店对客服务的中心,在客人心目中它就是饭店管理机构的代表。客人入住登记在前厅,离店结账在前厅,客人遇到困难需要帮助找前厅,客人感到不满而投诉也找前厅。

前厅部工作人员的言行举止将会给客人留下深刻的第一印象,因此前厅工作人员要以彬彬有礼的态度待客,以娴熟的技巧为客人提供服务,妥善处理客人投诉,认真、有效地帮助客人解决疑难问题,让客人感到放心和满意。因此,前厅部的工作直接反映了饭店的工作效率、服务质量和管理水平,直接影响饭店的整体形象。

3. 前厅部是饭店管理机构的参谋和助手

前厅部是饭店业务活动的中心,是对客服务的中心,当然也就是饭店的信息中心,能够及时获得市场的变化信息和消费者需求信息。前厅部将收集到的信息加以整理和加工,制作相应的数据表格,定期向饭店的管理者提供饭店经营管理状况的数据和报告。前厅部可以利用自己直接接触和了解客人需求的优势,定期向饭店管理者和机构提供咨询意见,作为制订和调整饭店计划和经营策略的参考依据。

由此可见,前厅部的运行和管理水平能反映出整个饭店的工作效率、服务质量和管理水平,并直接影响饭店的经营效果,其地位和作用是十分重要的。

1.1.2　前厅部的工作特点

1. 工作内容庞杂

前厅部的工作范围较广,项目多,通常包括销售、寄存、接待、收银、问讯、票务、预订等一系列工作内容,并且每项工作都有相应的规范与要求,在具体的操作过程中必须严格遵守,才能使宾客满意。

2. 工作涉及面宽,影响全局

前厅在整个饭店的管理过程中负有协调功能,必然与各个相关部门发生联系,有时不仅需要熟悉本身的业务,还要了解其他部门的情况,才能帮助顾客解决问题。

3. 专业要求高

随着时代的进步,现代科技不断引入到各行各业的管理中,饭店前厅也大都实行了计算机管理,员工必须经过专业培训才能上岗操作。另外,在帮助宾客克服困难,回答其提出的问题时,也需要员工具备相应的能力与业务知识背景,这就对员工的素质、专业技术水平、业务水平提出了较高的要求。

4. 政策性强

无论是关于客房的销售,放假的折扣,特殊接待的全局调动,还是处理客人的问讯、投诉等,都是涉及整个饭店经营的政策性很强的工作,稍有疏漏就可能造成政策性错误。这就要求前厅部工作人员必须熟练掌握饭店在对客服务中的各项政策和具体执行要求。

1.1.3 前厅部的主要任务

1. 销售客房

前厅部的首要工作任务就是销售客房。在参与饭店的市场调研与市场预测、参与房价及促销计划制订的基础上,配合销售部进行宣传促销活动,主要是负责开展客房预订业务,掌握并控制客房出租状况,为宾客办理登记入住手续,安排住房并确定房价,在饭店总体销售计划的指导和管理下,具体完成未预订客房的销售和已预订散客的实际销售手续。

2. 提供各类综合服务

前厅是对客服务的集中点,担负着为宾客服务的各项工作,如门厅迎送服务、问讯服务、投诉处理、为客人提供行李搬运、出租车服务、邮电服务等。

3. 联络和协调对客服务

前厅是沟通饭店与客户的桥梁,它根据客人的要求,保持与饭店各部门之间的有效联系,与其密切配合,及时传输有关客务信息,协调涉及多个部门的宾客事务,保证对客服务的准确、高效,为饭店树立良好形象。

4. 管理客账

前厅部还是饭店业务运行过程中的财务处理中心,主要是要做好宾客账单的管理工作。一般来说,前厅须为住店客户分别建立账户,根据各营业部门转来的客账资料,及时记录宾客在住店期间的各项用款,且进行每日核计、累加,保证账目的准确,以求在宾客离店前为其顺畅地办理结账事宜。

5. 处理相关信息资料

前厅是宾客活动的中心,因而也是各类信息的集散地,包括外部市场和内部管理等各类信息,大到旅游业发展状况、世界经济信息,小至开房率,客人的住店、离店、预订情况等,前厅部不仅要收集这类信息,而且要对其进行加工、整理,送传到相应的经营、管理部门。

6. 正确显示客房状况

前厅部必须在任何时刻正确地显示每个房间的状况,如住客房、走客房、空房等,为客房的销售和分配提供可靠的依据。

1.1.4　前厅部的工作要求

前厅部特定的工作内容对其员工提出了特定的工作要求。

1. 员工必须具备良好的服务意识

前厅是饭店的门面,前厅服务质量的好坏,具有深远的意义,因此,前厅的员工要格外强化自身的服务意识,力求做到热情、细致、周到。员工还要落落大方、彬彬有礼、笑容可掬,把顾客的烦恼当成自己的烦恼,认识到自己的一言一行就代表了饭店的形象,自己的表现可能给饭店带来利益,也可能使饭店蒙受损失,从而进一步约束自己的言行,爱岗敬业,认真负责地做好本职工作。

2. 员工必须有勤奋好学、探索求知的精神,不断提高自己的素质,拓宽自己的知识面,以求更好地为顾客服务

前厅部遇到的工作情况千变万化,不一而足,往往是随着顾客的变化而变化,因此,员工为了适应不断出现的新情况,必须努力学习新的知识,完善自己,厚积薄发,把工作做得更出色。

3. 员工必须有良好的语言理解能力、表达能力及交流能力

前厅部员工接触宾客的机会是较多的,要向顾客解释问题,同时也要回答顾客提出的问题,而顾客往往又是天南海北、各种人都有,为了顺利地与对方交流,员工必须有相当的理解能力。另外,最好是能掌握一些方言,能熟练运用一两门外语。

4. 员工必须有良好的仪态,言谈举止要得体

为了让顾客有宾至如归的感觉,员工必须要练好基本功,注意仪表仪容,按饭店规定着装,做到干净整齐、仪态大方,给人亲切感。

5. 员工必须机智灵活,具备较强的应变能力

前厅部是饭店的神经中枢,事务繁杂,每天必须妥善处理各种各样的人和事,因此,要求前厅员工发挥自己的聪明才智,随机应变。

1.1.5　前厅部员工应注意的事项

除了以上总体原则外,前厅部的员工在工作中还有一些需要注意的事项,具体有以下几方面。

1. 注意使用礼貌用语

如"请"、"您"、"对不起"、"先生"、"女士"等。

2. 时刻提醒自己要面带微笑

微笑是一种联络情感最自然、最直接的方式,同时也是最有效的,它能将一切误会与不快驱散,建立起愉快和谐的氛围。

3. 要善于在工作中控制自己的情绪

一旦遇到专横无理的客人,要耐心说服劝导,决不能随着客人的情绪走,要坚决避免与客人发生争吵乃至冲突。

4. 学会艺术地拒绝

在前厅工作,经常会碰到这样一些情况,如客人提出了不符合饭店有关规定,或者是难以帮助其实现的要求,那么员工该如何处理呢? 违反规定去满足客人的要求当然是不应该的,敷衍了事地答应客人,而后又不真正兑现承诺就更不应该。所以,员工不能轻易地答应客人,同样也不能直接生硬地拒绝客人,正确的做法是向客人耐心地说明有关情况,委婉地表明自己爱莫能助,请客人谅解。在一般情况下,客人都是通情达理、能够给予理解的,这样就妥善处理了难题,避免了误会与冲突。

子任务 1.2 前厅部的组织机构及主要岗位职责

1.2.1 前厅部机构设置的原则

前厅部组织机构这一各部分间关系的模式直接决定着组织中正式的指挥系统和交通网络,它不但影响着信息沟通与利用的效率,而且会影响到前厅员工的心理和能力的发挥,从而影响前厅部的效率乃至饭店的经营。因此,恰当的前厅部组织结构设置,对于有效地实现组织目标,是至关重要的。前厅部员工在星级饭店里通常占饭店员工总数的25%以上,这些员工的素质比其他部门要求高。如何有效地组织这些员工,完成前厅部的业务运转,必须遵守以下组织原则。

1. 从实际出发

前厅部组织机构设置应根据饭店的性质、规模大小、地理位置、经营特点及管理方式而定,合理配备人员。如果规模小的饭店或以内部接待为主的饭店就可以将前厅部归入房务部,而不必单独设立前厅部。

2. 机构精简

前厅部的组织机构设置,必须遵守精简原则。前厅部机构精简,不仅利于劳动力的节省,而且更重要的是利于工作效率的提高和人际关系的融洽。否则,人浮于事,势必影响前厅业务运转效率。特别是前厅部的管理人员更应精简。前厅部的定员一定要以前厅工作分析为基础,以工作定员工,而不要因人而找工作,将可有可无的员工安排在前厅。明确各层次与各岗位人员的职责不重复,垂直领导,明确指挥体系及信息渠道的高效畅达。但机构精简不能出现工作职能空缺现象和管理的"真空地带"。

3. 分工明确

前厅部各机构及岗位人员的职责和任务应明确,指挥体系应高效、健全,信息传达的渠道应畅通,应避免出现管理职能的空缺、重叠或相互扯皮现象。

4. 便于协作配合

前厅部机构设置不仅要便于前厅部内部各岗位、各环节间的协作,而且要有利于前厅部与其他部门间的协调配合。

5. 管理幅度和管理层次

为了保证饭店的运行,现代化饭店通常采取"四级管理"、"垂直领导"的管理体制。前厅的管理幅度通常是六个分部,管理层次通常是三层,但这一标准会随着饭店的规模和档次变化有所不同。总之,为了保证前厅部业务运行效率,管理幅度和层次是必须考虑的内容。

在以上组织原则的指导下,前厅部的组织机构随着饭店的规模不同而有较大的差别。客房数在20间以下的饭店,通常被称为小型饭店,其组织机构的设置一般比较简单,但是要突出前厅、餐饮、客房和工程维修以及财务部的作用。在大型饭店里,前厅部的管理层次和管理幅度都大于中小型饭店,但是前厅在饭店总体管理中的地位却更加突出。

1.2.2　前厅部组织机构图

饭店规模大小不同,前厅部组织机构可以有很大的区别,具体体现为以下几点。

1. 大型饭店管理层次多,小型饭店管理层次少

大型饭店可能有前厅部经理—主管—领班—服务员四个层次,而小型饭店可能只有经理—领班—服务员三个层次。当然,随着管理手段的信息化和现代化,前厅部组织机构有扁平化发展趋势,管理层次减少,管理幅度加大,以提高沟通和管理效率,降低管理费用。

2. 大型饭店组织机构多,而小型饭店少

如大型饭店设有出租车队、商务中心、外币兑换处、礼宾服务处等,而小型饭店往往没有这些专门的机构。

3. 大型饭店前厅部职能划分较细,比较专一,而小型饭店往往一岗多能。

由于前厅部与客房部的密切关系,大多数饭店将前厅部与客房部合二为一,称为"客务部"或"房务部"(Room Division),也有饭店考虑到前厅部的销售功能将前厅部归到饭店的公关销售部。图1-2～图1-4是大、中、小型饭店的组织机构参照图。

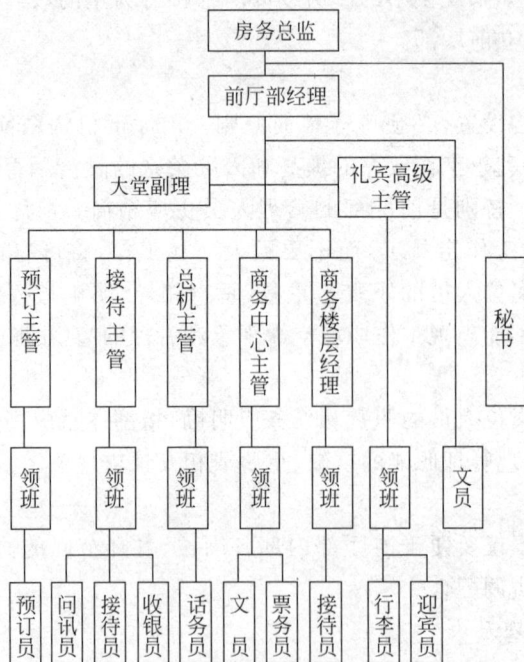

图1-2　大型饭店前厅部的组织机构图

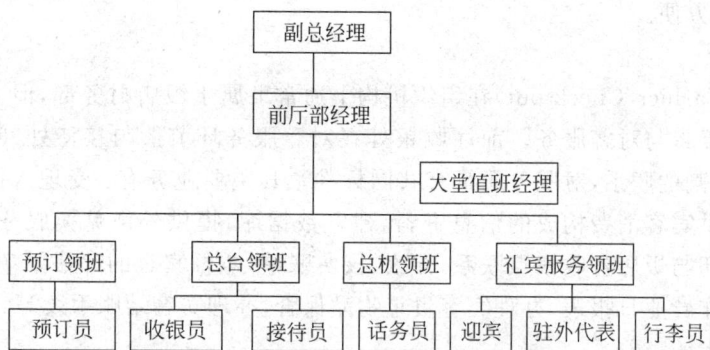

图 1-3 中型饭店前厅部组织机构图

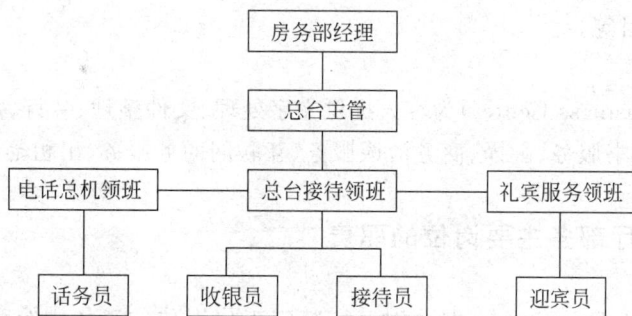

图 1-4 小型饭店总台组织机构图

1.2.3 前厅部主要部门业务简介

1. 预订处

预订处(Room Reservation)主要负责未来客人和目前客人的客房预订,做好饭店所有客房的占用和使用情况的登录工作,以便保证未来不出现超额预订出租客房的现象。另外,当大型团队租用客房时,预订部必须与销售部保持密切的联系。

2. 接待处

接待处(Reception/Check-in/Registration)主要负责迎送接待、推销客房、开房登记、排房、准确控制客房状态、协调对客服务、积极参与饭店的促销活动、建立客账、制作统计分析报表等业务。

3. 问讯处

问讯处(Information/Inquiry)负责回答客人有关饭店服务的一切问题及饭店的交通、旅游、购物等内容的询问,代客对外联络,处理客人的邮件等。

4. 行李处/礼宾部

行李处/礼宾部(Bell Service/Concierge)负责在机场和饭店的门厅恭候来店的客人,引导客人办理入住登记手续,应客人要求办理外出饭店的交通、观光或其他事务,以便给予客人最大的方便。

5. 收银处

收银处(Cashier/Check-out)在组织机构上通常隶属于饭店财务部,但工作地点位于饭店大堂,直接参与对客服务。前厅收银处在对客服务环节上与接待处、问讯处和预订处有着不可分割的联系,对服务质量有共同标准。其主要业务有:受理入住宾客的预付担保手续,提供宾客消费构成的信息资料,建立数据库,提供外币兑换服务,管理住店宾客的账卡,密切与饭店各收银点联系,催收、核实账单,监督宾客的赊账限额,营业情况的夜间审计,制作营业日报表,办理宾客贵重物品保管,办理宾客结账手续等。

6. 电话总机

电话总机(Switch Board/Operator)及时准确地接转饭店内外客人的电话,向来店客人提供信息服务,按照客人要求提供叫醒服务,记录客人电话账单并转交收银处,播放背景音乐和影视节目等。

7. 商务中心

商务中心(Business Center)为客人提供文字处理、文件整理、装订、复印服务、传真及国际快运服务、秘书服务、翻译、商务洽谈服务、互联网商务服务、出租笔记本计算机等。

1.2.4　前厅部各主要岗位的职责

岗位职责(Job Description)是指对某一特定工作岗位的工作内容和应负的责任,包括这一岗位的工作性质、工作职责、工作内容及工作手段、方法等。饭店前厅部制定岗位职责的目的在于确保各岗位工作内容清晰、目标明确、要求统一、责任到人,从而形成有机统一的运作机制,进一步提高工作效率和服务质量。制定完善且操作性强的岗位职责是饭店前厅部运行与管理的一项重要的基础性工作。因此,制定岗位职责应尽量做到文字通俗易懂、描述客观准确、职责条理分明、要求具体明确、定性与定量相结合,保证各级别、各岗位的有机联系。

岗位职责有时还包含任职资格要求(Job Specification),即对从事某一岗位工作人员的资格要求,包括年龄、性别、学历、工作经验、特殊技能及性格特征等多方面的条件。以下就以某五星级饭店前厅部的岗位职责加以说明。

1. 前厅部经理

(1) 管理层级关系

① 直接上级:饭店总经理、分管副总经理。

② 直接下级:前厅部副经理、接待部主管、商务主管、礼宾部主管、大堂副理。

(2) 任职要求

① 自然条件:男25~45岁,女25~45岁;身高为男1.75米以上,女1.63米以上;精力充沛,仪表端庄。

② 文化程度:大学本科毕业或同等学力以上,饭店管理相关专业。

③ 工作经验:曾在同档星级饭店前厅任经理职务,熟悉前厅部运作及管理规范。

④ 语言能力:流利的普通话、较强的英语口语表达能力。

（3）岗位职责

① 对总经理负责,全面主持前厅部的工作。

② 对各分部主管下达工作任务并指导、落实、检查、协调。

③ 负责培训所有前厅部接待人员,达到本饭店要求的接待服务效率、标准和接待礼仪及服务程序标准。

④ 负责本部门的人力调度,确保前厅部营业各岗的运行顺利。按照奖惩条例对各岗员工进行定期评估。

⑤ 检查前厅部各岗人员的仪容、仪表、仪态、工作程序、工作效率,保证对客热情有礼,服务周到。

⑥ 负责做好客房出租率预测,确保房间出租情况、订房情况、到店和离店情况以及房账收入和其他一些由管理部门要求的统计情况的准确性。

⑦ 控制前厅部劳务费用,保证前厅部人员配备合理及每人劳动强度合理。

⑧ 控制前厅部营业费用,制定预算,量化消耗,合理使用物料用品。

⑨ 爱护各项设备设施,保证完好和正常工作。

⑩ 负责处理客人对客房和其他服务区域的投诉。同时要跟踪检查落实对客人的投诉的补救措施,最终赢得客人的满意和谅解。

⑪ 负责前厅部的安全和消防工作。

⑫ 确保前厅部与饭店各部门、社会团体对饭店业务有关企业、公司、商社、机构的良好公共关系,以确保饭店有一个宽松的经营环境。

⑬ 组织参与 VIP 客人的接待入住、迎送工作。

⑭ 主持召开部门会议、业务会议、例会等,提出工作疑难、工作计划、工作建议等。

⑮ 完成总经理交办的其他工作任务。

2. 前厅部副经理

（1）管理层级关系

① 直接上级:前厅部经理。

② 直接下级:接待部主管、商务主管、礼宾部主管、大堂副理、宾客关系主任。

（2）任职要求

① 自然条件:男 24～45 岁,女 24～45 岁;身高为男 1.75 米以上,女 1.62 米以上。

② 文化程度:大学本科毕业或同等学力以上,饭店管理相关专业。

③ 工作经验:曾在同档星级饭店前厅部任经理职务,熟悉前厅部运作及管理程序。

④ 语言能力:流利的普通话、较强的英语口语表达能力。

（3）岗位职责

① 直接参与所负责部门每天的日常接待工作。

② 直接督导总台及各部门主管工作,深入了解员工事务、服务态度及工作质量,及时向前厅部经理汇报,解决各种工作问题。

③ 负责培训分部员工的业务技能、服务标准、礼仪规范、外语等。

④ 检查前厅部各岗人员的仪容、仪表、仪态、工作程序、工作效率,保证对客热情有理,服务周到。

⑤ 掌握当天客情及预订情况。

⑥ 制订本部门的物资设备供应计划。

⑦ 参加主管例会,了解员工的思想状况。

⑧ 检查、负责本部门的安全、防火工作。

⑨ 完成上级交办的其他任务。

3. 接待部主管

(1) 管理层级关系

① 直接上级:前厅部经理、前厅部副经理。

② 直接下级:接待部领班、接待部员工。

(2) 任职要求

① 自然条件:男22～35岁,女22～35岁;身高为男1.7米以上,女1.62米以上;精力充沛,仪表端庄。

② 文化程度:大学专科以上学历。

③ 工作经验:具有3年以上同档星级饭店接待工作经验,2年以上管理经验。

④ 语言能力:流利的普通话、英语或其他外语。

(3) 岗位职责

① 制订总台工作计划、定期总结、推动总台工作。

② 调整和完善总台规章制度以适应发展。

③ 主持总台全面工作,上传下达与有关部门协调、沟通、密切合作。

④ 指导总台班组的日常运转,向客人提供最佳服务与客人建立起良好的关系。

⑤ 制订培训计划,编写培训教材,组织实施培训。

⑥ 收集宾客意见,及时反馈。

⑦ 与其他主管及时沟通,协调处理总台问题。

⑧ 记录当日工作中存在的问题、建议并及时向部门经理汇报,将上级指示及时传达给每位员工。

⑨ 做好总台的安全、消防工作及各项清洁卫生的检查工作。

⑩ 完成经理或其他管理部门所交办的任务。

4. 接待部领班

(1) 管理层级关系

① 直接上级:接待部主管。

② 直接下级:接待部员工。

(2) 任职要求

① 自然条件:男22～35岁,女20～30岁;身高为男1.7米以上,女1.62米以上;身体健康、精力充沛,五官端正、仪表端庄。

② 文化程度:中专或高中以上学历。

③ 工作经验:具有2年以上同档星级饭店总台接待工作经验,1年以上管理经验。

④ 语言能力:流利的普通话、英语或其他外语。

（3）岗位职责

① 受部门经理的领导,直接接受本班组主管的工作指示。

② 熟练掌握业务知识及操作技能,负责有关住房、房价、饭店服务设施的查询和推销工作。

③ 检查、督导员工履行工作职责,严格按照工作程序为客人服务。

④ 重视客人的投诉,要尽最大努力答复,遇到不能解决的问题及时报告主管。

⑤ 按照部门的规定,及时、详细、准确办理入住手续(登记、输入计算机)。

⑥ 督促总台全体员工为宾客提供迅速、准确、礼貌的服务。

⑦ 详细记录交班事项,如有重要事件必须下一班继续完成的都应详细记录。

⑧ 在熟悉业务知识的基础上,协助主管培训新员工,承担培训者的职责。

⑨ 注意检查员工的仪容、仪表及精神面貌,确保为客人提供优质服务。

⑩ 对工作中发生的重要问题及时向上级汇报,完成主管交办的其他事项。

5. 接待部员工

（1）管理层级关系

直接上级：接待部领班。

（2）任职要求

① 自然条件：男 20～30 岁,女 20～30 岁；身高为男 1.7 米以上,女 1.62 米以上；身体健康、精力充沛,五官端正、仪表端庄。

② 文化程度：中专或高中以上学历。

③ 工作经验：具有 1 年以上同档星级饭店同类工作经验。

④ 语言能力：流利的普通话、英语或其他外语。

⑤ 特殊要求：计算机操作熟练。

（3）岗位职责

① 接待住店、来访客人(包括团体客人、散客),为客人办理入住登记手续。

② 做好 VIP 客人入住的准备工作,高规格地为宾客办理登记入住手续。

③ 为客人排房(包括预先排房)和确定房价,并做好有关客人资料的档案登记和整理工作。

④ 正确地显示客房的实时状态。

⑤ 协调对客服务,保持并发展与相关部门的沟通与联系。

⑥ 接待投诉客人,解决不了的问题及时上报领班或主管。

⑦ 制作客房营业日报表等表格。

⑧ 迅速、准确地回答客人的问讯(包括介绍服务信息、市内观光、天气、交通情况等)。

⑨ 处理客人留言以及分发、回收钥匙,保管客人寄存的物品。

⑩ 提供查询、寻人服务。

⑪ 掌握住客信息,了解当天的饭店餐饮宴席、会议活动、VIP 客人抵离、房间预订情况。

6. 商务主管

（1）管理层级关系

① 直接上级：前厅部经理、前厅部副经理。

② 直接下级:总机领班、总机话务员、商务中心领班、商务文员。

(2) 任职要求

① 自然条件:女,22~30 岁;身高 1.62 米以上;精力充沛,仪表端庄,嗓音优美。

② 文化程度:大学专科以上学历。

③ 工作经验:具有 3 年以上同档星级饭店商务中心、总机工作经验,2 年以上管理经验。

④ 语言能力:流利的普通话、英语或其他外语。

(3) 岗位职责

① 检查每天的交接班记录。

② 检查总机房、商务中心工作用品情况,及时申领补充,保证工作正常进行。

③ 检查员工的仪容、仪表及各班出勤情况。

④ 督导话务员准确、迅速、耐心、周到的服务和保持良好的语音、语调,确保总机房和商务中心的各项服务符合标准和规范。

⑤ 确保各班良好的工作秩序和环境的清洁卫生。

⑥ 处理电话业务中和商务服务中的意外事件和特殊情况。

⑦ 在业务繁忙时参与电话服务工作和商务中心服务工作。

⑧ 熟悉常、长住客以及重要客人的姓名及特殊服务要求,熟悉饭店当日的重大接待活动及要求,及时布置、跟办有关事宜。

⑨ 负责与电信局、外单位相关部门及饭店各部门的联系,处理与这些部门有关的事宜。

⑩ 月底打印饭店各部门话单和商务中心公关费用并送交财务部。

⑪ 每周进行工作小结,每年进行年终总结。

7. 总机领班

(1) 管理层级关系

① 直接上级:商务主管。

② 直接下级:总机话务员。

(2) 任职要求

① 自然条件:女,20~30 岁;精力充沛,嗓音甜润、普通话标准。

② 文化程度:中专或高中以上学历。

③ 工作经验:具有 2 年以上同档星级饭店同类工作经验,1 年以上管理经验。

④ 语言能力:流利的普通话、英语或其他外语。

(3) 岗位职责

① 直接参与电话服务工作。

② 掌握总机房机器设备的功能、操作使用和注意事项。

③ 热情、耐心解答客人的各种问讯。

④ 处理客人的投诉电话和无理取闹电话,并及时向上一级请示汇报。

⑤ 熟悉常、长住客以及重要客人的姓名及特殊服务要求,熟悉饭店当日的重大接待活动及要求,处理本班组接线员发生的问题。

⑥ 当班结束时，与下一班次交接清楚。

8. 总机话务员

（1）管理层级关系

直接上级：商务主管、总机领班。

（2）任职要求

① 自然条件：女，20～30 岁；精力充沛，嗓音甜润、普通话标准。

② 文化程度：中专或高中以上学历。

③ 工作经验：具有 1 年以上同档星级饭店同类工作经验。

④ 语言能力：流利的普通话、英语或其他外语。

（3）岗位职责

① 迅速、准确地接转每一个通过交换台的电话。

② 时刻保持良好的工作状态，礼貌地回答客人提出的问题。

③ 注意接班后 MORNING CALL、电话转移及 IDD 与 DDD 情况。

④ 熟悉了解各营业点的作息时间，以及位置所在。

⑤ 牢记饭店内部各部门及主要负责人的电话号码，熟悉北京各大饭店电话号码。

⑥ 遇到投诉及其他问题及时向领班汇报。

⑦ 保持总机房内清洁卫生。

⑧ 认真填写交班日记，注意交接事项，如 VIP 入住情况、住房情况、叫醒服务情况、电话留言情况等。

⑨ 合理使用、保养机房设备，遇到机器故障应立即联系相关人员予以维修。

⑩ 对于总机房内部资料应严格保密，遵守机房制度。

⑪ 在日常工作中不断收集新信息、资料，做好记录，以便话务工作更完善。

9. 商务中心领班

（1）管理层级关系

① 直接上级：商务主管。

② 直接下级：商务中心文员。

（2）任职要求

① 自然条件：女，20～30 岁；身体健康、精力充沛，嗓音甜润、普通话标准。

② 文化程度：中专或高中以上学历。

③ 工作经验：具有 2 年以上同档星级饭店商务中心工作经验，1 年以上管理经验。

④ 语言能力：流利的普通话、英语或其他外语。

⑤ 特殊要求：计算机操作熟练。

（3）岗位职责

① 精通商务中心各种设备设施的操作技术，熟悉商务中心各项业务工作流程。

② 当值时负责商务中心、商务总台的各项服务。

③ 每天检查本部门员工的仪容仪表和工作安排，督促员工的工作。

④ 每天检查、清洁商务中心及商务总台的各种设备设施。

⑤ 负责保持商务中心和商务总台工作环境的整洁。

⑥ 收集并为宾客提供本市商务、贸易等方面的最新信息。

⑦ 帮助员工化解工作中遇到的困难,处理工作差错和事故。工作中发现的各种问题及时向主管汇报,以便及时解决。

⑧ 掌握客情和预订资料,并做好客人的资料登记,督促并检查计算机输入人员输入资料的准确性。

⑨ 负责商务中心和商务总台各种文件、资料的整理归档工作。

⑩ 做好每天的工作日志记录。

⑪ 积极参加各级、各类培训,不断提高专业水准。

⑫ 发挥工作主动性与积极性、搞好员工间的团结与协作,完成上级交办的其他任务。

10. 商务中心文员

(1) 管理层级关系

直接上级:商务主管、商务中心领班。

(2) 任职要求

① 自然条件:女,20~30岁;身高1.62米以上;身体健康、精力充沛,五官端正、仪表端庄。

② 文化程度:中专或高中以上学历。

③ 工作经验:具有1年以上同档星级饭店同类工作经验。

(3) 岗位职责

① 保持良好的仪容仪表和服务态度,热情为宾客提供商务中心各项服务。

② 熟练操作商务中心的各项设备设施。

③ 做好VIP宾客入住的准备工作,高规格地为宾客办理入住登记手续。

④ 处理宾客的各种问讯与要求,为其提供有关旅游、购物等方面的最新信息。

⑤ 负责接受宾客的换房业务。

⑥ 每天早班上班及晚班下班前都应认真进行检查,确保设施设备处于良好状态。

⑦ 为宾客提供各种最新商务信息。

⑧ 自觉地参加各级、各类培训,不断提高服务水准。

⑨ 随时向商务中心主管、领班报告工作中发现的问题,接受上级的督导。

⑩ 记好每个班次的工作日记。

⑪ 发挥工作主动性与积极性,搞好同事间的团结与协作,完成上级交办的其他任务。

11. 礼宾部主管

(1) 管理层级关系

① 直接上级:前厅部经理、前厅部副经理。

② 直接下级:礼宾部领班、礼宾部行李员、礼宾部迎宾员。

(2) 任职要求

① 自然条件:男,20~40岁;身高1.75米以上,身体健康、精力充沛,五官端正、仪表端庄。

② 文化程度:大专以上学历。

③ 工作经验:具有3年以上同档星级饭店行李部工作经验,2年以上管理经验。

④ 语言能力：流利的普通话、英语或其他外语。

（3）岗位职责

① 负责督导大厅行李员及迎宾员最大限度地为客人提供满意的服务，合理地安排散客和团队行李。

② 调查并处理涉及本组工作的客人的投诉，并整理成案例，进行留档。

③ 与相关部门保持密切联系，确保优质服务。

④ 督促行李员在仪容仪表、行为举止、服务用语等方面达到饭店要求。

⑤ 培训及考核本部领班和员工。

⑥ 做好考勤工作，合理安排人员。

⑦ 管理监督行李房、行李员休息室及服务台的卫生工作。

⑧ 定时检查核对行李房行李的库存情况。

⑨ 做好本班组的安全、消防工作。

⑩ 完成领导交办的其他任务事项。

⑪ 做好每日的工作日志记录，把工作情况汇报给经理，并将经理指示传达给员工。

⑫ 制订班组计划和进行培训工作。

12. 礼宾部领班

（1）管理层级关系

① 直接上级：礼宾部主管。

② 直接下级：行李员、迎宾员。

（2）任职要求

① 自然条件：男，20～40 岁；身高 1.75 米以上；身体健康、精力充沛，五官端正、仪表端庄。

② 文化程度：大专以上学历。

③ 工作经验：具有 2 年以上同档星级饭店行李部工作经验，1 年以上管理经验。

④ 语言能力：流利的普通话、英语或其他外语。

（3）岗位职责

① 负责本班次行李员及迎宾员最大限度地为客人提供满意的服务，合理地安排散客和团队行李。

② 及时协调解决服务中的突发事件和疑难问题。

③ 与相关部门保持密切联系，确保优质服务。

④ 督促行李员在仪容仪表、行为举止、服务用语等方面达到饭店要求。

⑤ 协助主管完成本部门培训任务。

⑥ 做好考勤工作，合理安排人员。

⑦ 管理监督行李房、行李员休息室及服务台的卫生工作。

⑧ 定时检查核对行李房行李的库存情况。

⑨ 做好本班组的安全、消防工作。

⑩ 完成领导交办的其他任务事项。

⑪ 做好每日的工作日志记录，定时汇报工作情况并且把经理指示传达给员工。

13. 礼宾部行李员和迎宾员

(1) 管理层级关系

直接上级：礼宾部领班。

(2) 任职要求

① 自然条件：男,20～30 岁；身高 1.75 米以上；身体健康、精力充沛,五官端正、仪表端庄。

② 文化程度：中专或高中以上学历。

③ 工作经验：具有 1 年以上同档星级饭店同类工作经验。

④ 语言能力：流利的普通话、英语或其他外语。

(3) 岗位职责

① 迎送客人,为进出饭店的客人开车门。

② 宾客到达时通知行李员搬运行李,在行李员未抵达前帮助照顾客人的行李。

③ 为客人指引方向,回答客人的问讯。

④ 雨天负责客人的雨具寄存服务。

⑤ 为客人安排出租车。

⑥ 协助保安做好车辆疏通工作。

⑦ 为坐出租车进店客人提供车号服务(以便客人遗失物品时可以查找)。

⑧ 为进出店客人运送行李。

⑨ 为客人提供订车服务。

⑩ 递送宾客邮件、饭店报表、报纸等。

⑪ 完成客人的委托代办业务。

⑫ 为宾客提供问讯服务。

⑬ 为客人提供寄存行李业务。

⑭ 邮政服务(寄取包裹投递信件等)。

⑮ 为客人开店门。

⑯ 为客提供店内寻人服务。

⑰ 提供出借自行车、雨伞服务。

⑱ 完成交接班内容并协同领班做好行李盘点工作。

⑲ 领班不在时起代理领班作用。

14. 大堂副理

(1) 管理层级关系

① 直接上级：前厅部经理、前厅部副经理。

② 直接下级：宾客关系主任。

(2) 任职要求

① 自然条件：男 22～45 岁,女 22～40 岁；身高为男 1.72 米以上,女 1.62 米以上。

② 文化程度：大学专科以上学历,饭店管理相关专业毕业。

③ 工作经验：两年以上四星级饭店前厅部工作经验,熟悉饭店各个部门的工作性质和工作职责。

④ 语言能力：熟练掌握一门以上外语，听、说能力较强。

（3）岗位职责

① 掌握饭店各项设施、功能及其营业时间。

② 保证本部门各分部与饭店其他相关部门保持良好的沟通及协调。

③ 及时、准确、认真地处理宾客投诉、记录反馈，事后做好案例分析，并在饭店宾客档案"REMARK"处做标记，进行有针对性的工作。

④ 每日征询宾客对饭店的建议，拨打"COURTESY CALL"，并将记录反馈给管理层。

⑤ 大堂副理各班次必须做好当日值班记录工作，并将需要"FOLLOW UP"的重要事项标明，并与下一班次做明确交代。

⑥ 如遇有宾客生病应及时协助处理，向上级及时汇报，并做好事后慰问工作。

⑦ 及时处理宾客遗留在饭店的物品，主动帮助宾客联系查找。

⑧ 督导前台工作，协助前台主管、领班做好宾客的接待工作。

⑨ 处理外电、外访的饭店总经理等领导接待工作，并代表总经理迎送 VIP 宾客。

⑩ 负责大堂各岗位运作情况，包括：员工仪容仪表、劳动纪律，服务质量，以及公共区域清洁卫生、秩序，设备完好情况。

⑪ 大堂副理必须配合保安部做好安全、消防工作，以及检查前台工作人员对外籍宾客户籍录入及发送情况。

⑫ 如遇突发事件，大堂副理必须及时上报，并积极与相关部门主管协调处理，事后做好记录。

⑬ 认真完成上级领导交办的其他各项任务。

15. 宾客关系主任

（1）管理层级关系

直接上级：大堂副理。

（2）任职要求

① 自然条件：女，22～40 岁，身高 1.68 米以上。

② 文化程度：大学专科以上学历，饭店管理相关专业毕业。

③ 工作经验：1 年以上四星级饭店前厅部工作经验，熟悉饭店各个部门的工作性质和工作职责。

④ 语言能力：熟练掌握一门以上外语，听、说能力较强。

（3）岗位职责

① 掌握饭店各项设施、功能及其营业时间。

② 协调本部门和其他部门之间的工作沟通。

③ 及时、准确地引导进店宾客，协助大堂副理解决宾客投诉。

④ 每日征询宾客对饭店的建议，装订成册。

⑤ 协助进店团体宾客的入住登记工作。

⑥ 如遇有宾客生病应及时协助处理，向上级及时汇报，并做好事后慰问工作。

⑦ 及时处理宾客遗留在饭店的物品，主动帮助宾客联系查找。

⑧ 协助本部门各个岗位的日常工作,及时补充岗位空缺。

⑨ 协助上级领导对 VIP 宾客的迎送工作,和 VIP 宾客在店期间的事务处理。

⑩ 负责大堂各岗位运作情况,包括:员工仪容仪表、劳动纪律,服务质量,以及公共区域清洁卫生、秩序,设备完好情况。

⑪ 认真完成上级领导交办的其他各项任务。

子任务 1.3　饭店大堂的设计与功能布局

前厅部各部门的工作场地,大多是在饭店的大堂区域内进行和完成的,饭店大堂设计是否科学合理,对于前厅部各个岗位职能的完成有着直接的影响。前厅部的设计与布局是饭店建筑设计的重要内容,它不仅涉及了建筑学、美术设计,更重要的是关系到饭店前厅功能的发挥。

1.3.1　饭店大堂的风格类型

1. 饭店入口设计装饰的类型及注意事项

(1) 入口设计类型

① 花园式。这类饭店入口占地面积较大,通常有流畅的回车线环绕其间,有由绿树与花草组成的各种颇具创意的图案、标志,再辅以雕塑、园林灯柱、精致栏杆的适当点缀,并与门旁的花草盆景相呼应,整个饭店门前洋溢着浓郁的自然气息。

② 支架式。支架式也称棚架式入口,一般采用玻璃钢、金属材料与透明塑料板等构成斜坡式、半球式、篷帐式和尖顶式等形态各异的棚架造型,并采用富有立体感、光亮度强与特殊质地的新材料和新工艺,再配上流动感强的现代灯光,足以引起宾客的浓厚兴趣。这类饭店入口处造型新颖、美观且富有现代特色,但设计时,应考虑到与饭店主体建筑相协调,棚架须安全可靠。

③ 门面式。其特点是将门面设计装饰与广告促销进行有效组合,以吸引更多的客人。如有些饭店利用玻璃门与落地窗张贴巨大的广告艺术画,安装立面霓虹灯,以展示饭店的特色风貌。

饭店入口门的造型也是设计的关键,通常使用旋转门、自动感应门和推拉门等。一般采用旋转门和双层感应门比较好,这样可以保持室内的恒温和避免受外部风沙等灾害性天气的影响。

(2) 注意事项

尽管饭店入口设计装饰类型有所不同,但在总体设计时,均应关注下列几个问题。

① 饭店入口处的行车路线安排应考虑右行车线。我国实行的是右侧行驶,且汽车的方向盘在左侧,为使车右侧靠近饭店大门入口以便前厅迎宾员为客人提供拉门服务,饭店的入口处、地下车库的坡道出入门位置以及门前广场的行车线路安排,均应考虑右行车线。

② 饭店入口处的车流和人流线路应互不干扰。饭店门前的交通路线应清晰,尤其是内部车流不应对城市道路造成太大的干扰,否则,极易导致客人出入时行走不便,车行线路不畅。如曾有一家饭店的入口处正中设计成大台阶,客人须拾级而上,而该饭店的门前车行坡道与广场入口刚好为反向,车辆必须在门前广场上绕一圈后才能驶进坡道。由于坡道过于狭窄,经常造成店门前车辆堵塞。如果能将饭店人流、车流较集中的多功能厅、宴会厅与餐厅等出入口单独设置,则是非常有利的,如北京的香格里拉饭店、南京的金丝利喜来登饭店等。

③ 饭店入口处应宽阔,确保人流、车流顺畅通行。饭店门前的停车道宽度,至少应能平行停放两辆车,最好为三辆车的宽度,以便在出入店高峰时迅速接待乘车客人。切忌因追求气派而设计成高台阶、大坡道。

④ 饭店门前应考虑设置足够数量的停车位。通常,饭店解决停车问题往往是从地下找出路,但为方便客人,也应考虑设计地面停车位。100 间客房的饭店一般应设置车位 25~45 个,其中,有大约为 1/4~1/3 应设置在地面上,以解决饭店门前的停车问题。

2. 饭店大堂设计装饰的类型

① 古典式。这是一种具有浓厚传统色彩的设计装饰类型,大堂内古董般的吊灯、精美的古典绘画以及造型独特的楼梯栏杆,会让客人感受到大堂空间的古朴典雅。随着各种新材料如亚光漆、彩色金属板和压纹定型板等的应用,饭店大堂古典式设计装饰有了新的生机。

② 庭园式。其设计装饰引入山水景点与花木盆景,犹如"庭中公园"。如在大堂内利用假山、叠石让水自高处泻下,其落差和水声使大堂变得有声有色;或者在大堂的一角,种植大量的热带植物,设置小巧的凉亭与瀑布,使大堂空间更富自然山水的意境。在设计装饰庭园式大堂时,应注意确保整体空间的协调,花木搭配与季节、植物习性等自然规律相符,假山体量、溪涧宽窄应与空间大小相称等。

③ 重技式。其设计显露出严谨的结构、粗实的支柱。如美国的希尔顿饭店的大堂,设置了用几十根金属管组成的高大雕塑,并以金黄色喷涂其表面,使整个大堂空间充满了生机和活力,营造出迎候八方来客的浓郁氛围。

④ 现代式。这类大堂设计装饰追求整洁、敞亮、线条流畅。如大堂顶面球面形与地面圆形图案互相呼应,再配以曲面形墙壁与淡雅的色彩,大堂顶面设计犹如繁星闪烁的灯光,让客人如身临太空,情趣无穷;若再辅以玻璃、不锈钢和磨光花岗岩等反光性强的材料装饰的通道,则大堂更显得玲珑剔透,充满了现代感。

1.3.2 饭店大堂设计依据

1. 饭店的形象定位

饭店大堂设计越来越注重突出饭店的整体形象,而饭店的形象定位本身已随着市场的竞争出现了巨大的变化。从 20 世纪 70 年代开始,以塑造和传播饭店形象为宗旨的 CI(Corporate Identity)定位盛行于饭店业;20 世纪 90 年代后,以宾客满意为宗旨的 CS(Customer Satisfaction)定位更是受到饭店业的格外关注。但仅靠塑造饭店形象以及仅让宾客满意还远远不能确保饭店在竞争中永远立于不败之地。饭店必须培养一批忠诚的客人,并以此为饭店的基本消费群,来保持饭店基本营业销售额,进而通过建立起的忠诚客户群去影响、带动更多的潜在客人来光顾饭店。于是最新的 CL(Customer Loyalty)以建立宾客忠诚为战略的定位便应运而生,并日益受到饭店业的青睐。例如,香港半岛饭店的开放式大堂服务设计,使饭店的大堂从饭店开业起就成为许多航空公司和旅行社的服务基地,也曾作为机场出港登记处,现在,其大堂已成为商人洽谈生意,新闻界收集信息,社会名流聚会、闲坐、聊天消磨时光的好场所。饭店大堂就如一块磁铁,将天涯海角的宾客源源不断地吸引进来,饭店一年的总营业收入中几乎有 25% 是来自于经常惠顾的忠实客人。由此可见,大堂设计的独特品位与其特有的经营理念、精美的饮食、细致高雅的服务等是其赢得大批海内外忠诚客人的秘诀所在。

2. 饭店的投资规模

饭店的投资规模一般用所拥有的客房的总间数来衡量。按照惯例,1000 间以上往往被视为特大型饭店;500~1000 间可视为大型饭店;200~500 间可视为中型饭店;200间以下为小型饭店。在确定饭店大堂设计方案时,应考虑大堂的面积和空间。大堂的建筑面积与饭店客房间数之间有一定的比例关系,即每间客房应对应有 0.4~0.8 平方米的大堂面积。饭店每个标准客房的平均建筑面积应由其所属星级而定,并视其形象定位、经营特色、规模标准等因素加以调整。

3. 饭店的建筑结构

饭店的建筑结构是饭店大堂设计时依据的主要因素,它不仅关系到大堂空间的适度、各功能设施的布局、内外景观的再现等,还关系到饭店大堂的能源消耗、消防安全以及人流路线的顺畅和大堂特色氛围的营造等。饭店的建筑结构一般有塔式、板式与内天井式三种。其中,内天井式结构的饭店大楼里,大堂为无顶开放。尽管其能耗过大,日常开支增加,但它提供了在室外才能体验到的仰视、俯视观景条件,亦给饭店带来了特有的气魄。其基本的设计模式是大楼内装有观光电梯,当电梯向上运行时,客人便可观看到大堂里的一切。随着环境科学和行为科学的发展,饭店大堂设计在解决使用功能的同时,还应注重突出精神功能,以满足客人的精神需求。

4. 饭店的经营特色

饭店的大堂设计也应以饭店的经营特色为依据,设计效果应能充分显示和烘托饭店的特色。唯有特色,才是饭店的核心竞争优势。千万不可盲目地仿效其他饭店,"似曾相见"的设计效果应加以避免。

饭店大堂设计,应遵循饭店的经营理念。在"以客人为中心"的经营理念下,饭店大堂设计要注重给客人带来美的享受,创造出宽敞、华丽、轻松的气氛。而在"力求在饭店的每寸土地上都要挖金"的经营理念下,饭店开始注意充分利用大堂宽敞的空间,以开展各种经营活动。如曾作为饭店业典范的北京建国饭店,就充分利用大堂空间,开展餐饮经营活动,并取得了良好的经济效益。

1.3.3 大堂设计原则

1. 效益性

功能是大堂设计中最基本也是最"原始"的层次。大堂设计的目的,就是为了便于各项对客服务的开展,同时又让客人得到心理上的满足,继而获得精神上的愉悦。大堂,无论其实用功能还是精神功能,只要有一方面失之偏颇,就会降低其功效。尤其设计时若忽视愉悦客人的精神因素,就极易导致空泛、平庸,缺乏特色和个性魅力。前厅的设置还应该注意各工作环节的衔接,确保前台接待员工作效率的提高和节省客人的时间与体力,绝大多数饭店的前台都是以"客房控制架"为中心进行设计的,这种方法最利于提高前厅接待工作效率,而"时间与动作研究"是设计前厅必须要进行的工作。

大堂设计时,通常应考虑的功能性内容包括:①大堂空间关系的布局;②大堂环境的比例尺度;③大堂内所设服务场所(如总台、行李房、大堂吧等)的家具及陈设布置、设备安排;④大堂采光;⑤大堂照明;⑥大堂绿化;⑦大堂通风;⑧大堂色彩;⑨大堂安全;⑩大堂材质效果(注重环保因素);⑪大堂整体氛围。

除上述相关内容外,大堂空间的防尘、防震、吸音、隔音以及温湿度的控制等,均应在设计时加以关注。因此,大堂设计时,应将满足其各种功能的要求放在首位。

2. 经济性

前厅一般设在饭店的大堂,而大堂是饭店的寸金之地。饭店可以充分利用这一客流量最大的地方,设置营利设施。因此,前厅的设置要尽量少占用大堂空间。世界上著名的希尔顿饭店联号都以最经济地利用大堂空间、精心地设计前厅而闻名于世。饭店大堂的空间就其功能来说,既可作为饭店前厅部各主要机构(如礼宾、行李、接待、问讯、前台收银、商务中心等)的工作场所,又能当成过厅、餐饮、会议及中庭等来使用。这些不同的功能往往为大堂空间的充分利用及其氛围的营造,提供了良好的客观条件。但有些饭店的大堂空间本身因"先天不足",要么让人感觉呆板、平庸,要么未能较好地实现使用功能,既浪费了空间,又不能形成好的大堂效果。因此,大堂设计时,应充分利用空间。其常见的手法就是设置夹层,以夹层分隔大堂空间,提高空间利用率。夹层一般可分为单排列、双排列、"U"形和环形等形式。若夹层的宽度超出了其结构的允许限度,则需要设置柱子,并按一定顺序排列。设置不同的夹层,不仅能合理地利用大堂的原有空间,而且不同程度地丰富了大堂空间的变化,使其主次分明、层次清晰。同时,横向的夹层和竖向的立柱或盘旋而上的楼梯能改变原有空间的呆板和沉闷,让大堂空间充满强烈的韵律感和节奏感,既富有变化,体现多种使用功能,又无损于大堂空间的完整与统一。不但如此,大堂楼梯口和电梯口部位的小空间,亦要充分利用。设计时,应对这些"无用"的空间倍加关注。较为成功的手法是,既将其作为休息场所,形成大堂的动、静对比,又设计成装饰性景点,点缀以花木、水体,给人以自然美的感受。由波特曼设计的新加坡泛太平洋大饭店,其中庭就是充分利用建筑提供的空间,在装饰、陈设上精心设计,层层穿插,错落有致的红纱灯笼串似从天而降,加上暗红色织物盘旋而上的抽象造型,构成了一幅绚丽壮观的立体画面,令人叹为观止。

3. 整体性

饭店大堂被分隔的各个空间,应满足各自不同的使用功能。但设计时,若只求多样而不求统一,或只注重细部和局部装饰而不注重整体要求,势必会破坏大堂空间的整体效果而显得松散、零乱。所以,大堂设计应遵循"多样而有机统一"的要求,注重整体感的形成。

饭店大堂空间及其围合物、家具、陈设、照明、绿化和水体等,通常都包含了尺寸、造型、色彩和肌理等因素。如何组织这些因素,除应满足功能和审美需要外,还应使其达到视觉上的平衡,上述要素投射出来的视觉感之间的均衡状态,即为设计时所要实现的整体感。诚然,整体感的形成离不开客人的感知,涉及视觉片断的叠合和记忆储存的问题,但对客人来说这是一个动态的综合过程。这一过程说明,在大堂空间反复出现某一形状或色彩的母题,它就可以产生比较统一、完整的视觉印象。因为客人从抵店、住店到离店,只要来到大堂,母题即被不断重复,记忆被不断加深,印象也就越来越完整,大堂的整体感也随之越来越强烈。如贝聿铭设计的北京香山饭店,就是运用母题设计来突出主题,并且使整个建筑给客人极为完整的印象。在香山饭店的建筑空间中,从外到内,从大到小,从一个空间到另一个空间,处处都可看出设计者对母题(即45°方形与灰线白底的色彩基调)有意识地反复强调,这一母题和完整的视觉感受令客人难以忘却。

4. 风格与特色

大堂,作为客人和饭店活动的主要场所,无论功能要求,还是空间关系,比起其他场所来,设计时都要细致得多、复杂得多。因为涉及的各要素不说包罗万象,也是五花八门。若设计欠妥,则会失去本意,结果不是罗列堆砌、仿效别人,就是七拼八凑,成为格调低下的大杂烩,或是自以为别出心裁,实则是俗不可耐。如何在大堂设计中做到统一而非单调,丰富而非散乱,应遵循的另一原则就是,力求形成自己的风格与特色。

设计时,除理性分析外,还应借助于形象思维。比如,抓住饭店建筑结构及大堂空间特点等因素,来确定饭店大堂的设计主题,并以现代技术将其表现出来。如果我们过分注重使用功能上的不同,则往往会概念先行;而如果过分注重空间的视觉效果,便常常会忽略大堂本身的主角——人。因此,设计中应多点"人间烟火",少点喧宾夺主,尽管大堂"效果"似乎因此而有点弱化,但它更接近生活本身。若明确了大堂设计所要形成的风格和特色,那么,凡是与总体风格和特色要求不符的要素,再诱人的造型,再绚丽的色彩,再豪华的材质,再精妙的手法,也应该割舍。否则,见"好"就搬,将大堂"美化"成一个个标准面孔,缺少个性,风格与特色荡然无存,最终设计将进入到"趋同"的怪圈中。

1.3.4　饭店大堂设计应具备的具体条件

一个良好的饭店大堂应该具备下列条件。

① 大堂宽敞舒适,其建筑面积与整个饭店的接待能力相适应。面积应与饭店的客房间数呈一定比例。

② 大堂有一定的高度,不会使人感到压抑,最好为天井式的,采光良好。

③ 整体布局合理,装饰华丽。

④ 空气清新,温度适宜,空调不会使人感到头疼。

⑤ 有良好的隔音效果。

⑥ 背景音乐适宜。最好为客人播放各种轻音乐、民族音乐等,音量适中。

⑦ 灯光柔和。

⑧ 湿度适宜。

⑨ 地面美观。最好为大理石或优质木地板,既豪华美观,又便于清洁。

⑩ 位于大堂的部门招牌显而易见。

⑪ 星级饭店要有能够显示世界主要客源国(或城市)时间的时钟。

大堂的设计要注意利用一切建筑或装饰的手段,创造一个亲切、宜人、欢悦、静谧、有文化气韵、有现代气息、线条流畅、主题突出、功能合理、流线组织高效、人群集散便捷的空间。

大堂的装饰表现要特别注意以下两点:①不要盲目追求空间的气派、宏伟;②大堂要强化文化氛围。

1.3.5 总台布局

前厅亦称总台,位于前厅大堂内的饭店总服务台的简称,是为客人提供入住登记、问讯、兑换外币、结账等前厅综合服务的场所。其设计是否合理,将直接影响到总台对客服务的质量。为了方便客人,总台一般均位于饭店一楼大堂,且各项总台业务应相对集中(如预订、接待、问讯和总台收银等)。根据大堂设计布局,总台最好能正对大堂入口处,这样,不仅使总台人员能观察到整个前厅、出入口、电梯等活动场所的情况,而且也使总台人员能清楚地观察到正门外客人车辆的到达情况,从而做好接待准备工作。同时,也有利于及时发现各种可疑情况,以消除隐患,确保安全。

总台设计通常应考虑以下三个因素。

① 总台的外观。总台的形状可依据大堂的建筑结构有所区别,采取曲直相结合的办法。有的为直线形,有的为半圆形,有的则设计成"L"形和"∽"形。总台的高度应以方便客人住宿登记和总台人员的接待服务工作为原则,其理想高度为 110～125 厘米。柜台内侧设有工作台,供总台人员使用,其台面高度为 85 厘米,宽 30 厘米。工作台面最好设计成倾斜式,有一定的坡度,以方便员工使用,且不影响其服务仪态(站姿等)。采取坐姿服务的总台,高度约为 80 厘米,宽度在 100～120 厘米之间。台面下要留有宾客落座后的伸脚空间,台面上的计算机显示屏最好采取平放式,不影响接待人员与客人之间的交流。

② 总台的大小。总台的大小是由饭店接待人数、总台服务项目和计算机的应用能力等因素决定的。饭店的规模越大,接待人数和服务项目越多,则总台设计的面积越大;反之,则越小。但从饭店发展的趋势来看,随着科技的进步和计算机在饭店的普及,总台将日益小型化。

③ 总台的布局。总台的布局应紧凑合理,并以岗位职能划分区域,既要方便客人,又要便于前厅对客服务,提高服务效率。此外,一些饭店为寻求服务差异与特色,针对饭店商务客源的特点,一改常规的总台站式服务,在富丽的大堂分开放置多张商务办公桌,配

以舒适的靠椅,桌上放置清新艳丽的鲜花,并配置高效运作的笔记本计算机,由训练有素的员工向抵店客人提供面对面的坐式入住登记服务。这种具有高雅文化品味的服务过程,创造出饭店前厅个性化服务的特色,给客人留下了美好的印象,同时也充分显示出饭店的竞争优势。

复习思考

一、选择题

1. 前厅部最主要的一项工作是( )。
   A. 销售客房和接待宾客　　　　　B. 处理宾客投诉
   C. 门卫迎接　　　　　　　　　　D. 信息收集整理
2. 大型饭店前厅部经理的直接上级应该是( )。
   A. 总经理　　　B. 董事长　　　C. 房务总监　　　D. 营销总监
3. 前厅部组织机构设置的原则是( )。
   A. 从实际出发　　　　　　　　　B. 机构精简
   C. 机构完善　　　　　　　　　　D. 分工明确

二、判断题

1. 前厅部是饭店的神经中枢,它的运行正常与否,对整个饭店的运行起着决定性的作用。( )
2. 总台设计应考虑外观、大小和布局三个因素。( )
3. 培训员工的职能不属于前厅部经理。( )

三、简答题

1. 前厅部在饭店中的地位和作用表现在哪些方面?
2. 如何做好前厅部经理?

四、案例分析

总台服务情景一

李先生:小姐,我的航班的是下午4:10的,我是否可以延迟到下午2点以前退房?

前台接待员小张:根据我们酒店的规定,退房时间是中午12点以前,我要请示一下领导再给您答复。

李先生:我是老顾客,能否给个优惠的折扣?

前台接待员小张:对不起,按我的权限,只能给您这个折扣。

总台服务情景二

有一位酒店老总的朋友晚上22:00左右来到前台,声称酒店老总有预订,要求入住,前台服务员查询后发现没有预订,但有这位客人的客史,房价为200元。由于当时此员工查了无客人的预订,于是就告诉客人,"先生,对不起,我的老总并未给您预订房间,您需要和他联系之后我才可以让您入住。"

"现在已经太迟了,你先让我住下,明天我再和你们老总联系"客人提议说。

"对不起,我们酒店有规定,入住之后的房价就无法更改了,现在我又不知道您的房价,真的不能让你入住,要不您还是联系一下吧。"服务员回答客人说。

这件事的后果可想而知：最后客人非常生气，还提出了投诉。

问题：

1. 通过这两个情景，你认为酒店的前厅服务对酒店有什么影响？
2. 你认为应怎样让前厅部发挥其作用？

实践训练

【实训目的】　了解饭店的工作环境和基本服务功能，建立对饭店的初步认识。

【实训内容】

1. 走访一两家三星级以上的饭店，观察分析其前厅、大堂、总服务台的设计装饰。
2. 采访某饭店的前厅部经理，请他（她）谈谈自己的主要工作和前厅部的工作。

【实训时间】　课余。

【实训方法】　学生以 20～30 人为一组，参观当地饭店，请饭店工作人员作专门介绍，学生做好记录。

【实训考核】　以上两项都要求学生完成 500 字左右的报告。

课后阅读

主题饭店氛围营造方法
——以成都西藏饭店为例

饭店营造氛围的主要目的是通过各种要素组合，全方位对顾客产生刺激以引起顾客的反应。顾客可以通过视觉、听觉、嗅觉、味觉、触觉五个方面去感受，所以饭店可以从以下五个方面出发去营造主题氛围。

1. 视觉

根据视觉支配原理，视觉在环境知觉中占有支配地位，其他感觉所提供的信息可以依靠视觉来强化它的作用。视觉可以感受到形状、色彩、物件、图案、服饰等。

（1）形状，是最具符号表现力和最能传神的文化元素。形状的设计运用，能体现主题饭店应有的"识别性原则"。例如，西藏饭店在众多硬件造型设计上，都运用了青藏高原重重叠叠、下大上小、山峦连绵的显著特征，在设计装潢中刻意突出这一视觉效果，从而产生强烈的视觉冲击力和撼人心魄的文化魅力。如下大上小的山形梯阶状的门牌；卫生间盥洗台用的是山色大理石，高高低低，富有层次感，地砖也凸现山的概念。

（2）色彩，主题饭店应该有与主题和谐一致的标准色。这种标准色是主题饭店所有设施与产品的基本色，在此基础上进行其他色彩的搭配和变换以色彩传递主题。藏文化的色彩分为两大部分，一部分是原始的粗犷简朴，饭店建筑色彩采用赭墙、金顶，像桌、椅、沙发、床、柜等大件家具都是赭褐底色，金黄框架金黄顶，边上饰上金圈、金线或金花。另一部分是生活的绚烂艳丽，这方面更多体现在织物上，经幡、唐卡（画）各种布件都色彩斑斓。

（3）物件，是饭店采用最多的符号和元素。客人更多的是通过各个细节所摆放的物件去体会饭店所营造的氛围和其中的文化。一进入西藏饭店的大厅，就可以看到象征祈福的经幡和酥油灯;饭店还将转经筒演化成灯具,摆放在饭店最显眼的位置。饭店里这样的具有西藏特色的物品随处可见,由它们营造出不在西藏胜在西藏的氛围。

(4)图案,是指一切可以体现饭店文化内涵的符号和要素的艺术作品,如照片、画、挂毯、地毯和图案等。西藏饭店的图案主要是藏文化中的哈达、祥云、酥油花三个符号和八宝图。它们的寓意是客人脚踏祥云走进西藏,并时刻受到佛祖的保佑。饭店可以通过细节传递出西藏文化,并让客人在不经意间融入饭店文化之中。

(5)服饰,主要是指服务人员及工作人员的服饰,员工直接面对顾客并向其提供服务,员工是饭店氛围中的重要组成部分,他们的服饰同样可以向顾客传递酒店的文化。

2. 听觉

听说主要包括公共区域的音乐、特定区域的歌舞表演及员工的服务用语。

(1)公共区域的音乐。音乐可以促进销售、唤起购物欲望、减少感知消费时间。音乐的节奏、音量、前奏,前景与背景音乐的使用,甚至可以对无意识关注的顾客产生影响。不同主题的饭店适合不同类型的音乐,音乐又会增加饭店的氛围。西藏饭店在公共区域低音量播放西藏民歌和传统歌曲,让人走进西藏饭店就感受到浓郁的西藏氛围。

(2)特定区域的歌舞表演。这种表演往往是主题酒店的招牌,是吸引顾客的典型项目,在表演过程中增加互动活动既给顾客全新的体验感受又为其提供了交流的平台,同时是对饭店主题的进一步烘托。西藏饭店在大堂吧以歌唱的形式表演主题互动性节目"欢乐时光",藏族姑娘一边演唱西藏民歌和传统歌曲,一边给客人敬上青稞酒、糌粑、藏茶,还会与到场的客人跳起美妙的锅庄,共享雪域的欢乐。

(3)服务用语。语言不仅是交流的工具,更是传递文化的桥梁,通过独具特色的服务性语言可以更加突出饭店的氛围。只要你走进西藏饭店,每一位员工都会用地道的藏语问候一句"扎西德勒",一声声问候、一句句"吉祥如意",让顾客体会了尊敬和祝福同时,饭店的主题文化在不经意间传递到顾客的心里。

3. 嗅觉

嗅觉包括公共区域的味道、特殊物品具有的味道。

(1)公共区域的味道。每家饭店都应该有自己的香型,应该有一个可以让人记住又回味悠长的味道,这就是特色,特色正是每个主题饭店所追求的。所以可以通过味道的渲染达到营造氛围的作用。每位进入西藏饭店的顾客都会感觉到芳香缭绕,暗香袭人。这就是西藏文化中另一个重要元素——藏香,它不但味道特别而且具有清心去秽的神奇药效。

(2)特殊物品具有的味道。这里不是指特色美食的香味,而是指具有特色的物品散发出来的味道。藏茶是藏文化中最生活化的元素,将藏茶砖垒成一面墙,犹如布达拉宫的宫墙,让人一进入茶室就闻到一股似茶非茶、似香非香的温馨味儿。将藏茶装到金黄色的布袋里,用红线秀上八字箴言放到客房里,让客人在茶香中悠然如梦,一觉醒来头轻目明。藏茶吧,藏茶枕都从嗅觉上给客人以刺激,让他们沁浸在藏族气息中。

4. 味觉

饭店提供给顾客最基本的产品就是住宿和餐饮,餐饮是饭店的基本业务也是直接决定客人态度的重要部分,所以在主题饭店氛围营造中,味觉就是必不可少的重要组成部分。饮食是最具有文化特色的,不同地区、不同民族、不同文化饮食内容和习惯都不一样。通过品尝美食可以获得不一样的感受,也就产生不同的感觉,这种感受是对特色文化的进一步体会。西藏饭店的雪域贵族宴、红宫手撕牛肉、红宫喜宴等深受顾客喜爱,在成都就可以品尝正宗藏菜。饭店是客人的家外之家,每个来到西藏饭店入住的客人在进到房间后,饭店的服务员都会双手奉上一杯香气四溢的藏茶,细细品味一丝丝香气沁人心脾、唇齿留香。

5. 触觉

让顾客参与主题活动,成为活动中的某个角色,亲身体验,是主题饭店触觉发挥效力的一项举措之一。参加主题活动,顾客、员工及饭店三方互动、交流,是主题饭店顾客体验主题文化的重要途径。西藏饭店二楼的"红宫歌舞餐厅"设计风格浸透着浓郁的高原色彩,藏式唐卡艺术融入其间,红白餐布点染雪域风情。餐厅在金色的灯光下熠熠生辉。浪漫的音乐,独特的藏式歌舞,营造出"遥想珠峰圣洁,共享圣茶碧绿"的意境。红宫的婚宴主题鲜明,成为成都新人举办婚礼的首选场地。每年8月饭店举办的雪顿节,让顾客不在西藏,就能够感受到浓郁的藏族节日气氛。另外,顾客与餐具、客房用品、陈列饰品的亲密接触产生的强烈印象,这些都是触觉带来的文化享受。

（资料来源:职业餐饮网.http://www.canyin168.com,2013-10-18.）

- 理解预订工作对于饭店经营管理的重要性
- 熟悉预订的渠道、方式与种类
- 熟练掌握各种预订的处理技能
- 树立通过合理的预订控制进行收益管理的意识

子任务2.1 预订的受理

预订(Reservation)是指客人在抵达饭店前对饭店客房的预先订约。预订在得到饭店的确认后,饭店与客人之间便建立起了一种合同关系。据此,饭店有义务以预先确定的价格和客房类型为客人提供他希望使用且已得到饭店确认的客房。预订工作的开展,对于饭店的经营管理有着重要意义。

客房预订是一项细致复杂的工作。由于客人的习惯、需求和个性特征不同,现代信息技术和传播手段多种多样,以及饭店自身的市场定位,使得客房预订有不同的渠道、方式和种类。

2.1.1 客房预订的渠道

了解客人的预订渠道,对于饭店把握销售渠道,促进销售工作,提高开房率,具有十分重要的意义。客人在入住饭店前可能选择的预订渠道通常有以下几种。

1. 客人直接向饭店订房

无论是散客还是团队,都通过电话、传真、互联网等方式直接与饭店联系订房。这种订房没有中间环节,一般情况下可以获得更优惠的价格,但需要饭店为客人提供方便的通信手段,使客人以最快方式获得信息。

2. 旅行代理商订房

通过与旅行商签订合同,旅行商为饭店提供客源,饭店以较低的价格将客房出租给旅行商,旅行商在房价中可以获得一定的折扣利益。这种渠道虽然房价较低,但可以保证饭店有一定的稳定客源。这里的旅行代理商,不仅指旅行社,还包括网络旅行代理商(如携程网、e龙网)、分时度假交换机构。特别是网络旅行代理商,由于旅行信息丰富,可选择性强,价格优惠,不受时间地点限制,成为中青年白领阶层比较喜欢的预订渠道。

3. 协议单位订房

饭店与企事业单位、相关组织机构签订协议,以较为优惠的价格向他们提供客房。企事业单位由于经常性的接待工作,也希望有比较稳定的业务合作单位,以既优惠又方便的方式获得客房。所以饭店主动与一些单位建立协议关系,获得稳定的客源。外出旅行的客人,往往也通过自己的业务合作单位向当地的饭店订房。

4. 合作饭店订房

为了与连锁饭店竞争,一些独立的饭店之间开展了订房业务合作,建立自己的预订网络,通过相互推荐的方式接受客人的订房要求。

5. 航空公司订房

随着航空事业的发展,由航空公司代为订房的客人越来越多,主要包括乘客、团队客人、机组人员、本公司职员外出订房等。

6. 国际订房网络组织订房

国际订房网络组织是国际性大饭店非常重要的预订和销售渠道。目前,SUMMIT是全球最大的订房中心,它具有几大特点:第一,它的客人层次很高,主要为高级商务客,全部选择入住五星级饭店。第二,它的客源多。SUMMIT代理了全球所有主要航空公司、旅行社和跨国商务公司的预订系统,拥有上百家成员饭店和遍布全世界的52个订房中心。第三,加入网络的成员饭店档次高,均为五星级饭店。第四,订房渠道畅通。SUMMIT通过GDS(全球销售系统)、Internet和Travel Web网络订房。第五,有较强的销售组织保证。SUMMIT有专职销售人员分布在世界各主要城市,通过销售访问为成员饭店推广。除了SUMMIT外,国际著名的订房网络组织还有世界饭店协会SRS和Hotel Bank、日航世界饭店组织(JAL World Hotels)、莱克辛顿服务公司(Lexington Services Corp.)、超国家饭店组织(Supranational Hotels)、世界一流饭店组织(Leading Hotels of the World)、凯代尔公司(Keytel Corp.)、大集成饭店订房系统(LRI/Grande Collection)、法国露易丝集团(Logis de France)、郁金香全球饭店组织(Golden Tulip Worldwide)等。

2.1.2　客房预订的方式

客人所处环境条件和预订的紧急程度不同,预订的方式也有多种,各有特点。客人常采取的预订方式一般有以下几种。

1. 电话预订

由于电话是现代人最常用最方便的通信工具,因此客人使用电话订房也十分普遍。

电话预订的特点是迅速、简便、易于直接沟通,宾客根据饭店的实际情况,及时调整其要求,从而订到满意的客房。电话预订有利于预订员详细了解宾客对房间种类、用房数量、房价、付款方式、抵离店时间及特殊服务的要求,并适时进行电话促销。

目前很多饭店都有800免费电话预订或直拨专线预订,也有的饭店还是由总机接转预订。不论采取何种电话预订方式,在处理过程中都要注意以下几项内容。

① 电话铃一响,立即接听,并礼貌地向对方问好;如果电话铃声超过了三下,接听电话时首先应向对方致歉。

② 按照预订单的内容和要求,详细记录客人的订房要求,客人不明确的要求应礼貌询问;预订单填写要准确无误。

③ 要立即确认客人的订房要求;对不能确认的订房,应记录客人的联系电话,确定再次通话联系的时间。

④ 复述客人的订房要求,以确保预订的准确性。

【情景模拟 2-1】

电话:叮——

预订员:您好!××饭店预订部。我能为您做些什么吗?

宾客:你好!我想在你们饭店预订一个房间。

预订员:谢谢您对我们饭店的信任!请问先生什么时候入住?

宾客:9月27日。

预订员:准备住几晚?

宾客:三晚。

预订员:也就是9月30日离店,是这样吗?

宾客:是的。

预订员:请问先生想订一个什么样的房间呢?

宾客:我想要一个大床间。

预订员:请稍等——让您久等了,先生。我们饭店可以满足您的订房要求。

宾客:太好了!

预订员:我们的大床间有两种,一种是普通型的,价格是每天380元;另一种是设在商务楼层的豪华型,设施最好,服务一流,提供免费的早餐和下午茶,价格也只有每天480元。如果先生是因为商务活动来到我们饭店的话,我认为豪华型的比较适合您。您看订豪华型的行吗?

宾客:好吧。

预订员:那先生可以告诉我您的全名吗?

宾客:刘××。

预订员:请问是刘先生您本人入住吗?

宾客:是的。

预订员:还有其他同行的人吗?

宾客：没有。

预订员：先生可以告诉我一下您的航班号吗？

宾客：ZH 9631。

预订员：先生您将用什么方式付款呢？

宾客：信用卡。

预订员：好的，刘先生。现在我重复一下您的订房要求：您一人将于9月27日乘坐ZH 9631航班抵达贵阳，在我们饭店预订了一间价格为480元的豪华型大床间，在我们饭店住三晚，30日离店，届时您将用信用卡付款。您看还有什么错误和遗漏吗？

宾客：没错。

预订员：好的，我们的机场代表会在机场安排好您抵达饭店，期待您的光临！再见！

宾客：再见！

2. 面谈订房

宾客或其委托代理人直接来到饭店，与预订员面对面地洽谈预订事宜，其特点是饭店预订员可以通过宾客的神态、表情、肢体等细部特征观察到客人的心理变化，更直接地了解宾客的需求，可以当面回答宾客的问题，有针对性地采取相应的推销技巧。为帮助客人作出预订的决定，可以带客人参观饭店的客房及其相关设施。采用这种方式，应注意避免作出具体房间号的承诺，否则会因情况发生变化而失信于客人，影响饭店的声誉。

【情景模拟 2-2】

预订员：您好！欢迎亲临饭店！请坐！

（为客人送上茶水。）

预订员：（递上名片）我是专门负责饭店会议预订工作的小李，请多关照！

（待宾客坐定后，先与他们寒暄，聊些与预订房间无关的中性的问题，如天气、时事、怎么来的饭店、以前是否来过饭店等问题，待客人休息3~5分钟后，开始进入正题。）

预订员：张主任专程过来是要具体谈谈你们会议接待的相关事宜，是吧？

宾客：正是。你们饭店的价格是多少？

预订员：价格应该没有多大的问题，关键是看张主任这边对会议接待的相关服务有什么具体的要求，为参会的客人服务好是最重要的。

宾客：这当然重要。不过我们的会议经费和会议代表的会务费都是有预算的，所以还是很关心价格问题。

预订员：那好吧，我就给您介绍一下。对于会议团队客人，我们按照协议价执行，相当于门市价格的6折，具体说，标准间为每天180元，而且这个价格含团队早餐。会议室有三种，大会议室可容纳300人，每天收费1800元，中会议室可容纳80人，每天收费1000元，小会议室可容纳30人，每天收费800元。

宾客：能不能再少点？

预订员：因为您是第一次与我们合作，我们非常重视，所以在价格上已经是最优惠的了，您可能已经到其他饭店了解过了。我们的会议室都经过了改造，音响设备非常好，而且我们还有一支训练有素的会议服务队伍，能提供最好的服务。

宾客：那看来这个价格是没有商量的余地了？

预订员：看来张主任对我们的产品和服务还不是很了解，这样吧，我们先参观一下房间、会议室和餐厅，然后再回来谈，怎么样？

宾客：好的。

（参观饭店客房、会议室、餐厅等设施，再回到办公室。）

预订员：怎么样？张主任看了后还满意吗？

宾客：还不错。

预订员：那张主任您看可以在我们饭店定下来吗？以便我们尽早作好房间安排。

宾客：可以定下来。不过还有几个细节问题。

预订员：您说！

宾客：早餐都有些什么品种？

预订员：有七八种主食，五道菜，三种咸菜，三种粥，牛奶、果汁、豆浆，还有三种水果，绝对可以满足会议代表们的需要。

宾客：如果中餐和晚餐也在你们饭店安排呢？

预订员：中餐可以安排自助餐，每位25元。晚餐可以点菜，我们也可以按照你们的要求来安排，不含酒水的话，500元到1000元的都可以。

宾客：好吧。我们会议是9月27日报到，届时请你们在大堂设置专门的接待处。会议代表有50人，需要6个单人间，22个双人间。28日全天会议，需要一间中型会议室。29日代表离店。27日晚按照每桌500元的标准安排晚餐，28日中午安排自助餐。

预订员：好的，让我记录一下。

（记录）张主任，您看您的预订是这样的：……是这样吗？

宾客：是的，没错。

预订员：那好，我们会给您安排好的，请放心。

宾客：有事我们再电话联系，我就走了，回去向领导汇报一下。

预订员：那我安排车送您一下。

宾客：不用了，我们自己有车。

预订员：非常感谢您对我们饭店的信任，您慢走！

3. 传真预订

传真是饭店与宾客进行预订联系最理想的通信工具之一，它兼具了电话和信函的优点，即发即收，内容详尽，可以传递宾客的签名、印鉴等真迹，资料保存方便，不易出现订房纠纷。这种方式十分适合于团队预订。

4. 互联网预订

互联网广泛而深刻地影响着人类社会生产和生活的方方面面，它是现代信息社会的标志和主要载体。使用互联网开展预订业务,已经是饭店业界的较为普遍和先进的方式,互联网也就成为饭店之间竞争的重要领域。互联网预订不受时间地点限制,宾客的自主选择性强,处理及时,特别受广大中青年客人的青睐。越来越多的饭店通过建立自己的网站,或者通过专业网站开展网络预订。

2.1.3 客房预订的种类

由于客人从预订到抵达饭店的时间紧迫程度不同,以及客人与饭店是否有协议关系,预订一般有临时性预订、确认性预订、保证性预订三种。

1. 临时性预订

临时性预订(Advance Reservation)是指宾客在即将抵达饭店前很短的时间内联系的预订。饭店一般没有书面确认,均是口头确认,预订的房间通常保留至当日 18 点。

2. 确认性预订

确认性预订(Confirmed Reservation)是指饭店答应为预订的宾客保留房间至某已事先声明的时间,在这一时间内宾客没有抵达而又没有任何声明,在房间比较紧张的时候,饭店可以将房间出租给其他客人。确认的方式可以是书面的,也可以是口头的。

3. 保证性预订

保证性预订(Guarantee Reservation)是指宾客预订房间后,无论是否抵店都将保证支付房费,而饭店则保证为客人保留房间至第二日退房时间。此类预订不仅使客人免受超额预订的影响,也保证了饭店的收益。这种预订更加严格地约束了饭店与宾客之间的契约关系。保证性预订又有以下几种形式。

(1) 预付款

通过支付预付款作保证性预订,即客人在抵达日期前就支付了全部房费。从前厅的立场出发,这是最受欢迎的保证类预订,度假饭店和商务饭店采用较多。

(2) 信用卡

信用卡预订是指宾客使用信用卡来担保预订的饭店客房。信用卡发行商与饭店建立了这样的体系:信用卡用户发生了饭店客房预订的情况时,可以用信用卡向有关饭店支付订房保证金。除非客人在规定的预订取消时间前办理了订房取消手续,否则饭店将向客人的信用卡发行商收取一夜的报价房费。信用卡发行商事后将账单转给持卡人。用信用卡作保证类预订是常用的方式,尤其是在商务饭店。当收取一夜费用为住店的保证金时,大部分饭店还附加税金。度假饭店会收取不止一晚的房租,因为在度假饭店的逗留时间都比较长,饭店很难立即弥补此类损失。

借记卡也能用来做保证类预订。采用信用卡做保证性预订,虽然饭店要付给信用卡公司一些费用,但是以信用卡来做保证类预订是既容易又方便的一种方式。一些饭店在宾客订房那天向信用卡公司收取一笔预付款。用这种方法他们能较快地收回资金,宾客也能得到使用信用卡的方便,而不需要再寄支票。

（3）预付定金

用预付定金作保证类预订（或预付部分款项）是要求宾客在抵店前付给饭店一笔规定的款额。这笔预付定金的数额一般足够支付一晚的房费与税金，订房的天数如超过一天，定金会收得更多。如果作了预付定金的保证类预订而客人没有入住又没有取消，那么饭店会没收定金，并取消客人原先订房的所有安排。这种类型的保证性预订在度假饭店和会议中心尤为普遍。不同的是有的预付定金数额一直要计算到预期离店的那天。这样做是为了确保度假饭店的营业收入，以防宾客提前离店。当然，如果饭店不能为到店的客人提供客房，定金应双倍返还。

（4）旅行社担保

旅行社的保证类预订曾经非常普遍。旅行者付给旅行社一笔交通和住宿的预付款，旅行社则确认宾客的预订。如果宾客出现未入住又未取消的情况，饭店一般会向旅行社收费，旅行社则向宾客收回费用。这种方式现在已经不常用了，因为饭店和旅行社都希望宾客通过信用卡和预付定金的方式来保护自己。如今饭店只接受那些最大的、最有财务支付能力的旅行社所做的保证类订房。

（5）合同保证预订

一家公司可能与饭店签订一个合同，表明由公司付费的订房宾客如出现未能入住又未能办理取消订房手续的情况，便由公司承担支付责任。公司保证类预订需要由公司和饭店共同签订合同。这类预订在市中心或者各种新的饭店尤为普遍，因为这些饭店散客较多。公司会收到饭店方寄出的注明金额的房费账单。饭店也会随后收到公司寄出的写明住宿费的支票。

子任务 2.2　预订收益管理

接受宾客的预订是一项十分细致的工作，需要严格执行相应的程序和标准，掌握有关饭店的政策和规定，才能减少失误，提高工作效率。

2.2.1　预订受理的程序

为了确保客房预订工作的高效运行，前厅部必须建立、健全的客房预订的程序。通常，客房预订的程序可概括成下列七个阶段（如图2-1所示）。

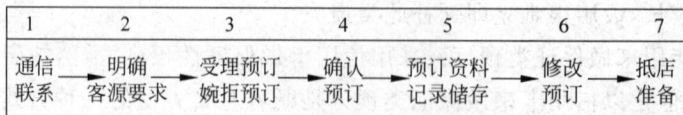

1	2	3	4	5	6	7
通信联系	明确客源要求	受理预订婉拒预订	确认预订	预订资料记录储存	修改预订	抵店准备

图 2-1　客房预订程序图

1. 通信联系

宾客往往以电话、传真、互联网、信函等方式向饭店提出预订要求,所以饭店必须保证预订通信联系方式的畅通。

2. 明确客源要求

预订中预订员要认真地询问宾客的住宿要求,填写好预订单并输入计算机,这些信息包括宾客姓名、人数、国籍,抵离店日期、抵达航班或车次,所需客房的种类、数量、房租、付款方式、特殊要求以及预订人姓名或单位地址、电话号码等,如表 2-1 和表 2-2 所示。

表 2-1　RESERVATION FORM
预 订 单

□New Booking 新预订　　□Amendments 更改　　□On Waiting List 等候　　□Seminar 研讨会
□Cancellation 取消

Guest Name 宾客姓名	No. of Rooms 房间数	Room Type 房间类型	No. of guests 客人数	Rate 房价	Company Name 公司名称

Original Arrival Date　　　　　　　　　　　Original Departure Date
预订到店日期　　　　　　　　　　　　　　　原预订离店日期

New Arrival Date　　　　　　　　　　　　　New Departure Date
新到店日期　　　　　　　　　　　　　　　　新离店日期

Arrival Flight　　　　　　　　　　　　　　Departure Flight
到店航班　　　　　　　　　　　　　　　　　离店航班

Billings　　□ALLC　　　　　　　POA 自付 □ ROOM ONLY 只付房费
　　　　　　□RMABF　　　　　　　□ TIX/FAX/LTR/ATTI 已到电传/传真/信件

Remarks 备注:

Contact Name 联系人姓名　　　　　　　　Company Name 公司名称

Telephone Number 电话　　　　　　　　　Fax Number 传真

Taken By 预订人

Date Taken 预订日期

表 2-2　GROUP BOOKING FORM
团队预订单

☐New Booking/Tentative 新预订/暂订　　　☐Amendments 更改
☐Confirmation 确认　　　　　　　　　　　☐Cancellation 取消
Name of group 团队名称：＿＿＿＿＿＿＿＿＿＿＿＿＿＿＿＿

Arrival date 抵达日期	Departure date 离店日期	Single 单人间		Twin 双人间		Guide room 陪同房		Suite 套间	
		Number of rooms 房数	Rate 房价	Number of rooms 房数	Rate 房价	Number of rooms 房数	Rate 房价	Number of rooms 房数	Rate 房价

Complimentary rooms 免费房
Deposit 押金

☐Room rate subject to 15％ surcharge 房价不含 15％的服务费
☐Room rate inclusive of to 15％ surcharge 房价含 15％的服务费
☐Commissionable 10％回扣 10％　　　　　　☐ Non-commissionable 无回扣

Meal rate request to 用餐要求	Date 日期				
	Time 时间				
Oriental 中式早餐	Outlet 地点				
Continental 欧陆式早餐	Rate 价格				
American 美式早餐	PAX 人数				

☐Meal rates subject to 15％ surcharge 用餐不含 15％的服务费
☐Meal rate inclusive of to 15％ surcharge 用餐含 15％的服务费
Charge to 付款人
Remarks 备注
Sales person 销售人员　　　　　　　　　　Date 日期

3. 受理预订或婉拒预订

预订员通过查看计算机终端，以判断宾客的预订要求是否与饭店的实际提供能力相吻合。需考虑的因素包括：①抵离店日期；②客房种类；③用房数量；④房间价格。

如果以上四个因素都能满足宾客要求，则接受宾客的预订要求；如果因为某个因素不能满足顾客要求，不要简单地拒绝，应给予合理建议。

【情景模拟 2-3】

南京金陵饭店前厅部的客房预订员小王接到一位美国客人从上海打来的电话。

小王：您好！金陵饭店预订部。

客人：你好，我们想预订两间房。

小王：请问先生想订什么样的房间呢？

客人：每间每天收费在 120 美元左右的标准双人间客房两间，3 天以后入住，即27 号。

小王马上查阅了订房记录表。

小王：实在对不起，先生。由于 3 天以后饭店要接待一个大型的国际会议，标准间客房已经全部订满。

（小王讲到这里并未就此把电话挂断，而是继续用关心的口吻说。）

小王：您是否可以推迟两天来，要不然请您直接打电话与南京××饭店联系，如何？

客人：南京对我们来说是人地生疏，你们饭店名气最大，还是希望你给想想办法。

（小王暗自思量后，感到应该尽量不使客人失望，于是便用商量的口气继续沟通。）

小王：感谢您对我们饭店的信任，我们非常希望能接待你们这些尊敬的客人，请不要着急，我很乐意为您效劳。我建议您和朋友准时来南京，先住两天我们饭店内的豪华套房，每套每天收费也不过是 280 美元，在套房内可以眺望紫金山的优美景色，室内有红木家具和古玩摆饰，提供的服务也是上乘的，相信你们入住后一定会满意。

小王讲到这里，故意停顿一下，以便等待客人的回话。对方沉默了一会儿，似乎犹豫不决，小王又乘势诱导。

小王：我想您不会单纯计较房费的高低，而是在考虑这种套房是否物有所值，请告诉我您来南京的车次，我们将派车去车站接您，等你们到了饭店先参观一下套房后再作决定也不迟。

（美国客人听小王这么一说，一时倒也有些难以拒绝，最后欣然答应先预订两天豪华套房。）

如果客人还是无法接受建议，只能婉拒预订了。但是这并不等于服务的结束，可将客人的预订要求列入等候名单，随后及时查询，一旦有房，立即通知宾客。有的饭店还向顾客发出一份致歉信。

📖【情景模拟 2-4】

致　歉　信

由于我店客满，未能满足您的要求，我们深表歉意。我们也非常感谢您对我们的信任，希望下次能有机会为您服务。

顺致敬礼！

We regret that we have been unable to be of service to you. However, we hope to be in a position to accommodate you at a future date.

Yours Faithfully

4. 确认预订

　　确认预订(Comfirmation)不但使饭店进一步明确宾客的预订要求,而且在饭店与宾客之间建立了较为正式的契约关系,实际上就是一份买卖合同,确认的形式可以是正式的书面确认书,也可以是口头确认和电子邮件、短信息等。

📖【情景模拟 2-5】

（1）书面确认

预订确认函

RESERVATION CONFIRMATION

宾客姓名 GUEST NAME ＿＿＿＿＿＿＿＿＿＿

到达日期　　　　　　航班号　　　　　　离店日期
ARRIVAL DATE　　FLIGHT NO.　　DEPARTURE DATE

房间类型　　　　　　房间数量　　　　　人数　　　　　　房价
TYPE OF ACCOMMODATION ＿＿＿＿ NO. OF ROOMS ＿＿＿

NO. OF PERSONS ＿＿＿＿ RATE ＿＿＿＿

备注 REMARS ＿＿＿＿＿＿＿＿＿＿＿＿＿＿＿＿＿＿＿

请将订房确认书交与接待部

Please present this confirmation to the reception desk

公司 COMPANY ＿＿＿＿＿＿＿＿＿＿＿＿＿＿＿＿＿

地址 ADDRESS ＿＿＿＿＿＿＿＿＿＿＿＿＿＿＿＿＿＿

电话号码 TEL NO. ＿＿＿＿＿＿＿＿＿＿＿＿＿＿＿＿

　　注意:预订客房将保留至下午六点,迟于六点请预先告知。若有变动,请直接与本饭店联系。

　　NOTE:Your room will be held until 6:00 p. m. Unless later arrival time is specified. Should there be any changes, please contact the hotel directly for adjustment.

确认者 CONFIRMEND BY ＿＿＿＿＿＿＿＿ 日期 DATE ＿＿＿＿＿＿

订房办公室 BOOKING OFFICE ＿＿＿＿＿＿＿＿＿＿＿＿＿＿

（2）口头确认

　　先生,我们非常高兴地确认您在我们饭店预订的两间标准间,您将于9月27日入住,29日离店,我们竭诚恭候您的光临!（也可以是短信形式）

5. 预订资料记录储存

预订资料一般包括客房预订单、预付定金或预付款收据、预订变更单、预订确认书、预订取消单、客史档案卡及宾客预订原始凭证等，都需要及时、准确地予以记录和储存。预订资料的记录储存可采取两种方式：①按宾客抵店日期顺序储存；②按宾客姓氏字母顺序储存。

6. 修改预订

预订宾客在抵达饭店前可能会因种种原因对原来的预订进行修改或取消，预订员需要及时进行处理。处理的程序和标准如表 2-3 和表 2-4 所示。

表 2-3 变更预订的处理程序与标准

程 序	标 准
(1) 接到客人更改预订的信息	① 询问要求，更改预订客人的姓名及原始到达日期和离店日期 ② 询问客人需要更改的项目
(2) 确认更改预订	① 查询客房出租情况 ② 在能满足的情况下，为客人确认更改预订，填写预订单 ③ 记录更改预订的代理人姓名及联系电话
(3) 存档	① 找出原始预订单 ② 将更改后的预订单放在上面与原始单订在一起 ③ 按日期、客人姓名存档
(4) 未确认预订的处理	① 如果客人需要更改的日期饭店已满，应向客人解释说明 ② 告知客人预订暂放在等候名单 ③ 如饭店有房，及时与客人联系
(5) 更改预订完成	① 感谢客人的及时通知 ② 感谢客人的理解与支持

表 2-4 取消预订的处理程序与标准

程 序	标 准
(1) 接到预订取消信息	询问要求取消预订客人的姓名、到达日期及离店日期
(2) 确认取消预订	① 记录取消预订客人的姓名及联系电话 ② 提供取消预订号
(3) 处理取消预订	① 感谢预订客人将取消要求及时通知饭店 ② 询问客人是否要作下一个阶段的预订 ③ 将预订取消的信息输入计算机
(4) 存档	① 查询原始预订单 ② 将取消预订单放置在原始预订单上，订在一起 ③ 按日期将取消单放置在档案夹最后一页

7. 抵店准备

宾客抵店前的准备工作大致可分为以下三个阶段。

① 将主要客情通知各部门。

提前一周或更长时间将饭店主要客情，如重点宾客、大型团队、会议接待、客满等信息通过表格传递或召开协调会通知各部门。如表 2-5～表 2-7 所示。

表2-5 十日客情预测表

日期	星期	预抵散客	团队	离店	团队离店	住宿	团队住宿	故障房	已满房间数	预计出租房数	预计出租单位	预计出租率	预计空房间数	已用房间数	可用房间数

制表人：_____

表2-6 VIP客人呈报表

房号	姓名	身份	接待单位	抵店日期	离店日期	客房种类	房租	备注
小计								

送：总经理室、大堂经理、公关销售部、餐饮部、保安部、前厅部、大厅、总机、客房用膳部

制表人：_____

表2-7 VIP客人接待规格呈报表

贵宾姓名/团队名称	
情况简介	
审批内容	1. 房费：A. 全免 B. 赠送会客室一间 C. 房费按_____折收 　　　　D. 按_____元收费 2. 用膳：在_____餐厅用膳,标准_____元/人(不含酒水) 3. 房内要求：A. 鲜花 B. 小盆景 C. 水果 D. 果盘 E. 葡萄酒及酒杯 　　　　　F. 欢迎信 G._____名片 H. 礼卡 I. 饭店宣传册 4. 迎送规格：A. 由_____总经理迎送 B. 由_____部经理迎送 　　　　　C. 锣鼓迎送 D. 欢迎队伍_____ 5. 其他

呈送部门		经办人		部门经理	
总经理批署					

② 宾客抵店前夕,将客情及具体的接待安排以书面形式通知相关部门,做好准备工作。使用的表格有次日抵店宾客一览表、鲜花水果篮通知单、特殊要求通知单等。如表 2-8 所示。

表 2-8 次日预期抵达客人名单

___年___月___日

预订号	序号	客人姓名	房间数	房间类别	抵达时间航班	预计离店日期	备注

③ 宾客抵达当天,前厅接待员应根据宾客预订的具体要求,提前排房,并将有关接待细节(变更或补充)通知相关部门,共同完成宾客抵店前的准备工作。

综上所述,处理预订的过程是十分复杂的,用传统手工操作的方式,稍有不慎就会出错。所以,现在几乎所有的星级饭店都采取了相应的计算机信息系统进行处理,不但方便快捷,而且准确高效。

2.2.2 预订的失约行为的情形及原因

预订工作细致复杂,即使是采用了计算机管理系统,也难免会出现失误。饭店客房预订失约一般有以下常见情形。

① 客人称自己已有预订,接待员却找不到预订资料和记录;
② 饭店安排的房间与客人预订的房间类型不同;
③ 饭店安排的房间数量不能满足宾客的需求;
④ 饭店安排的房间价格与宾客预订时的要求不符;
⑤ 客人抵达时饭店已经客满。

不同情形的失约行为有不同的原因,归纳起来,产生预订失约行为的原因主要有以下几种。

1. 在旺季,饭店没有控制好超额预订而导致宾客不能入住

超额预订(Over Booking),是指饭店在宾客入住旺季或某些入住高峰阶段,考虑到预订取消、预订后未到、住店客人提前离店等因素,在接受客房预订时超过了饭店实际所能提供的客房数。

超额预订数要受预订取消率、预订而未到客人之比率提前退房率以及延期住店率等因素的影响。

假设:X 为超额预订房数;A 为饭店客房间数;C 为续住房数;r_1 为预订取消率;r_2 为预订而未到率;D 为预期离店房数;f_1 为提前退房率;f_2 为延期住店率,超额预订

房数则为

$$X=(A-C+X)r_1+(A-C+X)r_2+Cf_1-Df_2$$

$$X=\frac{Cf_1-Df_2+(A-C)(r_1+r_2)}{1-(r_1+r_2)}$$

设超额预订率为R,则为

$$R=\frac{X}{A-C}\times100\%$$

$$=\frac{Cf_1-Df_2+(A-C)(r_1+r_2)}{(A-C)[1-(r_1+r_2)]}\times100\%$$

需要注意的是,用这种方法计算出的数据并不是绝对真实数据,只是一个参考数据,最好要留有余地,所以饭店采用超额预订必须慎重。

2. 工作人员责任心不强导致错漏

具体表现为:姓名拼写错误、日期出错、项目遗漏、存档顺序错乱、变更及取消预订处理不当等。出现类似的问题,都是由于工作人员责任心不强,不能严格按照预订的工作规程来处理。

3. 预订员未能真正领会宾客的预订要求

一种情况是宾客和预订人员对饭店的相关术语理解不一致,导致预订工作的差错。另一种情况是由于预订员的业务素质不高,没有真正理解顾客的意思。这种情况在接待外宾时,由于预订员的外语听说能力不过关,就会出现这样的问题。

【情景模拟 2-6】

> 预订员:请问您需要订一间什么类型的房间?
>
> 宾客:我要一个双人间。
>
> ……
>
> (两位客人如期抵达饭店,办完登记手续后来到房间,进门一看,房间只有一张大床,两人哭笑不得,又回到总台。)
>
> 宾客:你们怎么给我安排的房间只有一张大床啊?
>
> 接待员:先生,您不是预订的一间双人间吗?
>
> 宾客:是呀!可我们两个大老爷们儿怎么睡一张床啊?
>
> 接待员:哦,那一定是我们误解了您的意思了。对不起,请您稍后,我马上重新为您安排。

4. 内部沟通不畅

有的饭店内部缺乏沟通的良好环境,服务人员之间缺乏沟通意识和合作精神,使得信息沟通不及时,导致预订出现失约。例如,宾客在抵达饭店前对预订作了更改,要求将房间保留到晚上十点,但预订员在接到这个信息后,没有及时通知前台接待,等客人抵达饭店时,原先预订的房间类型已经客满了。

内部沟通不畅还表现在:客房预订处与接待、营销部的沟通不畅;客房预订处与预订中心系统、预订代理处的沟通不良；预订处与客房部有关客房状态显示出现差异等。

5. 预订员对销售政策缺乏了解

每个饭店都制定了相应的销售政策,在团队与散客的控制比例、价格折扣、审批权限、客户关系管理等方面都有比较详细的规定,如果预订员对这些政策规定不甚了解,就可在接受宾客预订工作中出现纠纷。

2.2.3　预订失约行为的处理与控制

1. 预订失约行为的处理

① 由于饭店的原因而造成宾客不能按照预订要求入住的,在饭店还有空房的情况下,一般应采取"高开"的原则为宾客安排房间,即安排档次比原预订高的房间而执行原预订时的价格。

② 如果饭店没有房间提供,立即与其他相同档次饭店联系,高出的房费由饭店承担;如果属于保证性预订的客人,则饭店要为其支付第一夜的房费;承担将客人送达到其他饭店的交通费。

③ 为到其他饭店下榻的客人免费提供一到两次长途电话和电传。

④ 如果客人属连续住宿,第二天有房时应主动询问客人是否搬回来住。

⑤ 如果客人回来,大堂副理要亲自欢迎并陪同办理登记手续,入住期间享受贵宾待遇。

⑥ 如果保证类客人坚持要求退款,应给与双倍返还。

⑦ 最后,要感谢宾客的理解和合作饭店的支持。

2. 预订失约行为的控制

为避免出现由预订失约所引起的宾客与饭店间的纠纷,饭店前厅部应实施有效的预订控制办法,可考虑以下几种方法。

① 完善预订各项政策,健全预订程序及其标准。

② 加强与预订中心、预订代理处的沟通。

③ 建立与接待处等其他部门的沟通制度。如前厅接待处应正确统计出可售房数、预订未到(No-show)、直接抵达(Walk-in)、提前抵达(Early-arrival)、延期抵达(Overstay)等用房变化数,并按时将上述统计数据通知预订处。

④ 注重培训、督导预订员,加强其责任心,提高其预订业务素质。

⑤ 由专人负责将预订信息按要求输入计算机。

⑥ 注意预订细节。如电话或面谈预订,应记录宾客的预订要求;解释前厅专业术语的准确含义及相关规定,避免产生误解。

⑦ 加强预订工作的检查,避免出现差错、遗漏。

⑧ 合理地调配部门人力资源,做到人尽其用。

2.2.4　预订与收益管理

1. 收益管理

《华尔街日报》曾多次报道有关收益管理系统在多行业成功应用的文章,并将它誉之为

21 世纪最重要的和投资回报率最高的边缘产业之一。收益管理系统首先是由美洲航空公司开发的,美洲航空公司仅由于使用收益管理系统 1997 年增加的额外收益就达 10 亿美元。

饭店业最先开发使用收益管理系统的是万豪。它开始时将周末房价降至平时一半的优惠来吸引当地的顾客到旅馆度周末,万豪的董事长兼首席执行官比尔·玛丽奥特曾说:"收益管理不仅为我们增加了数百万美元的收益,同时也教育了我们如何更有效地管理。"希尔顿、凯悦、喜达屋等饭店集团先后开发了各自的收益管理系统后,凯悦摄政俱乐部客房的预订率上升了 20%,希尔顿创造了新的收入纪录,凯悦和希尔顿都声称销售和预订之间的沟通有了显著的加强。

收益管理系统(Revenue Management System)是根据收益管理原理设计开发的一种计算机辅助决策管理系统。收益管理是指导企业在合适的时间以合适的价格,把合适的产品卖给合适的顾客的科学管理方法。大家都比较熟悉航空公司的变动价格制度,并且接受这样的变动价格,利用同样原理,将变动价格原理推行到饭店行业,顾客同样是接受的。饭店集团和在线预订公司对多天住宿顾客的预订都采用收益管理方法报价,收益管理是保证饭店收益最大化和保证顾客满意指数最大化的一个平衡杠杆。

饭店往往将客房利用率的高低看做是成功的标志。衡量饭店经营成功与否的另一个指标是出租客房的平均房价(the average daily rate,ADR)。收益管理(Yield Management)根据饭店历史的销售资料,通过科学的预测,将两项指标联系起来,找到客房出租率与平均房价的最佳结合点。收益管理意味着在任何特定的时间内,按照客房需求量来调整客房价格。也就是说,如果客房马上就要订满了,在这种情况下还要对房价进行打折,就毫无意义了。相反,如果有天晚上客房肯定住不满,将房间以折扣价出租,总比空着要好。根据收益管理理论,假日饭店宁愿接受一个房价稍低但连住数日的预订,而不愿接受一个房价稍高,但只住一晚的预订,因为他们认为这样做使得房间空着的风险更小一些。

在实践中,饭店客满与低出租率之间有很多种情况,这是都需要作出定价决策。此外,每天或每季度要做的超额预订决策也可以被纳入收益管理系统之中。在一些饭店的员工利用人工方式管理本饭店的收益管理系统的同时,越来越多的饭店开始采用计算机程序进行收益管理,它们利用对本饭店客房需求的历史资料预测未来需求情况,并根据需求量在不同时期的变化情况,不断调整客房价格水平。另外,越来越多的中央预订系统将收益管理的内容纳入其计算机程序之中。

【情景模拟 2-7】

以一名顾客预订饭店 3 天的住宿为例,按照饭店没有实行收益管理的前提,饭店会给出 3 个晚上一个同样的平均房价;如果饭店实行了收益管理的方法,会根据 3 天不同的房源情况,每天给出不同的房价。顾客对于饭店的房价往往存在一个期望和现实的差异,按照传统办法,饭店平均 1200 元的销售价,3 天合计房价为 3600 元;饭店根据最合适的可售房价的原理,前两天因为客房宽裕房价为 1000 元,第 3 天因客房紧张房价为 1500 元,3 天合计房价为 3500 元。顾客都会为饭店的公正而满意。饭店可以在同样数量客房的销售结果上,得到比原来高的收入和利润,并同时保证顾客的满意度。

2. 实行收益管理的前提

实行收益管理的前提是饭店需要建立系统合理的价格体系。以 RevPAR、GOP 率、GOPPAR 联动增长为导向,要求以尽可能好的价格售出客房。跨国公司的管理合同一般规定管理费用的结构由根据营业收入总额百分比提取的基本管理费和根据经营毛利(GOP)总额百分比提取的奖励管理费两部分组成,有的合同还规定奖励管理费的提取要以一定比例的 GOP 率为起点,在此起点之上,GOP 率越高奖励管理费的提取比例越大。经营与收入管理的目标不只是限于 RevPAR 的增加,而是必须同时关注 GOP 率与 GOPPAR 的上升,即实现 RevPAR 与 GOP 率、GOPPAR 的联动增长。饭店在经营与收入管理中,要以 RevPAR、GOP 率、GOPPAR 联动增长为原则,适时调整策略,才能实现效益最大化。当房价高,出租率低的时候,通过适当调低价格来拉升出租率可以实现 GOPPAR 与 RevPAR 的较大上升。出租率虽然降低,平均房价、RevPAR、GOP 率、GOPPAR 都可以提高。RevPAR 作为平均房价与平均出租率两个因子的乘积,其上升可以源自两种情况,一是出租率的扩大;二是房价的升高。出租率的扩大和房价的升高对 GOP 率和 GOPPAR 增长的影响是不完全一样的:前者通过售出更多的客房来实现 RevPAR 上升,客房的直接支出成本(如客用品的日耗、布草的洗涤等)相应增加,因此在其他条件不变的情况下,GOP 率没有增加,GOPPAR 虽有增加,但增加比例相对较小;后者通过以较高价格卖出同样数量(甚至数量较少)的客房来实现 RevPAR 上升,客房的直接支出成本不变甚至会减少,因而在其他条件不变的情况下,不仅 GOP 率与 GOPPAR 都会增加,GOPPAR 的增长幅度也相对较大。因此相比较而言,源自房价增长因素,与 GOP 率、GOPPAR 联动同向增长的 RevPAR 的上升,才是饭店效益更优的体现。

可变价格和需求基础价格是饭店根据不同房源需求状态,运用收益管理原理对于同样客房提供给顾客不同房价的两种理论价格。作为平衡收益和顾客满意指数最大化的杠杆,最合适的可售房价(best available rate,BAR)是一种能试探顾客对于房价期望和现实差异反应的有效方法,给顾客的是每一天最合适的可售房价。顾客在理解和接受的基础上,会觉得饭店对于顾客在价格上体现的公平和公正。顾客对于价格的认识,主要是基于参考价格和期望价格,饭店的参考价格一般就是门市价,顾客在预订时得到的报价,总希望得到折扣而不是溢价。顾客的心理是想得到比期望低的价格,门市价和实际出售的平均房价相距太远就失去了原有的意义。

收益管理系统往往进行长期、中期和短期的预测,长期预测的时间通常为 3 个月至 9 个月,中期预测为 7 天至 3 个月,短期预测为当天多个时段至以后的 7 天。由于许多旅客是当天临时登记入住的,有的收益管理系统还每间隔几个小时就进行一次短期预测,以保证预测的准确性,确保最佳房价与最佳空房分配方案的制订。

3. 饭店业收益管理入门

2000 年在英国建立的 The Bench 是一家以网络为媒介并活跃在欧洲市场的第三方饭店专业数据研究公司。2006 年已经在全球有 60 多个国家的 1300 多家饭店经营者采用了这一工具,其核心业务是为全球饭店业提供每日市场资讯统计和分析,以此支持饭店的收益管理策略，提高饭店客房营业收入和市场渗透率，并实现最大化的经营业绩。饭店运营者可以实时了解自己饭店和竞争市场的动态，饭店可以把每日的运营信息传递给 The Bench，The Bench 系统在饭店数据的基础上对特定市场饭店每日运营数据进行详细分析。用户可以以日、以周、以月，或者任意一个用户定义的期间为单位，将其平均房价、客房出租率和平均每间房收益（RevPAR）等关键指标与其竞争对手进行标杆比较。在全球各主要城市，The Bench 已成为饭店业主、投资者、主要金融刊物、投资银行以及经营者对于市场分析检测和制定高效营销策略的最佳辅助平台。The Bench 在中国地区拥有 447 家饭店用户，其中包括洲际、雅高、希尔顿、万豪、喜达屋等国际品牌饭店集团在中国地区的所有饭店。

2006 年 9 月，The Bench 与著名的饭店专业数据标杆研究公司史密斯旅游市场研究公司（Smith Travel Research，STR）合并开拓全球业务。两家强势公司自合并后整合其各自的饭店业绩跟踪系统，以为全球市场提供强大而广泛的饭店业专业数据库，供业界进行及时有效的标杆比较。The Bench 与 STR 数据整合后，数据库已经扩展至 34 000 家饭店。从此，全球饭店业者能真正实现通过网络系统进行按日、按周和按月为单位的电子数据深化报表分析，覆盖至全球所有重要地区和市场。现在，The Bench 与浩华管理顾问公司合作拓展亚太地区市场，浩华管理顾问公司在亚太地区地区已为 1500 多个饭店和旅游业项目提供咨询服务，The Bench 的客户群已经覆盖亚太区多家跨国饭店管理集团，洲际旗下亚太地区的所有饭店已经成为 The Bench 的用户。

中国旅游饭店业协会（CTHA）作为 The Bench 在中国地区的重要合作伙伴，将在中国地区建立共同的合作发展目标，打造中国饭店业的标杆数据分析平台，为中国饭店业建立完善的收益管理体系提供强有力的支持工具。

The Bench 的用户需要缴纳费用，The Bench 将为用户提供免费 Revenue Management（收益管理）培训；在网络上开设"收益论坛"，为会员提供收益管理的相关资料和文章；数据管理团队将为用户提供人工服务；将每月与中国旅游饭店协会联合推出全国饭店市场分析动态报告，此报告将每月以邮件的方式发送给会员用户；与 STR 联合为用户提供每周国内外饭店市场咨询；未来将结合 STR 的优势，升级报告种类，为用户提供更全面的数据分析报告服务。

2007 年 4 月至 2008 年 2 月，在中国地区实施免费服务，会员用户可免费使用系统所有服务。2008 年 2 月以后，The Bench 中国将收费标准及时通知会员，如中国旅游饭店协会（CTHA）用户将享受相应的折扣。

2008 年 2 月后，会员也可选择免费服务，会员单位需每日向 The Bench 系统输入运营数据，同时，会员单位可免费使用系统内"标杆数据比较"服务，如会员单位在一周内没有填写数据，将无法登录 The Bench 系统。2008 年 4 月 30 日，加入 The Bench 并运作的四星级以上（含四星级）的国内外品牌饭店北京有 74 家、上海有 64 家、深圳有 22 家。

4. 收益管理的问题与对策

收益管理也会带来管理问题。比如会给一些客人造成混乱的印象，继而引起他们的不满,因为针对统一服务,却得出不同的价钱——仅仅因为预订时间的不同。顾客对机票价格的变化可能已经习以为常了,但饭店价格如此变化却可能引起他们的不满。针对这一情况,饭店应该对员工进行培训,以确保收益管理系统能够得到很好的培训,以确保收益管理系统再不冒犯客人的前提下得到有效的实施。举例来说,如果一位前台员工没有得到很好的培训或他本身就对收益管理系统不满,他可能会对客人说:"对不起,那天晚上的订房快要满了,所以不能打折。"而针对同一情况,一位训练有素的预订员则会说:"对不起,您要的那种房间都订完了,不过我们还有几间漂亮的紧挨着游泳池的房间。"显然,两种不同的销售方法,会带来截然不同的销售效果。

复习思考

一、选择题

1. 通常将客人预订的房间保留至某一个事先声明的时间,这种预订应属于(　　　)。

   A. 临时性预订　　　B. 确认性预订　　　C. 保证性预订　　　D. 等待性预订

2. 是否接受客人预订应考虑的条件是(　　　)。

   A. 客房数量　　　　B. 客房类型　　　　C. 客房价格　　　　D. 抵离店日期

3. 实现保证性预订的方式有(　　　)。

   A. 支付定金　　　　B. 支付预付款　　　C. 签订合同　　　　D. 书面确认书

二、写出下列术语的英文

1. 临时性预订＿＿＿＿＿＿

2. 确认性预订＿＿＿＿＿＿

3. 保证性预订＿＿＿＿＿＿

4. 超额预订＿＿＿＿＿＿

三、简答题

1. 如何有效控制预订失约行为的产生?

2. 饭店主要有哪些渠道开展预订工作?不同的预订渠道对于销售工作有什么启示?

3. 饭店如何在预订工作中做好收益管理?

四、案例题

移动互联网实现在线旅游酒店预订案例

到北京开会的王小姐刚刚走出 T3 航站楼,打开手机,时间显示 23:00。航班再一次晚点,这让她很着急,因为现在早已过了跟酒店协商的最晚抵达时间。

排队等出租车期间,王小姐犹豫着去哪儿住,总得给自己和出租车司机一个方向。她打开了 iPhone 4 上面的客户端,搜寻着合适的酒店。她发现了一项新功能——"夜销",上面有不少当晚的特价房,位置不错,价格也优惠。抱着尝试的心态,王小姐选了一家位于安定门附近的四合院酒店,输入姓名和手机号码后,顺利提交订单。很快,她便得到了反馈,已经成功预订。王小姐高兴地跳上出租车,奔向自己的新目标:安定门"北京院子酒店"。

抵达酒店迫近午夜,王小姐有些后悔,因为来之前没有给这家酒店打电话,一张"夜销"订单是否管用她也不确定。但当前台询问姓名的那一刻,她放心了,对方告诉她在40分钟前已经确认了她的房间,273元的价格跟"夜销"订单上面的标注一模一样。

事实上,像王小姐一样用手机订"夜销"酒店的消费者不少,他们当中有的是在公司加班至深夜的工作狂希望找个休息地,有的是玩累了的年轻人想就近睡上一觉,还有像王小姐一样到外地出差的人。

"爱玩的都市年轻人、商旅客、加班族是'夜销'的目标人群",去哪儿网酒店业务高级总监王京介绍说,去哪儿网的"夜销"酒店可以让消费者在18:00以后便能以超低价格订到酒店当晚的剩余客房,北京、上海、广州、深圳、成都、杭州、西安这7个城市的上百家酒店已经进驻去哪儿网"夜销"专场。

"夜销"酒店伴随着去哪儿网客户端同时覆盖了Android和iPhone手机平台。去哪儿网无线产品总监杨昌乐表示,用户只要下载最新版的去哪儿网,Android或iPhone手机客户端便能享用"夜销",每日18:00至次日6:00,准时供应。

考虑到用户所处的实际环境比较复杂,比如像王小姐在机场排队等出租车,手机支付并不方便,去哪儿网"夜销"酒店用手机下订单前台支付方式替代手机支付,为着急住酒店的用户节省了大量时间。

基于移动互联网的应用已经开始改变生活,在随时变化的环境下,人们更希望有一种工具可以帮助他们完成互联网上的各种功能体验。对因为飞机晚点而找到"夜销"的王小姐而言,订酒店已经不是那么让人操心的事,因为手机可以随时随地完成,过程更简单也更有趣。

问题:通过王小姐的订房过程,结合本学习项目内容,你从中得到什么启示?

实践训练

【实训目的】 使学生掌握预订处理的基本方法和流程。

【实训内容】 客房预订的处理。

【实训时间】 2课时(不含考核)。

【实训材料】 以下是某饭店9月27日以后的客房预订状况显示表(如表2-9所示)。假设当前日期是9月25日,请根据预订状况完成两项预订。

1. 一位客人打电话来,要求预订一个普通套间和一个标准间,入住时间是10月2日至4日,5日离店,并希望靠在一起,房价能给予优惠。

2. 一家有合作关系的旅行社发来传真,要求预订10月3日至4日,5日离店,标准客房9间,含早餐。

表 2-9　客房预订密度图表

日　期		27	28	29	30	1	2	3	4	5	6	7	8	9
房型	房号													
标准客房	501	★				★	★	★	★					
	502						★	★	★	★				
	503				★	★	★	★						
	504		★				★	★	★	★				
	505						★	★	★	★				
	506			★										
	507													
	601	★	★	★	★									
	602						★	★	★	★				
	603													
	604													
	605						★	★	★	★				
	606	★	★	★	★									
	607													
普通套间	509	★					★	★	★	★				
	510		★											
	609				★	★								
	610													
豪华套间	508					★	★	★						
	608	★					★	★	★	★				

注："★"表示当日房间已被预订。

【实训方法】

1. 学生分组进行(每组约 4～5 人),交换预订员与宾客的角色分别进行;

2. 扮演宾客一方的学生应尽量提出更多的问题和要求,以观察和训练扮演预订员学生处理问题的能力。

【实训考核】

考　核　要　点	分　值	扣　分	得　分
个人仪表规范	10		
接听电话规范	20		
询问、应答内容全面	30		
能处理客人的特殊要求	10		
在饭店不能满足客人要求条件下能用建议代替拒绝	10		
复述预订内容	10		
填写预订清楚准确	10		
总　　计	100		

课后阅读

一个中国公民出国游的饭店预订日记

第一次出游,饭店也是全部在国内通过网站预订的,有3种方式可推荐。

(1) 国内自助游是很多朋友喜欢的,地址为:http://www.venere.com的这个网站预订是需要信用卡担保的,但是在一定时期内可以退订,不收费用。里面的饭店信息很全,选择起来很方便。

(2) 自助游最著名的论坛,穷游网上的饭店预订。这个预订一般会收取5%～10%的预订费用,是不退的。这个网站的预订一般是青年旅社和B&B(家庭旅馆)居多,是为希望可以节省费用的人准备的。青年旅社通常一般会有点吵闹,设施比较简单。(我们在布鲁塞尔,差点被两个西班牙姑娘给吵死)

(3) 还有一个就是自助游圣经lonely planet的推荐了,里面的饭店地理位置都比较好,也有价格和设施的介绍,直接买书看就OK了。

另外,听说还有一些华人的家庭旅馆,在各当地相当有名,但是没有深入研究过,也可以作为选择,尤其是对语言不是很顺畅的旅游者。

饭店预订的温馨提示如下。

(1) 我去的国家的饭店一般两星、三星都很干净,设施完善,但房间肯定和国内的大饭店没得比。提前订的话,价格通常在60～100欧元之间,看地理位置和饭店星级。

(2) 一般饭店不提供牙刷等用具,所以需要自备。毛巾也推荐自己带啦——干净放心。一般饭店都是可饮用水。

(3) 饭店预订的时候,要小心信用卡的使用,发现意外的扣款,及时联系银行进行调查。

(4) 饭店地理位置非常重要,最好先看攻略和lonely planet的指示,预订在人多安全的区域。

(5) 如果一个饭店的cancellation时间很短,比如提前2个星期就不能cancel了,说明饭店的经营并不是很好,有可能不在好的区域,所以需要慎选(我们在雅典就被迫住在了红灯区附近)。

(6) 如果no show,饭店通常会自动扣取1天到2天的费用,所以最好准时到达。

(7) 提前和饭店进行电话再次确认,E-mail确认有的时候会有问题,所以,最好双保险。

(8) 到了当地找饭店的做法有点冒险,万一赶上旅游旺季,价格会非常贵,也有没有房间的时候(第一次去尤其不推荐)。

(9) 欧洲饭店一般在出门的时候,需要把房间钥匙留在前台,没有问题的,放心留下好了。

(10) 入住的时候,问清所有费用。有的饭店毛巾是要收费的。

(11) 结账的时候,最好使用和预订不同的信用卡,这样方便查询预授权取消等问题。刷卡后的单据保留至确认所有信用卡都清账为止。

巴黎推荐饭店：巴黎的饭店最好不要选择 17～20 区,人比较杂,安全系数较低。最好选择市中心,但价格偏贵。所以,14 区和 15 区是比较好的选择。我住的饭店是 Hotel Vigina,非常安静的地方,交通也很方便。地铁 4 号线终点,去各个景点也很容易。价格相当合理,折扣价 52 欧元/天。前台的服务生特别好,帮我预订汽车票,帮我翻译一些网站,还借我计算机用。让我在欧洲的旅行的第一站感到温馨! MERCI!!

任务描述

- 掌握门童、行李员的服务程序
- 熟悉商务中心的服务程序和标准
- 了解金钥匙的含义

子任务 3.1 门厅应接服务

酒店的大厅服务,通常由门童或行李员来完成。根据酒店各自的情况,他们可以分别设岗,也可以合并设岗,目前多数酒店采取合并设岗的做法,以节约人力资源。

门童主要负责宾客接送服务,门卫是饭店的"门面",其着装、形象、一举一动往往代表整个饭店的形象。门童通常身着镶有醒目标志的特制制服站在大门的两侧或台阶下、车道边,容貌端正,精神抖擞,彬彬有礼,自始至终创造热情迎送来往嘉宾的气氛,是饭店形象的具体表现。

3.1.1 门童的素质要求

管理人员可选用具有下列素质的员工担任门童工作。

① 形象高大、魁梧。门童的一举一动往往代表整个饭店的形象,因此我们要求担任门童工作的服务员形象气质优秀。

② 记忆力强。门童在日常工作中应具备良好的记忆力,如在遇到常客时能称呼客人的姓氏,会让客人有一种亲切感。

③ 敏锐,接待经验丰富。门童要承担迎送客人,调车,有协助保安员、行李员等人员工作的任务,丰富的经验能让门童更好地完成这些工作。如门童应时刻观察饭店门口的车辆情况,以便安排客人停车位置。

3.1.2　岗位职责

① 热爱本职工作,遵守公司各项规章制度。

② 了解公司经营范围,服务项目,区域分布,熟记业务知识。

③ 保持门旁里外及副理办公桌的卫生良好。

④ 为老、弱、病、残、孕,怀抱小孩者,提供特殊服务。

⑤ 携重物者入店时,应主动上前服务。

⑥ 做好因有事情在门前滞留宾客的服务工作。

⑦ 按规范程序操作,填写交接日记。

⑧ 熟记公司的业务知识,有效地做好宾客的咨询工作。

⑨ 配合保安部,如有停车不当或可疑人员应及时通知保安部。有宾客滋扰生事,第一时间通知保安部。

⑩ 当看到宾客穿拖鞋外出时,按规定采取相应的措施。

⑪ 若离店宾客手持泊车卡,门童应主动迎上去,面带微笑,双手接过后交给保安。拉开客椅用正确手势请其坐下:"先生/小姐,请稍坐,保安马上帮您开过来。"开来后说:"先生/小姐,下午好,您的车已停在门口。"当客人起身后:"谢谢光临,请慢走,请带好随身携带物品,欢迎再次光临",顺手将椅子归位。

⑫ 熟练操作寄存及取伞的服务流程。

⑬ 口齿伶俐,思维敏捷,讲普通话。

⑭ 注重仪容仪表,时刻维护、塑造饭店形象。

⑮ 听从上级指令,服从公司工作安排。

3.1.3　门童迎送宾客服务程序

1. 迎客服务

① 将宾客所乘车辆引领到适当的地方停车,以免饭店门前交通阻塞。

② 趋前开启车门,用左手拉开车门成70°角左右,右手挡在车门上沿,为宾客护顶,防止宾客碰伤头部,并协助宾客下车。原则上应优先为女宾、老年人、外宾开车门。若遇有行动不便的宾客,则应扶助他们下车,并提醒其注意台阶;若遇有信仰佛教或信仰伊斯兰教的宾客,则无须为其护顶;若遇有雨天,应为宾客提供撑雨伞服务,礼貌地暗示宾客擦净鞋底后进入大堂,并将宾客随手携带的湿雨伞锁在伞架上,以方便宾客。

③ 面带微笑,使用恰当的敬语欢迎前来的每一位宾客。

④ 协助行李员卸行李,注意检查有无遗漏物品。

⑤ 招呼行李员引领宾客进入饭店大堂。要准确记录下车牌号,以备客人物品遗忘到车上时查找。客人下车时主动向客人问好,表示欢迎。

2. 送行服务

① 送别散客。当散客步行离店时,门童应向客人道别,可根据具体情况说"一会儿

见"或"再见","一路平安"等。对乘车离开的散客,客人离店要车时,要主动向车辆驾驶员示意。客人上车的服务工作与前述相同。如有行李,帮助打开车后盖装妥放稳。待客人坐好后微笑道别。将车门轻轻关上,注意不要夹住客人的衣、裙等,护顶的方法与迎接坐车散客到达时相同。后退一步,向客人挥手致意,目送客人的车离去。

②送别团体客人。送别团体客人时,门童应站在车门一侧,一边向客人微笑并问好,一边注意客人的上车情况,如发现有行动不便的客人,应扶助其上车。客人上车完毕后,导游示意开车。门童应站在车的斜前方向客人挥手道别,目送客人离店,表示饭店对客人光顾的感激。

3.1.4　门童的其他工作

1. 饭店大门的安全

门童应经常检查饭店大门上各部件的完好程度,如发现故障,应随时排除故障或迅速通知维修人员修理。

2. 饭店大门周围的警戒

门童应与保安人员一同,注意出入人员的动向。若发现无主包箱,应检查是否有危险品,并密切注意或清除在饭店大门周围的闲杂人员或可疑人员,必要时通知保安部或公安部门处理。

3. 回答客人的询问

门童应尽量扩大自己的知识面,准确地回答客人提出的问题,如果对客人的问题无法答复,应请客人去问讯处或接待处咨询。

4. 饭店大门周围的检查和清洁

大门是饭店的门面,饭店应随时保持其清洁,提醒客人不要乱扔垃圾,不要穿拖鞋,背心或赤裸上身进入大厅。如在大厅发现体积大且不易清除的垃圾,门童应立即通知公共区域组来清扫。

5. 负责升旗

根据不同的节日,门童(或饭店指定人员)应按饭店规定升挂彩灯、彩旗、国旗及带有店徽的店旗等。如果有外国元首下榻饭店,饭店必须在升挂我国国旗的同时,升挂该国国旗,以示尊重,国旗一定要新的,不可破损或脏污。从店门里往外看,我国的国旗应挂在左边,外国国旗则应挂在右边。

3.1.5　行李服务

高星级旅游饭店应设行李处并在大厅内设行李服务台,要配备行李主管和行李人员,24 小时提供服务。行李服务台应设在大厅内较显眼的位置,能够观察到客人进出。大小行李车、行李网、行李寄存单、行李寄存标签等设备用品应齐全、完好;摆放位置得当,取用方便,不影响前厅客人进出和前厅环境的美观。行李员应熟悉行李服务工作程序和操作规则,熟悉饭店服务设施、服务项目和饭店内部各条路径,熟悉饭店所有客房位置,能用一种以上的语言为客人提供服务。行李员的工作主要是为到店、离店的客人运送行李、寄存行李,为住店客人完成外来的委托代办服务等,为客人介绍饭店情况,为饭店和住店客人递送邮件、物品、报表,替客人订车或应客人要求完成接车、接机或送客人到车站、机场的服务。行李员还应在适当的时候充当饭店的义务推销员、保安员、清洁员和问讯员。

3.1.6　行李部员工的工作职责

行李部员工不仅负责为客人搬运行李,还要向客人介绍店内服务项目及当地旅游景点,帮助客人熟悉周围环境,跑差(送信、文件等),传递留言,递送物品,替客人预约出租车。

3.1.7　行李部员工的素质要求

① 吃苦耐劳,眼勤,嘴勤,手勤,腿勤,和蔼可亲。
② 性格活泼开朗,思维敏捷。
③ 熟悉本部门工作程序和操作规则。
④ 熟悉饭店内各条路径及有关部门位置。
⑤ 了解店内客房、餐饮、娱乐等各项服务的内容、时间、地点及其他有关信息。
⑥ 广泛了解当地名胜古迹,旅游景点和购物点,尤其是那些地处市中心的购物场所,以便向客人提供准确的信息。

3.1.8　行李搬运服务的注意事项

行李服务不当,常常引起客人的投诉。在为客人提供行李服务时,行李员及其管理人员应特别注意以下事项。
① 认真检查行李。
② 搬运行李时,客人的贵重物品及易碎品,如相机、手提包等要指示客人自己拿。
③ 装行李时,要注意将大件、重件、硬件放在下面,小件、轻件、软件装在上面。
④ 搬运行李时必须小心,不可用力过大,更不许用脚踢客人的行李。
⑤ 照看好客人的行李。
⑥ 引领客人时,要走在客人的左前方,距离两三步(或与客人并行),和着客人的脚步走,在拐弯处或人多时,要回头招呼客人。
⑦ 引领客人进房途中,要热情主动地问候客人,与客人交谈,向客人介绍饭店服务项目和设施,推荐饭店的商品。
⑧ 介绍房内设施及使用方法。
⑨ 离房前要问客人是否还有其他吩咐,并祝客人住店愉快,随后将房门轻轻拉上。
⑩ 将离店客人的行李搬运至大厅后,要先到结账处确认客人是否已结账,如客人还

未结账,应有礼貌地告知客人结账处的位置。

⑪ 做好行李搬运记录。

3.1.9　行李服务程序

1. 散客入店时的行李服务程序

① 客人要到店时,行李员应问候客人并微笑以表示欢迎;如客人有行李,行李员应主动帮助提拿。应该注意的是客人的公文包、照相机、贵重小件物品及易碎物品不必主动提拿;当客人要求提拿时,应小心、仔细,杜绝差错和丢失、破损,也可以委婉地谢绝提拿,以防意外。

② 如果客人是乘车到达,行李员应帮助客人卸下行李,请客人清点并检查行李是否损坏,如从门童手中接过行李也应与客人一起清点。

③ 接过客人的行李后,应该问清客人是否需要开房,得到肯定答复后,行李员应走在客人斜前方两三步远的距离引领客人到接待处登记;客人登记时行李员要以正确的姿势站立于客人身后约1.5米处,并尽量靠边以免妨碍客人进出,同时替客人看管好行李;客人的行李应放在自己与客人之间伸手可及的范围,以备客人随时查找物品、随时听从客人的吩咐,并注意接待员的暗示等。正确的站立姿势是两脚与肩同宽站立,微挺胸,收腹,两眼平视前方,两手放于背后交叉或自然下垂或下握。

④ 客人办完入住登记后,行李员应主动上前向客人或接待员索要客房钥匙(如行李太大、太重要使用行李车时,不应拿钥匙,应告诉客人请他先去客房,自己随后就到),然后引领客人到客房;在路上,行李员应走在客人的斜前方两三步远处边侧位置,并不时招呼客人,向客人介绍饭店的情况。

⑤ 搭乘电梯引领客人时,行李员应该用一只手按住电梯外面的控制按钮,请客人先进入电梯,进入电梯后行李员靠近电梯控制台站立,便于操作电梯;出电梯时,应请客人先出。如行李过多、过重需使用行李车时,行李员应先陪客人到轿厢处(也可以在总台向客人解释,让其稍等),请客人先到客房,向客人解释后,再推行李车搭乘行李专梯,要注意出入时应该关闭行李专用通道的门,如无行李专梯而需要使用行李车时应尽量单乘一梯或在梯内客人人数很少时共梯上下。

⑥ 进客房前,应先按门铃,停3秒,介绍自己的身份,再敲门,再停3秒,若房内无反应,再用钥匙开门。如果无门铃,则敲两次门、停两次后再开门。

⑦ 开门后,先打开总开关,或把钥匙插入节能孔即可,然后扫视房间,如果是打扫好的客房应立即把钥匙交给客人请客人先进客房,再提行李跟进。开门后,如果发现房内有其他客人的行李或未做卫生,应立即退出,请客人在外面稍等,并向客人解释清楚,再与接待处联系,请他们指示下一步该如何做,该给客人换哪一个客房。客人进房后,若对客房不满意,要求换房,行李员应立即与接待处联系,完成换房工作后,通知接待处人员。

⑧ 随客人进房后,行李员应把行李放在行李架上或客人吩咐的地方。向客人介绍客房设施及使用方法。如客房朝向、空调开关及棉被的位置、冰箱的位置、小酒吧的使用方法及床头柜控制开关的使用方法等。

⑨ 介绍房间应简短。如果客人以前曾住过本饭店,则不必介绍。常客可只介绍新增服务设施(不可向客人索取小费也不应暗示客人给小费),房间介绍完毕,应征求客人是否还有吩咐,在客人无其他要求时,即向客人道别,并祝客人在本店住宿愉快,面对客人退出客房,轻轻地把门关上。

⑩ 完成每一次行李运送后,都应返回工作岗位。离开房间后应迅速走员工通道返回行李房,填写散客行李送房记录表。见表 3-1。

表 3-1 散客行李(入店/出店)登记表

日期(Date):

房号 (ROOM NO.)	上楼时间 (UP TIME)	件数 (PIECES)	迎接行李员 (PORTER)	出行李时间 (DEPARTURE TIME)	离店行李员 (PORTER)	车牌号码 (TAXI NO.)	备注 (REMARKS)

2. 散客离店时的行李服务程序

① 大厅内的行李员看见客人携带有行李时应主动上前问好并帮助客人提拿,并送客人上车,行李装车前应请客人清点行李件数。

② 如客人打电话要求,也应在领班的统一安排下去客房提拿行李;如客人不在房内,则应请房务中心或楼层服务员开门取走行李,并与服务员共同清点行李件数和检查行李破损情况。

③ 行李运到大厅后,如客人不立即离店,应把客人的行李放在行李房中寄存并填一份行李寄存单,注明客人的房号及姓名。

④ 如果发现客人要离店而未付账,行李员在帮助客人运送行李时应有礼貌地告诉客人结账处的地址。

⑤ 送客人离开饭店时,应再次请客人清点行李件数后再装车,向客人道谢、道别,祝客人旅途愉快,若行李放在后备箱而厢盖不能盖上时,要当面通知客人。

⑥ 每完成一次散客行李入店或离店的任务,都要在散客行李登记簿上登记并签名。

3. 团体入住的行李服务程序

对团体客人的行李,饭店通常只负责从饭店大门进入客房以及从客房搬至饭店大厅这一段距离的运送,其余通常由团体接待单位派人完成,如旅行社一般备有行李车,由专职的行李押送员运送团队行李。饭店行李员只负责店内行李的运送与收取。有些时候,在不影响店内行李运送的前提下,饭店也可以按照团体接待单位的要求到车站、机场、码头等地运送行李到饭店或把行李由饭店运送到上述各处,此种情况下饭店可以收取一定的费用。

(1)团体行李到达时,行李员推出行李车,与行李押运员交接行李,清点行李件数,检查行李有无破损,然后双方按各项规定程序履行签收手续。此时如发现行李有破损或短缺,应由行李押运单位负责,请行李押运人员签字证明,并通知陪同人员及领队。如行李随团到达,则还应请领队确认签字。

（2）填写"团体行李登记表",见表3-2。

表3-2 团体行李登记表

团体名称		人数		入店日期		离店日期	
时间		总件数	饭店行李员		领队	行李押运员	车号
入店							
出店							
房号		入店件数			离店件数		备注
	行李箱	行李包	其他	行李箱	行李包	其他	
合计							

（3）如行李员与客人抵店,则将行李放到指定的地点、标上团号,然后将行李罩上行李网存放。注意不同团体的行李之间应留有空隙。

（4）在每件行李上挂上饭店的行李标签,待客人办理入住登记后根据接待处提供的团体分房表,认真核对客人姓名,并在每张行李标签上写上客人房号。填写房号要准确、迅速,然后在团体行李登记表的每一房号后面标明入店的行李件数,以方便客人离店时核对。如某件行李上没有客人姓名,则应把行李放在一边,并在行李标签上注明团号及入店时间,然后将其放到行李房储存备查,并尽快与陪同人员或领队联系确定物主的姓名、房号,尽快送给客人。

（5）将写上房号的团体行李装上行李车。装车时应注意以下几点。

① 硬件在下、软件在上,大件在下、小件在上,并特别注意有"请勿倒置"字样的行李。

② 同一团体的行李应放在同一趟车上,放不下时分装两车,同一团体的行李分车摆放时,应按楼层分车,应尽量将同一楼层或相近楼层的行李放在同一趟车上。如果同一层楼有两车行李,应根据房号装车;同一位客人有两件以上的行李,则应把这些行李放在同一趟车上,应避免分开装车,以免客人误认而丢失行李。

③ 遵循"同团同车、同层同车、同侧同车"的原则。

（6）行李送到楼层后,按房号分送。

（7）送完行李后,将每间客房的行李件数准确登记在"团体行李登记表"上,并按团体入住单上的时间存档。

4. 团体客人离店时候的行李服务程序

① 按接待单位规定的出行李时间提前上楼层拿行李,并携带团体分房单或团体分房表以记录每间客房出行李的件数及团体行李总件数。

② 上楼层后,按已核对的团体分房表上的房号逐间收取行李,收取一间登记一间,不能全部登记后才收取行李,应注意陪同房是否有行李。收取行李时还应确认行李上的姓名与该房号住客的姓名是否一致。

③ 如果到要求的出行李时间时行李还未放在客房门口,应通知该团的陪同人员,并协助陪同人员通知客人把行李放到客房门口,以免耽误时间。

④ 收取行李时只收取放于客房门口的行李或已被收集在一起的行李,对于放在客房内的行李,无论是否已整理好,均不收取。

⑤ 行李收齐后,行李员应清点件数,并在行李登记簿上写清团号、件数,用网罩好,并把件数报给领班。

⑥ 领班尽快找到领队、陪同,核实出行李的准确数字,如准确无误,则请领队或陪同人员在签收单上签字。

⑦ 行李车队来拉行李时,行李员应问清所拉行李的团名,确认无误后,由行李车队的行李员和本饭店行李员一起点清所要拉的行李件数,并在旅行社的行李单上签字,然后帮助装车。

⑧ 凌晨离店的客人一般在前一天晚上把行李收到大厅(因夜班行李人员人数少),此时行李要在大厅过夜,除了要用网罩住放在厅内一侧外,还应请保安员、夜班行李员注意。

3.1.10 换房行李服务

① 接到接待处的换房通知后,到接待处领取"换房通知单",弄清客人的姓名、房号及换房后的房号。

② 到客人原房间楼层,将"换房通知单"中的一联交给服务员,通知其查房。

③ 按进房程序经住客允许后再进入客房,请客人清点要搬的行李及其他物品,将行李装车。

④ 引领客人到新的房间,为其开门,将行李放好,必要时向客人介绍房内设备设施。

⑤ 收回客人原来的房卡及钥匙,交给客人新的房卡及钥匙。

⑥ 向客人道别,退出客房。

⑦ 将原房卡及钥匙交回接待处。

⑧ 做好换房工作记录,并填写"换房行李登记表",见表3-3。

表3-3 换房行李登记表

日期	时间	由(房号)	到(房号)	行李件数	行李员签名	楼层服务员签名	备注

3.1.11 行李寄存服务

由于各种原因,客人希望将一些行李暂时存放在礼宾部。礼宾部为方便住客存取行李,保证行李安全,应有专门的行李房并建立相应的制度,同时规定必要的手续。

1. 对寄存行李的要求

① 行李房不寄存现金、金银首饰、珠宝、玉器,以及护照等身份证件。上述物品应礼貌地请客人自行保管,或放到前厅收款处的保险箱内免费保管。已办理退房手续的客人如想使用保险箱,须经大堂副理批准。

② 饭店及行李房不得寄存易燃、易爆、易腐烂或有腐蚀性的物品。

③ 不得存放易变质食品、易蛀品及易碎物品。如客人坚持要寄存,则应向客人说明饭店不承担赔偿责任,并做好记录,同时在易碎物品上挂上"小心轻放"的标牌。

④ 如发现枪支、弹药、毒品等危险物品,要及时报告保安部和大堂副理,并保护现场,防止发生意外。

⑤ 不接受宠物寄存。一般饭店不接受带宠物的客人入住。

⑥ 提示客人行李上锁。对未上锁的小件行李须在客人面前用封条将行李封好。

2. 行李寄存及领取的类别

① 住客自己寄存,自己领取。

② 住客自己寄存,让他人领取。

③ 非住客寄存,但让住客领取。

3. 建立行李房管理制度

① 行李房是为客人寄存行李的重地,严禁非行李房人员进入。

② 行李房钥匙由专人看管。

③ 做到"人在门开,人离门锁"。

④ 行李房内严禁吸烟、睡觉、堆放杂物。

⑤ 行李房要保持清洁。

⑥ 寄存行李要摆放整齐。

⑦ 寄存行李上必须挂有"行李寄存单",见表3-4。

表3-4　行李寄存单

行李寄存单(饭店联)	
姓名(NAME)	
房号(ROOM NO.)	
行李件数(LUGGAGE)	
日期(DATE)	时间(TIME)
客人签名(GUEST'S SIGNATURE)	
行李员签名(BELLBOY'S SIGNATURE)	

行李寄存单(顾客联)	
姓名(NAME)	
房号(ROOM NO.)	
行李件数(LUGGAGE)	
日期(DATE)	时间(TIME)
客人签名(GUEST'S SIGNATURE)	
行李员签名(BELLBOY'S SIGNATURE)	

4. 行李寄存程序

① 宾客前来寄存行李时,行李员应热情接待,礼貌服务。

② 弄清客人行李是否属于饭店不予寄存的范围。

③ 问清行李件数、寄存时间、宾客姓名及房号。

④ 填写"行李寄存单",并请客人签名,上联附挂在行李上,下联交给客人留存,告知客人下联是领取行李的凭证。

⑤ 将半天、一天、短期存放的行李放置于方便搬运的地方;如一位客人有多件行李,要用绳系在一起,以免错拿。

⑥ 经办人须及时在"行李寄存记录本"上进行登记,并注明行李存放的件数、位置及存取日期等情况。如属非住客寄存、住客领取的寄存行李,应通知住客前来领取。"行李寄存记录本"项目设置,见表 3-5。

表 3-5　行李寄存记录本

日期	时间	房号	件数	存单编号	行李员	领回日期	时间	行李员	备注

5. 行李领取服务

① 当客人来领取行李时,须收回"行李寄存单"的下联,请客人当场在寄存单的下联上签名,并询问行李的颜色、大小、形状、件数、存放的时间等,以便查找。

② 将"行李寄存单"的上下联进行核对,看两者的签名是否相符,如相符则将行李交给客人,然后在"行李寄存记录本"上做好记录。

③ 如住客寄存、他人领取,须请住客把代领人的姓名、单位或住址写清楚,并请住客通知代领人带"行李寄存单"的下联及证件来提取行李。行李员须在"行李寄存记录本"的备注栏内做好记录。

当代领人来领取行李时,请其出示存放凭据,报出原寄存人的姓名、行李件数。行李员收下"行李寄存单"的下联并与上联核对编号,然后再查看"行李寄存记录本"记录,核对无误后,将行李交给代领人。请代领人写收条并签名(或复印其证件)。将收条和"行李寄存单"的上下联订在一起存档,最后在记录本上做好记录。

④ 如果客人遗失了"行李寄存单",须请客人出示有效身份证件,核查签名,请客人报出寄存行李的件数、形状特征、原房号等。确定是该客人的行李后,须请客人写一张领取寄存行李的说明并签名(或复印其证件)。将客人所填写的证明、证件复印件、"行李寄存单"上联订在一起存档。

⑤ 来访客人留存物品,让住店客人提取的寄存服务,可采取留言的方式通知住客。

6. 行李寄存领取时的注意事项

① 确认客人身份。

② 检查行李。

③ 如客人丢失寄存卡,行李员一定要凭借足以证实客人身份的证件方可提取行李,并要求客人写出行李已取的证明。

④ 行李员在为客人办理行李的寄存和提取业务时,一定要按规定的手续进行,绝不可因为与客人"熟"而省去必要的行李寄存手续,以免引起不必要的纠纷,或为客人造成损失或带来不必要的麻烦。

子任务 3.2　金钥匙服务

3.2.1　金钥匙的含义

在中国的饭店里,你会发现这样一群年轻人:他们身着一身考究的西装或燕尾服,衣领上别着"金钥匙"徽号,永远地彬彬有礼,永远地笑容满面,永远地机敏缜密。他们是国际金钥匙组织(U.I.C.H)的成员——中国饭店金钥匙。

国际金钥匙组织成立于1952年4月25日。这一天,在巴黎斯克拉饭店礼宾司捷里特先生的倡导下,在法国戛纳举行了第一届国际金钥匙组织会议,并在此会议上正式成立了国际"金钥匙"组织。捷里特先生也因此而被誉为"金钥匙"组织之父。

金钥匙服务,Concierge(名词),词义为:门房、守门人、钥匙看管人,Les Clefs d'Or(音:lay clay door)名词,来自法语,系指由为服务行业献身的饭店委托代办金钥匙成员们组成的国际专业组织。在世界经济发展速度飞快的今天,Concierge金钥匙是住店客人最好的朋友。

欧洲人早在70年前就已经认识到Concierge的重要性。美洲人在40年前就开始学习和运用金钥匙服务并体会到这个组织信誉的价值所在。在美国,一家很受人喜爱的饭店,通常是对"金钥匙服务"这一概念十分熟悉的饭店,在亚洲,从20年前开始,新加坡和中国香港率先在饭店中推广这种个性化的品牌服务。

通常,一位饭店客人知道向戴金钥匙徽号的Concierge咨询以获得到哪间餐厅就餐的建议或完成一些预订,但那仅仅是一个开始……一旦对话开始,"金钥匙"会改变客人的生活,它能为客人、客人的公司甚至是客人的家人提供帮助,不只在本地区,在世界其他城市,客人亦可享受到"金钥匙"为他们提供的无微不至的服务。

金钥匙服务内容涉及面很广,它包括:向客人提供市内最新的流行信息、时事信息和举办各种活动的信息,并为客人代购歌剧院和足球赛的入场券,或为域外举行的团体会议作计划。满足客人的各种个性化需求,包括计划安排在国外城市举办的正式晚宴;为一些大公司作旅程安排;照顾好那些外出旅行客人和在国外受训的客人的子女;甚至可以为客人把金鱼送到地球另一端的朋友手中。现在国际饭店金钥匙组织已拥有超过4500名来自34个国家的金钥匙成员。对比欧洲和美洲,亚洲男性选择从事这一职业占有一定比例人数,中国的会员数量已将近500名(少数为女性)。而在中国旅行的客人正在继续加深对饭店金钥匙的认识,以便知道如何获得饭店金钥匙的帮助。在中国一些大城市里,金钥匙委托代办服务被设置在饭店大堂,他们除了照常管理和协调好行李员和门童的工作外,还承担许多其他的礼宾职责。中国是国际金钥匙组织的第31个成员国。

饭店金钥匙的服务哲学是"不是无所不能,但要竭尽所能",在不违反法律的前提下,使客人获得满意加惊喜的服务,特别是目前中国的旅游服务必须要考虑到客人的吃、住、行、娱、游、购六方面内容。饭店金钥匙的一条龙服务正是围绕着宾客的需要而开展的。例如,从协助客人订房、安排车到机场、车站、码头接客人;根据客人的要求介绍各特色餐厅,并为其预订座位;联系旅行社为客人安排好导游;当客人需要购买礼品时帮客人在地图上标明各购物点,等等。最后当客人要离开时,在饭店里帮助客人买好车、船、机票,并帮客人托运行李物品;如果客人需要,还可以订好下一站的饭店并与下一城市饭店的金钥匙落实好客人所需的相应服务。

让客人从接触到饭店开始,一直到离开饭店,自始至终,都感受到一种无微不至的关怀。从这,人们不难想象饭店金钥匙对城市旅游服务体系、饭店本身和旅游者带来的影响。

饭店金钥匙对中外商务旅游者而言,是饭店内外综合服务的总代理,一个在旅途中可以信赖的人,一个充满友谊的忠实朋友,一个解决麻烦问题的人,一个个性化服务的专家。

饭店金钥匙服务对高星级饭店而言,是管理水平和服务水平成熟的一种标志。它是在饭店具有高水平的设施、设备以及完善的操作流程基础上,饭店经营管理艺术更高层次的体现。

3.2.2　饭店金钥匙服务理念

大家都知道钥匙是用来开门的,"金钥匙"更能打开困难之门。客人住饭店总会遇到这样那样的一些事情要办,特别是会遇到一些困难,我们把这些困难称为"门",把饭店金钥匙与客人这扇门相比喻,这就更加形象地说明了饭店与客人的关系。饭店金钥匙服务不是一般意义上的服务,而是为客人排忧解难,特别是市场竞争如此激烈的今天,对饭店服务提出了更高的要求。客人的消费水平不同,需求也不同。饭店除了按标准规范化服务以外,还要有个性化服务。规范化是基础,个性化是特色,有了个性化服务才能更好地体现一家饭店的档次,才能适应客人的需求,金钥匙服务正是这种个性化服务的具体表现。

作为一名金钥匙服务人员,他需要掌握非常丰富的外界信息资源及拥有良好的人际关系网,利用手中的资源为客人提供全方位的一条龙服务。经常听到有人说:"金钥匙"人员是无所不能的。但"金钥匙"人员不是万能的,不过他一定会竭尽所能地做好每一件事,只有这样才能真正做到让客人满意加惊喜。

"我热爱我现在从事的工作,因为我在这份工作中找到了真正的自我。我觉得当我满头白发,还依然穿着燕尾服,站在大堂里跟我熟悉的宾客打招呼时,我会感到这是我人生中最大的满足。我以我自己能终生去做一名专业的服务人员而骄傲。因为我每天都在帮助别人,客人在我这里得到的是惊喜,而我们也在客人的惊喜中重新找到了富有的人生。我们未必会有大笔的金钱,但我们一定不会贫穷,因为我们富有智慧,富有经验,富有信息,富有助人的精神,富有同情心、幽默感,富有为人解决困难的知识和技能,富有忠诚和信誉,当然我们还有一个富有爱的家庭,所有这些,构成了我们今天的生活。青年朋友们,富有的人生不难找,它就在我们生活的每一天当中,就在我们为别人带来的每一份惊喜当中。"

这段话是现在国际饭店金钥匙组织中国区的主席孙东先生 1997 年 8 月代表广州白

天鹅饭店在广东省政府大礼堂参加"广东省青年道德先进事迹报告会"上的发言,它逼真地阐述了一种人生观和价值观,阐释了与其他岗位不同的一种"为人处世"的哲学。

中国饭店金钥匙组织的服务理念就是"先利人,后利己;用心极致,满意加惊喜,在客人的惊喜中找到富有的人生"。我们中国金钥匙们都应将我们所从事的服务行业当作是追求极致的一份事业。任何一件事情或是一项工作,只要追求极致,就会进入出神入化的境界。技高近乎艺,欲极达于境,这就是中国金钥匙服务的精髓之处——在客人的惊喜中找到富有的人生,这种富有,首先是精神的富有,拥有不断的追求;其次是知识和技能的富有,不断地丰富自己;再次是朋友的富有,友缘的不断扩大;最后才是物质的富有。因为在金钥匙的理念中,自身财富的增加永远不会体现在物质上,而永远地体现在追求中。

现代社会的加速发展,产生了一系列更高的要求,快节奏要求更加便利,高科技要求更加先进,成熟的顾客更需要个性化服务。在现实生活中所形成的冷漠和疏远中,人们更渴望的是人对人的服务,人对人的关心,人对人的亲切。这一切,都包含在金钥匙的日常工作中,也正是在这平凡的工作中,形成了饭店的氛围,创造了饭店的文化,产生了更大的吸引力。所以,来自世界各国和国内各界的客人,进入饭店大堂,如果看到金钥匙,或是眼前一亮或是浮现亲切的笑容,心中自然产生了信任感和亲切感,这就是家的感觉,但又胜过家的感觉,因为他们知道,金钥匙是无所不能的!

3.2.3　金钥匙的素质要求

金钥匙以先进的服务理念,真诚的服务思想,通过其广泛的社会联系和高超的服务技巧,为客人解决各种各样的问题,创造饭店服务的奇迹。因此,"金钥匙"必须具备很高的素质。

1. 能力要求
① 交际能力。它表现为从业人员要彬彬有礼、善解人意,乐于和善于与人沟通。
② 语言表达能力。它表现为从业人员语言要表达清晰、准确。
③ 身体健康,精力充沛。能适应长时间站立工作和户外工作。
④ 有耐性。
⑤ 应变能力强。
⑥ 协调能力强。
2. 业务知识技能
① 熟练掌握本职工作的操作流程。
② 通晓多种语言。
③ 掌握中英文打字、计算机文字处理等技能。
④ 掌握所在饭店的详细信息资料,包括饭店历史、服务设施、服务价格等。
⑤ 熟悉本地区三星级以上饭店的基本情况,包括地点、主要服务设施,特色和价格水平。
⑥ 熟悉本市主要旅游景点,包括地点、特色、服务时间、业务范围和联系人。

⑦ 掌握一定数量的本市高、中、低档的餐厅、娱乐场所、酒吧的信息资料,包括地点、特色、服务时间、价格水平、联系人。按照中国饭店金钥匙组织会员入会考核标准,申请者必须掌握本市高、中、低档的餐厅各 5 个,娱乐场所、酒吧 5 个(小城市 3 个)。

⑧ 能帮助客人购买各种交通票据,了解售票处的服务时间、业务范围和联系人。

⑨ 能帮助客人安排市内旅游,掌握其线路、所需的时间、价格、联系人。

⑩ 能帮助客人修补物品,包括手表、眼镜、小电器、行李箱、鞋等,掌握这些维修处的地点和服务时间。

⑪ 能帮助客人邮寄信件、包裹、快件,懂得邮寄事项的要求和手续。

⑫ 熟悉本市的交通情况,掌握从本饭店到车站、机场、码头、旅游点、主要商业街的路线、路程和出租车价格(大约数)。

⑬ 能帮助外籍客人解决办理签证延期等事宜,掌握有关单位的地点、工作时间、联系电话和手续。

⑭ 能帮助客人查找航班托运行李的去向,掌握相关部门的联系电话和领取行李的手续等。

3.2.4　金钥匙的岗位职责

金钥匙通常是饭店礼宾司(行李部)主管,其岗位职责主要有以下一些条款。

① 全方位满足住店客人提出的特殊要求,并提供多种服务,如行李服务、安排钟点医务服务、托婴服务、沙龙约会、推荐特色餐馆、导游、导购等,客人有求必应。

② 协助大堂副理处理饭店各类投诉。

③ 保持个人的职业形象,以大方得体的仪表,亲切自然的言谈举止迎送抵、离饭店的每一位宾客。

④ 检查大厅及其他公共活动区域。

⑤ 协同保安部对行为不轨的客人进行调查。

⑥ 对行李员工作活动进行管理和控制,并作好有关记录。

⑦ 对进、离店客人给予及时关心。

⑧ 将上级命令、所有重要事件或事情记在行李员、门童交接班本上,每日早晨呈交前厅经理,以便查询。

⑨ 控制饭店门前车辆活动。

⑩ 对受前厅部经理委派进行培训的行李员进行指导和训练。

⑪ 在客人登记注册时,指导每位行李员帮助客人。

⑫ 与团队协调关系,使团队行李顺利运送。

⑬ 确保行李房和饭店前厅的卫生清洁。

⑭ 保证大门外、门内、大厅三个岗位有人值班。

⑮ 保证行李部服务设备运转正常;随时检查行李车、秤、行李存放架、轮椅。

金钥匙在中国最早出现在广州的白天鹅宾馆。在 1997 年 1 月的第 44 届国际金钥匙年会上,中国区金钥匙被接纳为第 31 个成员国。礼宾服务是最早见于法国,由饭店看门人、门房负责迎来送往和保管饭店钥匙。随着饭店业的发展,其工作范围不断扩大,在欧洲好多地方设有礼宾服务,为客人办理全方位的"一条龙"服务。在该职位工作较出色的人,有可能成为国际门房同盟的成员;一旦被接纳为其成员,将被授予一把金钥匙,佩戴胸前,所谓"金钥匙门房"即来源于此。目前,除我国白天鹅宾馆、南京金陵饭店等少数豪华饭店设有这一岗位外,还不普遍。但本书所列前厅综合服务项目包含这一项目,大部分饭店主要由迎宾员、机场代表、行李员、委托代办员等来完成。

复习思考

一、选择题

1. 同批团体客人行李中少了一件或多件,应在签收单上加以说明,同时与_____取得沟通。
　　A. 旅行社　　　　　B. 饭店　　　　　C. 前厅经理　　　　D. 大堂经理

2. 递送、报纸、通知、原始单据的顺序是_____。
　　A. 先客人,后饭店　　　　　　　B. 先贵宾,常客,后普通人
　　C. 从高楼层向低楼层递送

3. 如果客人要求寄存行李,行李员应请客人填写_____行李寄存单。
　　A. 一式两份　　　B. 一式一份　　　C. 一式三份

4. 在客人预订出租车服务后,当汽车到饭店时,_____向司机讲明有关客人的情况。
　　A. 前厅接待　　　B. 问讯员　　　C. 大堂副理　　　D. 行李员

5. 当保证性预订的客人在规定时间内失约后,按惯例饭店应该_____。
　　A. 当日退还全部订金　　　　　B. 一周内全部退还
　　C. 两周内全部退还

6. _____是一种有价证券定额支票。
　　A. 现钞　　　　　B. 旅行支票　　　C. 股票　　　　D. 信用卡

7. 门童主要承担的工作有_____。
　　A. 迎送客人　　　　　　　　　B. 出租雨伞服务
　　C. 保管雨伞服务　　　　　　　D. 协助行李员

8. 在饭店签收前发现破损的行李,饭店_____。
　　A. 不负责任　　　　　　　　　B. 拒收
　　C. 负责任　　　　　　　　　　D. 负一半责任

9. 无人认领的行李最长保存期为_____。
　　A. 一个月　　　　　　　　　　B. 两个月
　　C. 三个月　　　　　　　　　　D. 六个月

二、判断题

1. 我国第一把"金钥匙"产生于广州白天鹅宾馆。(　　　)

2. 门童是代表饭店在大门口迎送客人的专门工作人员。(　　　)

3. 门童要为所有乘车到来的客人提供护顶的服务。(　　　)

4. 门童要为所有客人提供 VIP 服务。( )

5. 若遇雨天,门童应为客人提供撑雨伞服务,并礼貌地提醒客人擦净鞋底后方能进入大堂。( )

三、简答题

1. 门童在迎接乘车散客应注意些什么?

2. 行李错送在处理时应注意什么?

四、案例分析

案例 1

1 月 21 日,大堂孙经理在大厅遇见 6017 房金卡客人申新超先生,孙经理礼貌地上前问好。他看出申先生好像有什么事,便主动问道:有什么可以帮忙吗?申先生就把周三要订婚的事情告诉孙经理,因为家人都不在郑州,很多事情都不是太清楚,找个可商量的人都没有。孙经理关切地问:"有什么困难可以和我们说,我们一定会尽力帮助您的。"申先生说:"到时要送礼金,想让你帮忙找个小盒子,大概装 6 万元现金。"孙经理满口答应,告别客人后,很快从精品屋找来一个装茶杯的盒子,但盒子颜色是白色的,好像与喜庆的气氛不合,孙经理又找来一张红色的礼品包装纸,并找到前厅部张经理,商量能否帮助客人包装一下。张经理马上安排礼宾部小李包装礼盒,她自己则到商务中心下载了一张精美的卡通图片(两只可爱的小老鼠身着结婚礼服步入婚礼殿堂),交给小李,贴在礼盒内侧,很快,一个包装精美、饱含着吉祥和祝福的礼盒呈现在大家眼前,当申先生拿到礼盒,非常高兴,激动地说:"谢谢!"

这时,申先生又不好意思地说,还有两件事需要麻烦一下:一是刚买 5 千克糖果想让帮忙分装一下,装成 22 袋;再就是送的彩礼定为六万六千六百六十六元六角(六个六比较吉利),想让帮忙换一下零钱。孙经理和闫副理一商量,爽快地答应了客人的要求。两人分头行动,一边协调礼宾部的同事,利用工作空闲时间帮助客人包装糖果,一边联系财务部帮忙换零钱。很快,糖果包好了,并送到了客人房间;可是换零钱时又遇到麻烦了,因为按老风俗,送彩礼的钱应该尽量是面值为双数的,可财务出纳那里只有 3 张 20 元的,而 2 元的和 2 角的都没有。刚下班的闫副理决定去外面的银行看看能不能兑换一下,跑了几家银行只换到 3 张 2 角的,还是没有 3 张 2 元的,只好用 6 张新的 1 元代替。第二天上午,两人帮忙将申先生的礼金用红丝带全部扎好,正准备出发时,申先生同行的一位长者说道:"按风俗,最好能用一块红布把礼盒包起来。"可是哪里有红布呢,眼看时间就快到了,孙经理马上联系礼宾部田珂外出给客人购买,申先生说:"时间快到了,我们先去,如果买回来了,麻烦让他直接给我们送去。"说着留下了中午用餐的地点。田珂马上出发,用最快的时间买到红布,并送到申先生订婚的饭店,当申先生看见田珂冻红的脸庞,对饭店的服务表示由衷的感谢。下午 4:40,申先生一行订婚宴结束回到饭店,第一件事就是来大堂表示感谢,孙经理只是微笑着说:"不客气,我们只是做了一些小事,只要能帮助您解决问题,对我们来说就足够了。"

问题：请分析说明案例中的孙经理等人体现了金钥匙的哪些职业素质和怎样的服务理念？

案例2

中午12:00多，一位客人提着行李箱走出电梯，径直往总台旁的行李房走去。正在行李房当班的服务员小徐见到他就招呼说："钱经理，您好！今天是什么风把您吹来了？"钱先生回答说："住得挺好的，生意也顺利谈完了。现在就到您这儿寄存行李，下午出去办点事，准备赶晚上6:00多的班机回去。""好，您就把行李放这儿吧。"小徐态度热情，一边从钱先生手里接过行李箱，一边说。

"是不是要办个手续？"钱先生问。

"不用了，咱们是老熟人了，下午您回来直接找我取东西就行了。"小徐爽快地表示。

"好吧，那就谢谢您了。"钱先生说完便匆匆离去。

下午4:30，小徐忙忙碌碌地为客人收、发行李，服务员小童前来接班，小徐把之前的工作交给小童，下班离店。

4:50光景，钱先生匆匆赶到行李房，不见小徐，便对当班的小童说："您好，我的一个行李箱午后交给小徐了，可他现在不在，请您帮我提出来。"小童说："请您把行李牌交给我。"钱先生说："小徐是我的朋友，当时他说不用办手续了，所以没拿行李牌。您看……"小童忙说："哟，这可麻烦了，小徐已经下班了，他下班时也没向我交代这件事。"钱先生焦急地问："您能不能给我想想办法？""这可不好办，除非找到小徐，可他正在回家的路上……""请您无论如何想个法子帮我找到他，一会儿我就要赶6:00多的班机回去。"钱先生迫不得已地打断了小童的话。

"他可能正在挤公交车，手机无法接通，现在无法跟他联系……"

问题：

1. 你会如何处理这件事？

2. 小徐对待这位客人有何不妥之处？正确的处理方法是什么？

实践训练

项目一：行李服务

【实训目的】 通过行李服务实训，学生了解饭店行李服务的基本常识，学到并掌握散客抵店及离店时行李搬运的操作程序、方法及要点。

【实训内容】 散客携带行李入店。

【实训时间】 2学时。

【实训方法】 根据散客抵店和离店两种不同情况设计训练内容，先由教师讲解示范，然后学生分组，分别扮演客人和行李员，按程序进行操作练习，学生观察互相点评，教师补充纠正，并评定成绩。

【实训考核】

考 核 要 点	分　值	扣　分	得　分
个人仪表规范	10		
卸行李,请客人清点过目	10		
提行李引领客人到前台	10		
等候客人登记	10		
电梯礼节	10		
进入客房	10		
向客人介绍客房设施	20		
道别,并祝客人过得愉快	10		
填写散客行李入店登记单	10		
总　　　计	100		

项目二：商务中心服务

【实训目的】　通过商务中心实训,使学生了解饭店商务中心服务的基本常识,学到并掌握商务中心各项服务的操作程序、方法及要点。

【实训时间】　2学时。

【实训内容】　根据收发传真,复印服务训练内容,先由教师讲解知识点,然后学生按程序进行操作练习,学生观察互相点评,教师补充纠正。

【实训考核】

考 核 要 点	分　值	扣　分	得　分
个人仪表规范	10		
正确使用设备	30		
服务流程规范	30		
语言表达恰当	20		
动作得体	10		
总　　　计	100		

◤ 课后阅读

中国金钥匙未来的发展方向

中国金钥匙已经走过九年,很快会面临十周岁,如果从一个孩子来说,十岁的孩子还是一个不懂事的孩子。但是,金钥匙事业所走过的将近十年历程,应该说从小到大,从弱到强,尽管发展道路曲曲折折,遇到许多困难,但在"金钥匙"共同努力下,这些困难被一个个地克服,这些都有赖于中国饭店老总们的支持,也有赖于各饭店培育了让金钥匙成长的环境。应该看到金钥匙这样快速地成长,首先,取决于中国饭店业的成长;其次,取决于大家对金钥匙品牌、文化、服务的追求。

金钥匙理念精髓是:"先利人、后利己,用心极致,满意加惊喜,在客人惊喜中找到富有人生。"从国际金钥匙事业来看,这是一个可以传承的职业,在很多国家金钥匙是子承父业,之所以会子承父业,正因为从业人员喜欢这个职业,会把金钥匙作为终生事业来追求。"金钥匙"首先是工作岗位。如果把工作只当成饭碗,在一定程度就可以应付;如果把工作视为一种职业,就需要有敬业精神;如果把工作作为事业,是可以为之奋斗终生。从这个角度来说,中国金钥匙是一个事业,经过九年培育,在全国120个城市531家饭店拥有848名金钥匙,而世界金钥匙组织在七十多年时间内也只有五千多名成员,从金钥匙事业的意义上来讲,是世界改变了中国,也是中国影响了世界。我们培育了社会资源,提高自身价值,形成个人成就感,也促进了自身发展,促进了整体素质提升。

同时,金钥匙也是服务体系,由几个层面组成。第一层面是在一个城市内,我们各项服务都能体现在金钥匙服务体系上,也体现在满足对客人细致入微的个性化需求上;第二层面是金钥匙形成了全国性的体系,许多地方的金钥匙有很多成功经验,全国金钥匙相互支持,使金钥匙在全国构成了一个服务体系;第三层面是要在全世界范围内组成服务体系。

中国金钥匙组织在今后一个时期主要工作应该是打基础、上台阶、求发展。把金钥匙真正作为文化形象打造出来,同时进一步深化金钥匙的文化内涵,最终要强化金钥匙文化品牌,就是不断创造价值、不断追求极致的事业。

我们习惯地说$1+1>2$,如果单从自然规律来说,$1+1$会大于2,如果从自然科学来讲$1+1$永远不会大于2,这里隐藏了一个命题,实际上隐藏了一个成熟效应。比如说$1+1=2$,这是自然常识,而1×1只能等于1,也就是说在规模很小的平台上,一个事业的成熟效应是赶不上加速效应;但是,我们再上一个台阶,$2+2=4$,$2\times2=4$,就是说在规模相对大一点的平台上,成熟效应和加速效应是同等的;如果再往下推演,$3+3=6$,$3\times3=9$,这时候规模效应就上来了,这个规模效应就是加速效应,依此类推。我们首先必须谋求规模效应,其次需要有网络体系,再次把成熟效应转换成加速效应。所以,我们不能简单地说,$1+1>2$,而是要谋求$10\times10=100$的效应,说起来这是一个理念,实际上是金钥匙下一步的发展方向。

金钥匙组织近两年来工作的延伸,是又培养了一个新产品,叫"世界金钥匙饭店联盟"。但是,这是两类不同产品,虽然有关联,但不能混为一谈。它是借助国际化金钥匙品牌,构成一个新的运营品牌,这个事业在全世界也是创新,既然是创新,就需要有创新思路,有新的发展方式,有新的运营构架。所以,中国金钥匙饭店联盟的中心任务可以用"四个体系"来概括,即:

一是品牌体系,需要借助国际化的品牌,因为中国已经成为一个经济大国,每年有2200万人出境旅游,我们也要跟踪中国人在海外旅行行踪,构成一个国际化发展体系,营造一个金钥匙品牌体系;二是市场营销体系,通过金钥匙的有效品牌体系,谋求世界金钥匙饭店联盟网络的发展。只有达到网络化发展,才能达到真正的成熟效应,才能为加盟的成员饭店扩大市场,带来利益最大化;三是质量保证体系,这也是"联盟"为成员饭店提供的重要服务;四是有效的运营体系,要谋求新的发展,谋求体系化发展,既然是体系化发展,也包括联盟自身的发展,也就是说要在相应环境里开展工作,要以中国金钥匙饭店联盟为基础,进一步扩充到上下游,扩充到左邻右舍,形成一个能在多领域发展的局面。这样一个品牌形成,我们的联盟成员饭店都会从中获得利益,都会谋求到自身发展的空间。

任务描述

• 掌握接待的程序、标准
• 掌握问讯员的工作内容、程序
• 了解前台收银的工作流程

子任务 4.1 入住登记

接待服务是前厅部一项重要的工作任务,它是通过接待抵店客人办理入住登记手续、分配房间来满足客人的需求以提高客房的出租率。这项工作主要由总台服务员负责。

4.1.1 接待准备

在帮助客人办理入住登记手续或分配客房之前,接待员必须掌握接待工作所需的信息。这些信息主要包括:房态和可供出租客房情况(Room Status and Availability)、预抵店客人名单(Expected Arrivals List,EA)和预离店(Expected Departures,ED)客人名单、有特殊要求的预抵店客人名单、预抵店重要客人和常客名单、黑名单(Black List)。

以上信息资料在客人抵店的前一天晚上就应该准备好。在计算机联网的饭店里,这些信息资料不断在更新,接待员可通过计算机网络轻易获取。

在此可以清楚地看到,接待处和客房部之间保持紧密的联系是十分重要的。在旅游旺季,为了保证较高的出租率,客房部必须尽可能快地将清扫好的空房房号告知接待处,以便接待处尽快售房,但绝不能降低客房的服务标准。

1. 房态报告

在客人到店前,接待员必须获得较为具体的房态报告(Room Status Report),并根据此报告排房,避免给客人造成不便。

2. 预抵店客人名单

预抵店客人名单(Expected Arrivals List)为接待员提供即将到店客人的一些基本信息,如客人姓名、客房需求、房价、离店日期、特殊要求等。

在核对房态报告和预抵店客人名单时,作为接待处的管理人员,应该清楚以下两件事情,并采取相应的措施:饭店是否有足够的房间去接待预抵店客人,饭店还剩余多少可出租的房间去接待无订房而直接抵店的散客(Walk-in Guests)。

3. 宾客历史档案

宾客历史档案(Guest History Record)简称"客史档案"。高星级饭店均有宾客历史档案,在计算机的帮助下,接待员很容易查到客人在饭店的消费记录,只要客人曾经在该饭店住宿过,根据宾客的历史档案情况,即可采取适当措施,确保客人住得开心。

4. 有特殊要求的预抵店客人名单

有些客人在订房时,可能会额外地提出服务要求,接待员必须事先通知有关部门做好准备,恭候客人的到来。如预抵店客人要求为婴儿配备婴儿床,接待员(主管)则应为客人预先安排房间,然后让客房部准备婴儿床并将其放到指定的房间;客房部还应适当为客人准备一些婴儿用品,如爽身粉等。这一切工作都必须在客人抵店前做好。

5. 预抵店重要客人名单

饭店必须对重要客人加以足够的重视。重要客人可分为以下几类。

① 贵宾(Very Important Person,VIP)。主要包括政府方面、文化界、饭店方面的知名人士等。

② 公司客户(Commercially Important Person,CIP)。主要指大公司、大企业的高级行政人员、旅行社和旅游公司职员、新闻媒体工作者等。

③ 需特别关照的客人(Special Attention Guests)。主要指长住客(Longstay Guests)以及需要特别照顾的老、弱、病、残等客人。

饭店常为重要客人提供特别的服务和礼节,如事先预留客房、免费享受接机/接车服务、在客房办理登记手续及安排专人迎接等。由于以上客人较为重要,饭店常把预抵店重要客人名单印发至前厅各部门及饭店相关对客服务部门,让他们在接待服务过程中多加留意。

6. 黑名单

黑名单,即不受饭店欢迎的人员名单。主要来自以下几个方面:公安部门的通缉犯,在当地饭店协会、大堂副理保留有不良记录的人,财务部门通报的走单(逃账)客人,信用卡黑名单。

7. 其他准备工作

在客人到店前,接待员除应获得以上信息资料外,还应做好以下工作:准备好入住登记所需的表格、用具,准备好钥匙,查看客人是否有提前到达的邮件等。

4.1.2　办理入住登记的目的

任何饭店,无论其规模大小,档次如何,客人下榻到饭店,都必须办理入住登记手续,无一例外。办理入住登记是前厅接待服务的重要环节。主要有以下几点原因。

1．办理入住登记是客人与饭店建立正式的合法关系的最根本的一步

通过入住登记，客人住哪一房间，房价是多少，住多长时间等基本事项，都能得到确认或重新确认，这标志着饭店与客人之间正式的合法经济关系的确立。一方面，饭店不接纳客人是违反常规的；另一方面，客人在办理了入住登记手续以后，必须建立账单，愿意并有能力支付食宿费用，否则就是违法行为。因此，只有完成入住登记手续，饭店与客人之间的责任与义务、权利与利益才能明确。与客房预订相比较，只有办理了入住登记，才使饭店的潜在客人变为实在的客人。由此可见，入住登记是前厅部对客服务全过程的一个关键环节，这一阶段的工作效果将直接影响到前厅部对客服务的客房销售、提供信息、协调对客服务、建立客账与客史档案等职能的发挥。因此，办理入住登记是客人与饭店之间建立正式的合法关系的最关键的一步。

2．办理入住登记是遵守国家法律中有关户口管理规定

我国有关法律明确规定，在我国的外国人及国内流动人口在宾馆、饭店、招待所临时住宿，应当出示有效护照或身份证，填写临时住宿登记表。旅店管理人员对住宿旅客不按规定登记是违反户口管理规定的行为，将受到处罚。饭店办理入住登记，对于行使国家主权，捍卫国家安全，维护社会秩序都具有重要的意义。因此，办理入住登记是遵守国家法律有关户口管理的规定，也是饭店对国家应尽的义务。

3．办理入住登记可获得住店客人重要的资料

通过办理入住登记，饭店可获得住店客人的姓名、职业、国籍、住宿天数、返程日期、付款方式、房型和房价等必要的个人基本信息。这些信息对于搞好饭店经营模式与服务至关重要，它也为前厅部向有关部门提供服务信息、协调对客服务提供了依据，也为饭店研究客情提供了依据。

4．办理入住登记满足了客人对客房与房价的要求

通过办理入住登记，接待员向客人介绍客房和房价，回答客人的种种提问，使客人了解到饭店的客房类型和房价，从而选择自己满意的客房和房价。因此，办理入住登记不仅推销了客房，而且也满足了客人对客房与房价的要求。

5．办理入住登记为饭店各种表格、文件的形成提供了可靠的依据

通过办理入住登记，饭店获得了住店客人个人的基本资料，并在此基础上，饭店可制作出各种有关的表格文件。这些表格和文件是控制饭店经营运转不可缺少的条件，同时也是饭店安排订房、控制客房状况、收款及系列服务的基础。如果缺少了这些表格和文件，饭店的经营及各项具体服务将处于瘫痪状态。

6．办理入住登记是向客人推销饭店其他服务设施和服务的大好时机

大多数客人并不十分了解饭店的设施与服务项目，如果客人对饭店所提供的服务项目不能有所了解的话，就无法实施购买。这就需要前厅工作人员，尤其是开房员向客人详细地介绍情况。在办理入住登记手续中，开房员可以在推销客房的基础上，抓住推销的时机，让客人了解饭店所提供的各种设施和服务项目。只要抓住推销的时机，运用一定的推销技巧，迎合客人的心理需求，就能产生积极的效果，从而为饭店带来更高的经济效益和社会效益。

4.1.3 办理入住登记的表格

1. 客人住宿登记表格

在我国,住宿登记表大体分 3 种,即国内旅客住宿登记表、境外旅客临时住宿登记表(Registration form of temporary residence for visitors)和团体人员住宿登记表,见表 4-1~表 4-3。

表 4-1 国内旅客住宿登记表

编号： 房号： 房租：

姓名	性别	年龄	籍贯	工作单位	职业
			_省_市_县		

户籍地址			从何处来	

身份证或其他有效证件		证件号码	

抵店日期		离店日期	

同宿人	姓名	性别	年龄	关系	备注	

请注意：

1. 退房时间是中午 12:00。

2. 贵重物品请存放在前台保险箱内,此外阁下一切物品之遗失饭店概不负责。

3. 来访客人请在 23:00 前离开房间。

4. 退房请交回钥匙。

5. 房租不包括房间里的饮料。

结账方式：

现金：

信用卡：

支票：

客人签名：

接待员：

填表人：＿＿＿＿＿＿

表 4-2 境外旅客临时住宿登记表

Registration form of temporary residence for visitors

IN BLOCK LETTERS： DAILY RATE： ROOM NO.：

SURNAME：	DATE OF BIRTH：	SEX：	NATIONALITY OR AREA：
OBJECT OF STAY：	DATE OF ARRIVAL：	DATE OF DEPARTURE：	COMPANY OR OCCUPATION：

HOME ADDRESS：

PLEASE NOTE： 1. Chect out time is 12:00 noon. 2. Safe deposit boxes are available at cashier counter at no charge,Hotel will not be responsible for any loss of your property. 3. Visitors are requested to leave guest rooms by 11:00 p. m. 4. Room rate not including beverage in your room. 5. Please return your room key to cashier counter after check-out.	On checking out my account will be settled by： CASH： T/A VOUCHER： CREDIT CARD： GUEST SIGNATURE：

For clerk use

护照或证件名称：	号码：	签证种类：	签证号码：	签证有效期：
签证签发机关：	入境日期：	口岸：	接待单位：	
REMARKS：		CLERK SIGNATURE：		

表 4-3 团体人员住宿登记表

Registration form of temporary residence for group

团队名称： 日期： 年 月 日 至 月 日

Name of group Date Year Mon Day Till Mon Day

房号 (ROOM NO.)	姓名 (NAME IN FULL)	性别 (SEX)	出生年月 (DATE OF BIRTH)	职业 (PROFESSION OR OCCUPATION)	国籍 (NATIONALITY)	护照号码 (PASSPORT NO.)

签证号码： 机关： 种类：

有效日期： 入境日期： 口岸：

留宿单位：_____ 接待单位：_____

客人住宿登记表设计形式、大小和所列项目各家饭店不尽相同，但其内容大同小异。一般登记表所需满足两方面的要求：一是含有国家法律中有关户口管理所规定的登记项目，如客人的完整姓名、国籍、出生年月、永久地址、有效证件及职业等；二是含有饭店运转和管理所需登记项目，如房号、房价、付款方式、抵店方式、抵店日期和时间、离店日期和时间、账单编号、接待员签名以及饭店有关责任声明等。

从饭店运转和管理的需求来看，登记表的基本内容包含有以下几个方面。

① 姓名。姓名是识别客人的首要标志。

② 证件号码。有效护照或身份证的号码，可以证明客人的身份。

③ 房号（Room No.）。注明房号是为了便于查找，识别客人以及建立客账，也是确定房间类型和房间的主要依据。

④ 房价（Room Rate）。注明房价是客人与饭店在价格上达成一致意见，也是建立客人账户，预测客房收入的重要依据。

⑤ 付款方式。注明付款方式可以使饭店决定客人住店的信用限额，并有助于提高离店结账的速度。

⑥ 抵离店日期。正确记录客人的抵离店日期，有助于预订组的客房预测和开房组的排房工作，从而使客房销售获得最好的经济效益。

⑦ 永久地址。正确填写完整的永久地址，有助于客人离店后的服务，以及遗留物品的处理，还有助于提供客人离店后的邮件服务及向客人邮寄促销印刷品。

⑧ 账单编号。客人的账单是按顺序编号的，开房员在登记表上填写客人的账单编号，就可以根据客人的姓名查找出离店客人的账单存根。

⑨ 开房员签名。签名是为了加强开房员的责任心，便于控制并能保证服务质量。

⑩ 有关饭店责任的声明。登记表上还印有要求住店客人了解的有关饭店责任的声明，如建议客人使用免费提供的贵重物品保管箱，否则如果在客房内丢失贵重物品，饭店概不负责。另外，还有超时离店房费的收取，会客须知，查验证件的要求等内容。有的饭店在登记表中还设计了与市场调研有关的项目，如旅行目的、订房渠道、住店次数、交通工具、下个目的地等。

2. 房卡(Room Card)

房卡又称欢迎卡(Welcome Card),前台接待员在完成客人入住登记手续后,即给客人填发封面印有"欢迎光临"的房卡,所以,房卡也叫欢迎卡。房卡的主要作用是证明住店客人的身份,方便客人出入饭店,因此,房卡又被称作"饭店护照"。客人外出归来出示房卡方能取到房间钥匙,就此而言,房卡的另一习惯称呼为钥匙卡。房卡的内容一般包括:客人姓名、房号、房价、抵店日、失效期、宾客签名、住客须知以及开房员的签名等。有的饭店的房卡上还印有总经理的欢迎词、饭店的地址,以及饭店所提供的各项服务设施的特点、内容和服务时间等有关内容介绍。因此,房卡又起到了促销和为住店客人提供服务指南的作用。

3. 客人账单

客人账单由开房员填制,供收银记账,结账之用。客人入住登记手续办妥后,应即时制作好客人账单,交收银组。客人账单是根据客人的要求以及预订单,登记表的内容进行制作的。

4. 预付单

饭店为保证自身利益,在客人登记入住确立经济关系时,会要求客人预付部分费用作为押金;预付单则是明确这种行为给客人结账时出示的一种凭据。预付单上应写明客人的姓名、房号、抵离店日期、预付金额、并有收银员和客人的签字。

4.1.4 接待程序及标准

前厅接待处的主要职责是接待散客和团队的入住登记,并根据不同地区和国家的客人的住宿要求,合理地安排房间。

入住登记是前厅接待服务中比较繁杂和重要的工作,它不仅占用的时间较长,而且直接影响到客人对饭店的第一印象。大多数客人经过紧张的旅途,到饭店下榻时,都希望尽快地到自己满意的房间休息。作为开房员,应在保证服务质量的前提下,尽量缩短办理入住登记的时间,按照接待程序,做到准确、快捷、井井有条。

入住登记的程序及标准。

入住登记的程序可分为6个步骤,见表4-4。

表4-4 入住登记流程表

步　骤	1	2	3	4	5	6
工作内容	识别客人有无预订	填写登记表	排房定房价	决定付款方式	完成入住登记手续	制作有关表格

1. 识别客人有无预订

抵店的客人可以分成两类:已经办了订房手续的客人和没有办理客房预订手续而直接抵达的人。这两类客人办理入住登记手续是有区别的。因此,开房员应首先识别客人有无预订,这一步骤的具体做法是:

客人来到总台,开房员应面带微笑,热情迎接,主动向前来入住的客人致敬问候。如果知道客人的姓名,应用姓名直接称呼,然后询问客人有无预订。如果客人已办理了订房手续,应根据其姓名迅速在计算机中查找,一时查不到预订时,应参照查询流程反复查找。找到后复述其订房要求,尤其是客人所订客房的类型和入住天数,然后请客人填写入住登记表。如果客人持有订房凭证,开房员应先收从客人那里得到订房凭证的正本,然后注意检查凭证的内容,包括客人姓名、饭店名称、房间类型和数量、抵店日期、离店日期、居住天数、用餐安排、是否用车、订房凭证发放单位的印章等,同时尽量解答客人的询问。对于已付定金的客人,开房员应该再次向客人确认所收到的定金金额。

对于没有办理预订而直接入住的客人,开房员在主动、热情问候客人得知没有预订客房之后,首先应询问其住房要求和住宿天数,了解客人的具体需要,同时查看当日可出租客房的情况。然后根据饭店客房状况,针对客人的需要,向客人推销客房。推销最好用建议的方式,介绍两三种现有可租房间的类型和价格,让客人自己选择合适的房间,设法使这类客人入住饭店,对于推销客房产品具有重要意义。如果饭店不能够满足客人的住宿要求,应设法为客人联系其他饭店,尽量帮助客人,以塑造饭店在客人心中的良好形象。

2. 填写登记表

在办理入住登记手续中,花费时间最多的步骤是请客人填写登记表,开房员应在保证质量的前提下,千方百计地为长途旅行的客人缩短办理入住登记手续的时间。

为了加快入住登记手续,有的饭店实行预先登记,即在客人到达之前根据预订单的内容,为客人填写登记表。当客人抵店以后,如果没有异议,则签名即可。具体做法如下。

对于预订过的散客,可事先填写登记表有关内容,客人抵店以后从按姓氏字母顺序排列的登记表中找出该客人的表格,请客人自行补填其他有关内容,然后签名。同时请客人出示有效证件,注意核对登记表内容与证件是否一致。经过检查、核对客人的证件后填写登记表的工作就完成了。登记验证工作应做到"三清三核对",三清是指字迹清、登记项目清、证件查验清。三核对是指核对旅客本人与证件照片是否相符,核对登记年龄与证件的年龄是否相符,核对证件印章和使用年限是否有效,如图 4-1 所示。

对于预订过的贵宾或常客,根据预订单和客史档案的内容,提前填写登记表、房卡、钥匙信封等。常客抵店时,可在总台接待处核对证件,签名后即可进房。而贵宾则可以先进房,然后在房间内签字(见图 4-1)。

对于团队、会议客人,可根据接待要求,将登记表提前交给陪同或会务人员,以便在团队、会议客人抵店的途中,或抵店后在大厅休息区或客房内填写。

对于没有预订而直接抵店的客人,只能请他们填写空白登记表。填写时,开房员应尽量提供帮助,以缩短办理入住登记的时间。如果客人对表格的要求存有疑问,开房员应礼貌地向客人解释。若客人填写困难,开房员可代为填写,向客人询问情况时语气要和蔼。客人填好登记表,开房员应表示感谢,并请客人出示有效证件,开房员再验看证件,核对登记表正确无误后,要迅速交还证件,并再次表示感谢(见表 4-5)。

```
                          客人抵店  ←──  准备工作

   识别有无订房  ──没有订房──→  检查有无空房  ──没有──→  谢绝客人

      │有订房                    │有                      │
      ↓                          ↓                        ↓
   查询订房记录           介绍、商定房价、选房  ──→  为客人介绍其
                                                      他酒店的客房
      │                          │
      ↓                          ↓
   查看客人有无留言        协助客人填写登记表

                                 ↓
                               验证

                                 ↓
                            排房、定价

                                 ↓
                            确定付款方式

                                 ↓
                            发放房卡、钥匙

                                 ↓
                           引领客人进入客房

                                 ↓
                      将有关信息输入计算机  ──→  结束
```

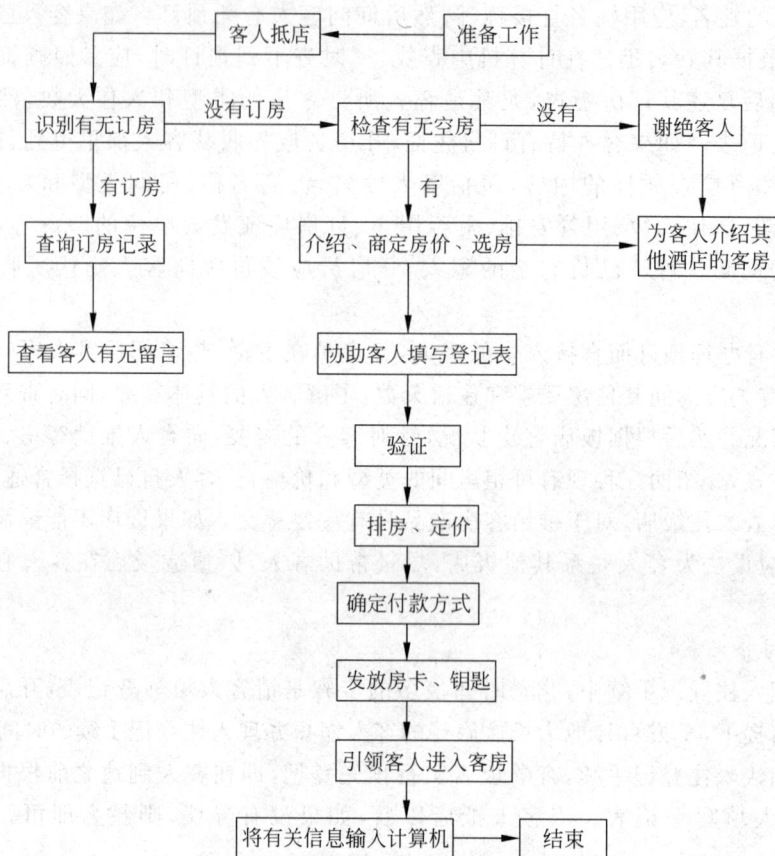

图 4-1　散客入住登记程序

表 4-5　未预订宾客入住登记手续办理程序与标准表

程　　序	标　　准
(1) 接受无预订客人入住要求	• 当客人办理入住手续时,首先要查清客人是否有预订;若饭店出租率高,需根据当时情况决定饭店是否可接纳无预订客人入住 • 确认客人未曾预订,饭店仍可接纳时,表示欢迎客人的到来,并检查客人在饭店是否享有特殊价或公司价 • 在最短时间内为客人办理完入住手续
(2) 确认房费和付款方式	• 办理入住手续时要和客人确认房费 • 确认客人的付款方式,按规定收取预付款
(3) 收取预付款	• 若客人以现金结账,应预先收取客人的订金 • 若客人以信用卡结账,应影印客人信用卡,把卡号输入计算机,与登记卡一起放入档案中
(4) 信息储存	• 客人接待完毕后,立即将所有相关信息输入计算机系统,包括客人姓名的正确书写、地址、付款方式、国籍、护照号码、离店日期等 • 将正确的信息输入客人的档案 • 登记卡要存放至客人入住档案,以便查询

3. 排房定房价

客人在填写登记表之后,开房员要马上为客人排房,要在登记表上写明房间的类型、房号与价格。

排房就是为客人分配房间。为了减少客人在总台办理入住登记手续的时间,开房员应在预订客人抵店前,根据其订房要求,提前做好排房工作。一般来说,对贵宾、团队和会议客人以及有特殊要求的客人,在客人尚未抵店前,应为他们预留所需的客房,并对所排的房间实行双重检查,以保证接待质量。对于其他预订客人,也应根据其要求以及抵店时间,对客房作大致的预先安排,待客人抵店后,再落实房号。一般饭店的房客即使价格相同,也往往存在着差别,如有的房间景观较好,有的房间特别安静,有的房间则上下电梯比较方便,因此开房员在排房时要充分考虑到这些因素,尽量满足客人的个人需求。在办理入住登记时,开房员应询问客人的订房要求有无变化,同时还应了解客人对客房有无具体要求,如朝向、连通房、相邻房等,在此基础上开房员可根据饭店当时的客房情况以及饭店今后用房要求,为客人选定房间。

对于没有预订直接抵店的客人,开房员可根据登记表上的资料,与客人直接交谈,在充分了解客人愿望的基础上,根据饭店现有的客房状况进行排房。

为客人分配好房间后,开房员要在饭店的价格范围内为客人确定房价。价格范围是指客房的浮动价格范围,一般有旺季与淡季之分,在定价时,开房员必须遵守预订书中已确认的房价,不得随意改动。

在为客人排房定价时,关键是要深入了解客人的需求,并尽量满足客人的愿望,否则,可能会招致客人对客房的不满意,带来一些不必要的麻烦。另外,还应注意在为客人排好客房并确定了房价之后,必须向客人报价,以获得客人的确认。

4. 决定付款方式

决定付款方式的目的是为了决定客人在住店期间的信用限额,以及提高离店结账的服务效率。开房员从登记表的"付款方式"一栏中可以了解到客人最终选择的结账方式,这就决定了客人住店期间的信用限额。目前,客人一般采用信用卡、现金和转账三种方式付款。

对使用信用卡结账的客人,开房员应请其出示信用卡,核查信用卡是否属于在我国境内可以使用的信用卡之列;信用卡有无残缺损坏,是否完好;还要检查信用卡的有效期,并告诉客人信用卡在饭店的最高挂账限额。然后,使用信用卡压印机,影印好信用卡归还客人。最后,将信用卡签购单与制作的账单一起交收银处。

如果客人使用现金结账,开房员应根据饭店的预付款政策,来判断客人是否需要交纳押金,并根据客人交付押金的数额,决定给予客人的信用限额。

如果客人使用转账支票结账,则应经饭店有关负责人的批准方可接受。预订客人必须在预订时就已经获得批准使用,办好手续。在办理入住登记时,开房员应向客人说明转账支票的使用范围,如房租、餐费可转账,而其他费用需自理等。对直接入住的客人,一般不接受转账支票。

5. 完成入住登记手续

在决定付款方式以后,开房员应请客人在已准备好的房卡上签名,并向客人介绍房卡的用途。如果饭店为客人提供用餐券、免费饮料券、宣传品等,此时应一并交给客人。

还应注意有无为客人代存的邮件、留言等,若有应一并交给客人。还可以利用这一机会提醒客人将贵重物品寄存在饭店免费提供的贵重物品保险箱内。与此同时,开房员还应向客人推销饭店的服务设施和服务项目,欢迎客人光顾。最后,开房员请行李员协助客人进入客房,并感谢客人的光临,祝客人住店期间愉快。有的饭店还规定,待客人进房后7分钟至10分钟,开房员要向新入住的客人问候并征询意见,以表示对客人的尊重。

向客人交钥匙。一般由开房员将钥匙交给行李员,由行李员引领客人进入客房,然后将钥匙交给客人。如果客人无行李,可将钥匙直接交给客人。

客人离开总台后,开房员应立即将客人入住的信息通知客房部、电话总机等部门。

6. 制作有关表格

客人离开总台后,开房员需要制作有关的表格。健全各种有关的表格,对于前厅部运转来说是必不可少的。具体做法有以下几个步骤。

① 健全登记表上的有关项目,在登记表的一端记录入住的日期。

② 使用计算机的饭店要将登记表上的有关内容输入计算机,未使用计算机的饭店要制作客房状况卡条,插入客房状况显示架,填写五联客房状况卡条并送交有关部门。

③ 在"预期抵店客人名单"中标注该客人已入住饭店或者填写已抵店客人名单。

④ 制作客人账单,连同登记表的一联送交总台收银处。

账单对于客人与饭店来说,都非常重要。开房员应该根据客人的要求以及预订单、登记表的内容制作账单。在制作过程中,开房员必须将与结账有关的事项,如折扣率、信用卡号码、享受免费日期、付款方式等,详细地记录在备注栏内,以避免在结账过程中发生影响客人结账的事件。

对于使用转账支票和持有订房凭证结账的客人,开房员需要制作两份账单,一份是向签约单位收款的凭证,在该账单备注栏内,须注明转账的款项,如房租费、餐费,以及付款单位的名称;另一份则记录需要客人自理款项的账单。

团队客人的账单,同样需要制作两份:一份是团队主账单,用来记录与全团有关的费用,所列款项由组团单位支付,在备注栏内应写明单价与人数、用房数、住宿天数以及转账单位的名称;另一份是团队分账单,用来记录需要客人自理的款项。分账的数量应视团队用房数或客人的需要进行制作。

总之,客人入住登记的程序基本上由以上6个步骤组成。这6个步骤是相互关联的,在办理入住登记手续时,应该连续完成,不可停顿。

【情景模拟 4-1】

客人进入大厅走向前台。

前台服务员(面带微笑):先生,您好!请问您有预订吗?

客人:没有。

前台服务员(面带微笑):请问您需要什么类型的房间呢?最近我们的行政套房刚重新装修完毕,从而更全面地满足商务客人的需要,入住该房您会享有更多便利。

客人:是吗,有些什么便利呢?

前台服务员(面带微笑)：先生,我们的行政套房,增设了功能齐全的办公房,设有19寸液晶计算机,支持无线上网,还有有关本地商务信息的书籍,拥有可以制作简单食品的厨房,同时每天赠送一份我们当地的商报。除此之外,该楼层还有单独的商务中心为您提供服务,当然也有单独操作间,该层还设有小型自助餐厅和酒吧。如此多的贴心设计房价仅是880元。

客人：好的,听起来不错,我就开一间。

前台服务员(面带微笑)：好的,请您出示您的身份证,好吗?

客人：好的。

前台服务员(动作)：填写客人的入住登记表,查看房况。

前台服务员(面带微笑)：唐先生,您好,我给安排707号房,您看好吗?

客人：好的。

前台服务员(面带微笑)：唐先生,请您检查一下您的登记表,如果没有问题请在这里签名。

客人：好的。

前台服务员(面带微笑)：唐先生,请您到收银台交费,谢谢。

收银员：您好,唐先生,您的房间是行政套房707。您准备住三天,请您预付房款,共3080元整。

客人：好的,给你。

收银员：好的,谢谢。收您三天预付房款3080元整。唐先生,这是收据,请收好,请到前台领取房卡。

前台服务员：您好,唐先生,很高兴您能入住我们的饭店,这是您的房卡和早餐券,我请我们的行李员送您去房间,好吧?

客人：好的,谢谢。

前台服务员：不用谢,为您服务是我的荣幸。

4.1.5　接待中的注意事项

办理散客登记手续时,应注意以下几点。

1. 登记验证

① 要严格按照公安部门的有关规定,登记单上必须逐项填写,不能遗漏,并认真履行验证手续。

② 外籍宾客要验护照号码,按外宾入住登记单填写姓名、国籍、签证有效期及照片是否和持证者一致。

③ 台湾同胞登记时,凭我国政府签发的台胞证或旅行证进行登记,凡我国台湾当局签发的证件不能作为住宿登记凭证。

④ 港澳同胞登记时,凭我国政府签发的港澳同胞回乡证住宿登记。

⑤ 国内宾客登记时,身份证作为住宿登记凭证,其他证件不能作为住宿登记凭证。

⑥ 持有身份证的宾客,如需与异性同住一房的,应按公安部门规定,出示结婚证书,并在登记单上注明。

⑦ 所有登记单都应填写完整,并有客人的签字和接待问讯员的签字。

2．付款方式

(1) 现金支付

请客人在登记表上注明现金支付。

(2) 信用卡支付

客人只能使用饭店规定接受的信用卡种类,请客人出示信用卡并刷卡。

(3) 公费转账

凡须由接待单位委托并认可签字,预订单上必须注明转账项目,如房租、餐饮费、洗衣费等。

(4) 同意转账

由另一房间的客人同意支付费用,问清同意转付项目并填写同意转账单,同时请付费客人签字认可。

(5) 记账凭证

① 凡持记账凭证住宿的客人,必须验明其是否有效,签发的旅行社必须和饭店签有合同,否则不能接受。

② 记账凭证上客人姓名和使用者的姓名一致,否则不能接受。

③ 记账凭证上写的是其他饭店名称的或有涂改现象的不能接受。

④ 记账凭证上的住店日期与客人实际要求住店日期不一致时,超过部分由客人自付,房价按门市价算,也可视情况给予折扣。

⑤ 记账凭证上注明的房间类型或数量与客人实际要求的不一致时,超出的房价差额或房数的费用,由客人自付,房价按门市价算,也可视情况给予折扣。

⑥ 客人持有记账凭证而无预订记录时,应立即向主管请示,确认签发记账凭证的旅行社与合同。可先请客人入住,然后请预订组通过传真,立即与旅行社联系确认,得到旅行社认可后,即通知客人。对所有持有效记账凭证的客人房价,应绝对保密。

⑦ 预付金。对没有担保人的客人,应在办理入住手续时,收取住房预付金。原则上,订金金额按住店期间的全部房费加收50％计算,请客人去收银处付款,并把预付金收据交给客人,作为离店结账的凭据。

⑧ 免收升级差额。如客人原预订的是标准单间,并已得到饭店确认,但入住登记时饭店无标准单间可提供,而只能提供豪华房或套房,应向客人解释,并给予升级,让客人住豪华房或套房而支付标准房价。原则上,第二天请客人换到标准房;如客人愿意继续租用套房,则向客人说明,第二天起支付套房的房价。

4.1.6 团队客人入住登记的程序

团队客人是饭店的重要客源。接待团队客人建立稳定的客源市场、提高饭店的客房出租率有重要的意义。饭店应根据自己的特点制定具体的接待程序。团队接待工作程序见表 4-6。

表 4-6　团队宾客入住登记手续办理程序与标准表

程　序	标　准
（1）准备工作	• 在团队到达前，预先备好团队的钥匙，并与有关部门联系确保房间为可售房 • 要按照团队要求提前分配好房间
（2）接待团队入店	• 总台接待员与销售部团队联络员一起礼貌地把团队客人引领至团队入店登记处 • 团队联络员告知领队、团队客人有关事宜，其中包括早、中、晚餐地点，饭店其他设施等 • 接待员与领队确认房间数、人数及早晨唤醒时间、团队行李离店时间 • 经确认后，请团队联络员在团队明细单上签字，总台接待员亦需在上面签字认可 • 团队联络员和领队接洽完毕后，总台接待员需协助领队发放钥匙，并告知客人电梯的位置
（3）信息储存	• 入住手续办理完毕后，总台接待员将准确的房间号名单转交行李部，以便行李的发送 • 修正完所有更改事项后，及时将所有相关信息输入计算机

4.1.7　团队客人抵店时的接待工作

① 客人抵店时，要用礼貌用语向客人问好，由大堂副经理和团队联络员出面迎接，致欢迎词，并介绍饭店情况。

② 团队联络员或开房员主动与陪同核实该团队团号、人数等，如果有变化，请陪同在团队入住登记表上签名。

③ 将团队钥匙信封发给客人。

④ 大堂副经理、团队联络员将客人送至电梯门口。

⑤ 楼层值班员在各楼层电梯厅迎接客人，引领客人进入客房。

⑥ 行李车抵达后，大厅服务组必须组织力量，尽快将客人的行李送往相应的客房。

⑦ 团队联络员与陪同确认用餐安排、叫醒服务时间、离店以及其他特殊安排等事项，以提供优质的对客服务。

⑧ 开房员或团队联络员制作团队接待单、特殊要求通知单等资料，并尽快送往有关部门。

如果团队需要增减用房，应有书面手续，这主要适用于有合同的用户。应该请陪同在团队接待单上注明原因并签名认可，以便转账。同时，将增减的具体房号注明在团队接待单上，及时通知房务中心，填写变更单发往有关部门。

⑨ 收回客人的登记表，并向陪同或领队人员索取该团所带护照号码和签证号码及客人的名单。

⑩ 制作团队主账单交收银组，收银组可根据团队个人消费情况制作分账单。

⑪ 将团队用房情况输入计算机或显示客房状况于显示架上。

⑫ 填写"在店团队统计表",其项目主要包括:团队名称、团队编号、抵离日期、用房总数、总人数,以及转账数额等。

总之,团队的入住登记,既要保持与散客入住登记同样的服务标准,又要保持大厅环境,并考虑到其他客人的服务需要。

4.1.8　贵宾(VIP)及长住客人的入住登记程序与标准

1. 贵宾(VIP)客人的入住登记程序与标准(见表4-7)

表4-7　VIP客人的入住登记手续办理的程序与标准表

程　序	标　准
(1) 接待 VIP 客人的准备工作	• 填写 VIP 申请单,上报总经理审批签字认可 • VIP 房的分配力求选择同类客房中方位、视野、景致、环境、房间保养等方面处于最佳状态的客房 • VIP 客人到达饭店前,要将房卡、钥匙、班车时刻表、欢迎信封及登记卡等放至客务经理处 • 客务经理在客人到达前检查房间,确保房间状态正常,礼品发送准确无误
(2) 办理入店手续	• 准确掌握当天预抵 VIP 客人的姓名 • 以客人姓氏称呼客人,及时通知客务经理,由客务经理亲自迎接 • 客务经理向客人介绍饭店设施,并亲自将客人送至房间
(3) 信息储存	• 复核有关 VIP 客人资料的正确性,并准确输入计算机 • 在计算机中注明哪些客人是 VIP 客人,以提示其他部门或人员注意 • 为 VIP 客人建立档案,并注明身份,以便作为预订和日后查询的参考资料

2. 长住宾客的入住登记程序与标准(见表4-8)

表4-8　长住客人接待服务的程序与标准表

程　序	标　准
(1) 长住客人的定义	长住客人均要与饭店签订合同,并且至少留住一个月
(2) 长住客人抵店时的接待	• 当长住客人抵达饭店时,按照 VIP 客人接待程序的标准进行 • 总台接待员立刻将所有信息输入计算机,并在计算机中注明该客人为长住户——LS 或小包价长住户——LP(房费包括早餐) • 为客人建立两份账单,一份为房费单,另外一份为杂项账目单 • 客人信息确认无误后,为客人建立档案
(3) 付款程序	• 长住客人与饭店签有合同,且留住饭店时间至少一个月,总台负责长住客人的工作人员每月结算一次长住客的账目,汇总所有餐厅及其他消费的账单同房费账单一起转交财务部 • 财务部检查无误后,发送给客人一张总账单,请其付清本月账目 • 客人检查账目无误后,携带所有账单到总台付账 • 总台将客人已付清的账单转交回财务部存档

注:LS,一般长住客人的注明;LP,小包价长住客人的注明。

4.1.9　入住登记中容易出现的问题

1．繁忙时刻，客人等候办理入住登记时间过久，引起抱怨

事实上，客人抵店办理入住登记的程序并不像写在纸上的程序那样一成不变。客人在遇到饭店繁忙时，许多客人急切办理入住手续，办理过程中，他们会提出许多问题，大厅内可能会出现忙乱的现象，总台开房员必须保持镇静。具体的手段有以下几种。

① 客人抵店前，开房员应熟悉订房资料，检查各项准备工作。

② 根据客情，合理安排人力，高峰到来时，保证有足够人手。

③ 用指示栏把总台分为两部分，一部分专门接待客人；另一部分接待未经预订、直接抵店的客人。

④ 繁忙时必须保持镇静，不要打算在同一时间完成多件事情。

2．客人暂时不能进房

在接到客房部有关客房已打扫，检查后通知前，开房员不能把未整理的客房安排给抵店客人，客人对客房的第一印象很重要。开房员可以为客人提供寄存行李服务，或请客人去茶座、酒吧等候，并向他们提供免费饮料，同时联系客房部，当客房清扫后，方可引领客人进房。

3．饭店提供客房类型及价格与客人要求不符

开房员在接待订房客人时，应复述订房要求，以获得客人确认，避免产生误会。房卡上填写的房价应与登记表上的一致，并要向客人口头报价。如果出现无法向订房客人提供确认的客房，则应向客人提供一间价格高于原客房的房间，按原先商定的价格出售并向客人说明，请客人谅解。

4．入住登记完成后，应正确、及时地制作有关表格，并将信息送往其他部门，以免影响对客服的质量

入住登记完成后，应该正确、及时地制作各种表格，通知有关部门，否则将会影响到对客系列服务的质量。

开房员应抓住入住登记时有利时机，深入了解客人的需求，介绍客房及饭店其他服务与设施的特点，还要认真及时地落实客人的每一项要求。

5．换房

调换房间往往有两种可能：一种是住客主动提出；另一种是饭店的要求。住客可能因客房所处位置、价格、大小、类型、噪音、舒适程度以及所处楼层、朝向、人数变化、客房设施设备出现故障等原因而要求换房；饭店可能因客房的维修保养，住客离店日期延后，为团队会议宾客集中排房等原因，而向宾客提出换房的要求。换房往往会给宾客或饭店带来麻烦，故必须慎重处理。需要注意的是，在搬运宾客私人物品时，除非经宾客授权，应坚持两人以上在场（大堂经理等）。

换房的服务程序如下：①了解换房原因；②查看客房状态资料，为客人排房；③填写房间/房租变更单（见表4-9）；④为客人提供换房时行李服务；⑤发放新的房卡与钥匙，由行李员收回原房卡与钥匙；⑥接待员更改计算机资料，更改房态。

表 4-9　房间/房租变更单

房间/房租变更单
ROOM/RATE CHANGE LIST

日期(DATE) _____		时间(TIME) _____	
宾客姓名(NAME) _____		离开日期(DEPT DATE) _____	
房号(ROOM) _____	由(FROM) _____	转到(TO) _____	
房租(RATE) _____	由(FROM) _____	转到(TO) _____	
理由(REASON) _____			
当班接待员(CLERK) _____		行李员(BELLBOY) _____	
客房部(HOUSEKEEPING) _____		电话总机(OPERATOR) _____	
前台收银处(F/O CASHIER) _____		问讯处(MAIL AND INFORMATION) _____	

6. 离店日期变更

宾客在住店过程中,因情况变化,可能会要求提前离店或推迟离店。

宾客提前离店,则应通知客房预订处修改预订记录,前台应将此信息通知客房部尽快清扫整理客房。宾客推迟离店,也要与客房预订处联系,检查能否满足其要求。若可以,接待员应开出"推迟离店通知单"(见表 4-10),通知结账处、客房部等;若用房紧张,无法满足宾客逾期离店要求,则应主动耐心地向宾客解释并设法为其联系其他住处,征得宾客的谅解。如果客人不肯离开,前厅人员应立即通知预订部,为即将到店的客人另寻房间。如实在无房,只能为即将来店的临时预订客人联系其他饭店。处理这类问题的原则是:宁可让即将到店的客人住到别的饭店,也不能赶走已住店客人。同时,从管理的角度来看,旺季时,前厅部应采取相应的有效措施,尽早发现宾客推迟离店信息,以争取主动,如在开房率高峰时期,提前一天让接待员用电话与计划离店的住客联系,确认其具体的离店日期和时间,以获所需信息,尽早采取措施。

表 4-10　推迟离店通知单

姓名(NAME) _____
房间(ROOM) _____
可停留至(IT ALLOWED TO STAY UNTIL) _____ AM _____ PM
日期(DATE) _____
前厅部经理签字(FRONT OFFICE MANAGER SIGNED) _____

7. 押金数额不足

由于饭店客源的复杂性,客人付款方式的多样性,饭店坏账、漏账、逃账的可能性始终存在。客人在办理入住登记手续时,如果表示用现金支付费用时,饭店为了维护自身的利益,常要求客人预付一定数量的押金,结账时多退少补,如首次住店的客人、无行李的客人、无客史档案的客人及以往信用不良的客人。押金的数额依据客人的住宿天数而定,主要是预收住宿期间的房租。一些饭店为方便客人使用房间内长途电话(IDD、DDD),饮用房内小酒吧(Mini-bar)的酒水、洗衣费签单等,常会要求客人多预交一天的房租作为押金,当然也是作为客人免费使用房间设备、设施的押金,如果客人拿走或损坏客房的正常补给品则须照价赔偿。在一些时候,客人的钱只够支付房租数,而不够支付额外的押金。遇到这种情况,接待员要请示上级作出处理。如让客人入住,签发的房卡为钥匙卡(不能签单消费),应通知总机关闭长途线路,通知客房楼层收吧或锁上小酒吧。后两项工作一定要在客人进房前做好,不要让住客撞见,以免客人尴尬和反感。客人入住后,客房楼层服务员对该房间要多加留意。

8. 加床

客人加床(Extra Bed)大致分两种情况,一是客人在办理登记手续时要求加床,一是客人在住宿期间要求加床。

饭店要按规定为加床客人办理入住登记手续,并为其签发房卡,房卡中的房租为加床费,加床费转至住客付款账单上。如客人在住宿期间要求加床,第三个客人在办理入住登记手续时,入住登记表需支付房费的住客签名确认。接待处将加床信息以"加床通知单"(Extra Bed Information)的形式通知相关部门。

9. 宾客离店时,带走客房内物品

有些宾客或是为了留作纪念,或是贪小便宜,常会随身带走浴巾、茶杯、电视机遥控器、书籍等客房用品。此时,接待员应巧妙地请宾客提供线索帮助查找:"房间里的××东西不见了,麻烦您在房间找一找,是否忘记放在什么地方了,或是收拾行李太匆忙顺便夹在里面了。"为宾客解决问题留出余地,给宾客"面子"。若宾客仍不承认,则应耐心解释:"这些物品非纪念品,如果您实在喜欢,可帮您在客房部联系购买。"切忌草率要求宾客打开箱子检查,以免使宾客感到尴尬,或伤了宾客的自尊心。千万不可与宾客斗"气"争"理",只有保全宾客的"面子",问题才容易解决。

子任务 4.2　问 讯 服 务

饭店的每一位职工都应该能随时回答客人的问题,协助他们解决困难。在前厅设立问讯处正是本着"宾客至上"的宗旨,为方便客人而设立。

4.2.1　业务范围

问讯处的主要业务是接受客人的问讯,准确地向他们介绍情况,主要包括以下内容。

1. 有关住宿旅客的问讯

有关住宿旅客的问讯是来访客人问讯的主要内容之一,一般应在不触及客人私生活的范围内进行回答。这类问讯一般包括以下两方面的内容:客人是否住在本饭店和客人房间号。

① 接到问讯时,首先从计算机上查看客人是否住在本饭店,然后确认其房号。

② 向客房内打电话,将某人来访的消息告诉住客,经客人同意后才能将房号告诉来访者。

③ 客人不在房内,问讯员可根据情况通过呼唤找人等方法在饭店的公共场所帮助来访者寻找被访的客人。

④ 问讯员应特别注意的是,绝不能未经客人的许可,便直接把来访者带入客房,或者直接把房间号码告诉来访者。饭店必须注意保护客人的隐私,保证客人不受无关人员的干扰,或客人不愿接待访客的干扰。

2. 有关饭店内部的问讯

有关饭店内部的问讯通常涉及以下几个方面。

① 餐厅、酒吧、商场所在的位置及营业时间。

② 宴会、会议、展览会举办场所及时间。

③ 饭店提供的其他服务项目、营业时间及收费标准。如健身服务、医疗服务、洗衣服务等。

对于上述内容,问讯员都应熟知,以便给予准确、肯定的答复。对于客人所提问题,服务员不能作出模棱两可的回答。比如,当客人问酒吧是否还营业时,不能回答:"我想还在营业吧?"或"可能还没下班吧?"

4.2.2　店外情况介绍

客人有关店外情况的介绍,通常包括以下几方面内容。

① 饭店所在城市的旅游点及其交通情况。

② 主要娱乐场所、商业区、商业机构、政府部门、大专院校及有关企业的位置和交通情况。

③ 近期内有关大型文艺、体育活动的基本情况。

④ 市内交通情况。

⑤ 国际国内航班飞行情况。

为了准确回答客人问讯,为客人提供满意的服务,问讯员必须具有较高的素质,掌握较宽的知识面,外语流利,应变能力强。必须熟悉饭店设施、设备及服务项目,熟悉所在城市风光、交通情况及兄弟饭店的情况,懂得交际礼节及各国、各民族风土人情及风俗习惯。回答客人问讯时,问讯员必须耐心,态度和蔼可亲。

4.2.3　工作时间

在小型饭店,问讯处的工作不是专职的,一般均由总服务台来完成。而大、中型饭店有专职的问讯员,一般是两班制,即 7:30~23:00,分两班次为客人服务。有些中型饭店,也不设专职的问讯员,其职责由前厅部接待员来完成。个别大型饭店设立问讯处,实行三班制,24 小时都有问讯员为客人服务。

4.2.4　问讯员岗位职责

问讯员对每位客人都必须彬彬有礼,一视同仁,理解并富有同情心。客人提出问题时,问讯员避免用"不知道"、"不清楚"等词汇,也不能采用"也许"、"大概"、"可能"这一类模棱两可的语言。对于无法解答的问题,问讯员应向客人表示歉意或请客人稍候,然后查阅有关资料或向有关部门查询后,再给客人以准确的回答。问讯员的岗位职责有以下内容。

1. 掌握情况

收集整理客人登记表,掌握当天住宿名单及房态,以备查用。

2. 提供信息

为客人提供饭店内外吃、住、行、游、娱、购等信息,使客人能够充分利用时间,满足各类需求。

3. 提供问讯

认真聆听客人所有问题,予以妥善答复。

4. 管理钥匙

分发和管理客房钥匙,保障客房的使用和客人的安全。

5. 委托代办

完成客人的委托代办的一切事情,如:为客人代购车、船、机票,代购代邮物品、信件,代客订餐,代办留言及物品的传递等。

6. 交接工作

填写日志。当着上一班次问讯员的面交接班,阅读工作日志,有疑问当面问清,与下一班问讯员当面交接班。

【情景模拟 4-2】

问讯员:您好,我能为您做些什么吗?

客人:您好,我现在想去超市,请问应该怎样去呢?

问讯员:好的,距我们饭店最近的超市,是从饭店大门出去向右行,步行大约 15 分钟就可以到,超市的名称是星力超市。

客人:好的,谢谢。

问讯员:不用谢,很高兴能为您服务。

4.2.5　问讯员业务要求

① 能使用一两门外语进行服务接待,回答询问。

② 能准确地向客人传递大量的最新信息。

③ 具有较广的知识面,能解答客人提出的各种问题。

④ 具有良好的职业道德,百问不厌,为客人保密。

4.2.6　问讯员信息范围

由于每位客人的情况不同,他们提出的问题也不尽相同。即使最优秀的问讯员,也不可能完全回答得了客人提出的所有问题,更不可能把客人所需要的资料全部记在大脑中。所以,问讯员除必须有较广的知识面外,还需要掌握大量的最新消息和大量的书面材料,保证在工作中给客人准确满意的答复。

1. 问讯员必须熟悉的信息

① 熟悉饭店的所在地的主要风土人情及习俗。

② 了解主要客源国的风土人情,人民的生活习惯、爱好、禁忌等。

③ 熟悉饭店所有的服务设施及服务项目。

④ 了解饭店的组织体系,各部门的职责范围及有关负责人的姓名。

⑤ 熟悉饭店的各项规章制度。

⑥ 熟悉国内、国际民航各航班的抵、离时间。

⑦ 了解当地大医院及其急诊的电话号码。

⑧ 熟悉本市银行的地址及营业时间。

⑨ 熟悉当地的外贸单位、科研机构、大专院校以及重点企业的地址电话号码。

⑩ 熟悉当地市郊著名旅游景点的特点、名称及抵达方法。

⑪ 熟悉本市各体育场所,如高尔夫球场、海水浴场、网球场等的地址、开放时间、比赛项目及场次安排。

⑫ 了解当地可供外宾参观的工厂、学校、幼儿园、村镇的地址及电话号码。

⑬ 熟悉当地著名展览馆、博物馆的地址、开放时间及上展时间、上展项目。

⑭ 了解当地各著名餐馆的经营特色、地址、营业时间。

⑮ 熟悉当地各大购物中心的地址及营业时间。

⑯ 熟悉当地各宗教场所的名称、地址及开放时间。

⑰ 熟悉当地各使、领馆的地址及电话号码。

⑱ 了解当地政府各部门、公安局、派出所、外事旅游机构的地址及电话号码。

⑲ 了解当天的天气预报。

2. 问讯处应准备的其他资料

① 各种交通工具的时间表、价目表及里程表。

② 饭店各类客房不同季节的房价表。

③ 世界地图、全国地图、全省地图和本市地图。

④ 旅游部门出版的介绍本国各风景名胜的宣传册。

⑤ 本饭店及饭店所属集团的宣传册。

⑥ 本国、全省、本市的电话号码簿。

⑦ 交通部门关于购票、退票、行李重量大小的详细规定。

⑧ 景点当日活动安排表。

⑨ 人名、地名中英对照词典。

⑩ 当日报纸。

⑪ 饭店疏散通道平面图及消防设施配置图。

⑫ 问讯架。

问讯架是立体型的,可以做成六面体或八面体棱柱,用于存放由开房组制作送来的,按住宿客人姓名字母顺序排列的客房状况卡条。未配置计算机联网的饭店的问讯组、电话总机都使用问讯架,其作用是为问讯人员按客人姓名迅速查出住客的房号的主要情况提供方便。它是问讯人员回答查询、转接电话、传送邮件、接受留言等项服务的依据。

4.2.7　查询服务

1. 查询服务要求

① 资料准备要齐全。

② 回答查询要迅速。

③ 答复要耐心准确。

④ 对住客的隐私和饭店的商业机密保密。

2. 住客查询

住客经常会向前厅部问讯处、总机或楼层服务员询问有关饭店的情况。饭店员工应将客人的每次询问都看作是一次产品推销,是增加饭店收入的机会,每位员工均应详细介绍饭店的情况,而不能将其视为一种麻烦。有时客人也会问及饭店当地的一些情况,饭店员工也应详细解答。

3. 查询住客情况

问讯处经常会收到打听住客情况的问讯,如客人是否在饭店入住、入住的房号、客人是否在房间、是否有合住及合住客人的姓名、住客外出前是否给访客留言等。问讯员应根据具体情况区别对待,具体情况有以下几种。

(1) 客人是否入住本店

客人是否入住本店,问讯员应如实回答(住客要求保密的除外)。可通过查阅计算机或入住资料显示架名单及接待处转来的入住单,确定客人是否已入住;查阅预抵客人名单,核实该客人是否即将到店;查阅当天已结账的客人名单,核实该客人是否已退房离店;查阅今后的客房订单,了解该客人今后是否会入住。如客人尚未抵店,则以"该客人暂未入住本店"答复访客;如查明客人已退房,则向对方说明情况。已退房的客人,除有特殊交代者外,一般不应将其去向及地址告诉第三者。

(2) 客人入住的房号

为住客的人身财产及安全着想,问讯员不可随便将住客的房号告诉第三者,如要告诉,则应取得住客的许可或让住客通过电话与访客预约。

(3) 客人是否在房间

问讯员先确认被查询的客人是否为住客,如系住客则应核对房号,然后打电话给住客,如住客在房内,则应问清访客的姓名,征求住客意见,将电话转进客房;如客人已外出,则要征询访客意见,是否需要留言。如住客不在房内,问讯员可通过电话或广播代为寻找,并请客人在大堂等候,亦可请行李员在大堂内举牌摇铃代为寻找。

(4) 住客是否有留言给访客

有些住客在外出时,可能会给访客留言或授权。授权单是住客外出时允许特定访客进入其房间的证明书。问讯员应先核查证件,待确认访客身份后,再按规定程序办理。

（5）打听房间的住客情况

问讯员应为住客保密,不可将住客姓名及其单位名称告诉对方,除非是饭店内部员工由于工作需要的咨询。

（6）电话查询住客情况

① 问清客人的姓名。如果是中文姓名查询,应对容易混淆的字,用组词来分辨确认;如果是英文姓名查询,则应确认客人姓(Surname)与名(First name)的区分,以及易读错的字母,并特别留意港澳地区客人及华侨、外籍华人中既有英文名又有汉语拼音和中文姓氏的情况。

② 如查到了客人的房号,并且客人在房内,应先了解访客的姓名,然后征求住客意见,看其是否愿意接电话,如同意,则将电话转接到其房间;如住客不同意接电话,则告诉对方住客暂不在房间。

③ 如查到了客人的房号,但房间无人接听电话,可建议对方稍候再打电话来,或建议其电话留言,切忌将住客房号直接告诉对方。

④ 如查询团体客人情况,要问清团号、国籍、入住日期、从何处来到何处去,其他做法与散客一致。

4. 查询饭店及其他情况

问讯员应主动介绍饭店的设备及服务项目情况,树立全员营销观念,积极、热情地为客人解答问题、提供帮助。

5. 住客要求保密的处理

有些客人在住店时,由于某种原因,会提出对其房号进行保密的要求。无论接待员还是问讯员接受此要求都应按下列要求去做:

① 此项目要求由问讯处归口处理。如果是接待员接到客人的保密要求,也应交问讯处处理。

② 问清客人要求保密的程度。

③ 在值班本上做好记录,记下客人姓名、房号及保密程度和时限。

④ 通知总机室做好该客人的保密工作。

⑤ 如有人来访要见要求保密的客人,或来电查询该客人时,问讯员及总机均应以该客人没有入住或暂时没有入住为由予以拒绝。

⑥ 如客人要求更改保密程度或取消保密时,应即刻通知总机室,并做好记录。

4.2.8 留言服务

前厅问讯处受理的留言有两类,即访客留言和住客留言。

1. 访客留言

访客留言是指来访宾客对住店宾客的留言。问讯员在接受该留言时,应请访客填写一式三联的"访客留言单"(见表 4-11),将被访者客房的留言灯打开,把填写好的访客留言单第一联放入钥匙邮件架内;第二联送电话总机组;第三联交行李员送往客房。为此,宾客可通过三种途径获知访客留言的内容。当了解到宾客已得到留言内容后,话务员或问讯员应及时关闭留言灯。晚班问讯员应检查钥匙邮件架,如发现孔内仍有留言单,则应立即检查该房间的留言灯是否已经关闭,如留言灯已关闭,则可将该架内的留言单作废;如留言灯仍未关闭,则应通过电话与宾客联系,将访客留言内容通知宾客;如宾客不在饭店,则应继续开启留言灯并保留留言单,等候宾客返回。需要注意的是,留言具有一定的时效性,为确保留言单传递速度,有些饭店规定问讯员要每隔一小时就通过电话通知宾客,这样做的目的是让宾客最迟也可在回饭店一小时之内得知留言内容,以确保万无一失。另外,为了对宾客负责,若不能确认宾客是否住在本饭店或虽然住在本饭店,但已经结账离店,则问讯员不能接受对该宾客的留言(除非宾客事先有委托)。

表 4-11　访客留言单(VISITORS MESSAGE)

女士或先生(MS. OR MR.)_____ 　　　　房号(ROOM NO.)_____
当您外出时(WHEN YOU WERE OUT)
来访客人姓名(VISITOR'S NAME)_____ 　来访客人电话(VISITOR'S TEL.)_____
□有电话找您(TELEPHONED) 　　　　　　　□将再来电话(WILL CALL AGAIN)
□请回电话(PLEASE CALL BACK)
□来访时您不在(COME TO SEE YOU) 　　　□将再来看您(WILL COME AGAIN)
留言(MESSAGE) _____
_____
_____
经手人(CLERK)_____ 　　日期(DATE)_____ 　　时间(TIME)_____

2. 住客留言

住客留言是住店宾客给来访宾客的留言。宾客离开客房或饭店时,希望给来访者留言,问讯员应请宾客填写"住客留言单"(见表 4-12),一式两联,问讯处与电话总机各保存一联。若宾客来访,问讯员或话务员可将留言内容转告来访者。由于住客留言单已注明了留言内容的有效时间,若错过了有效时间,仍未接到留言者新的通知,可将留言单作废。此外,为了确保留言内容的准确性,尤其在受理电话留言时,应注意掌握留言要点,做好记录,并向对方复述一遍,以得到对方确认。

表 4-12　住客留言单(MESSAGE)

日期(DATE)_____
至(TO)_____ 　　　　　　　　　房号(ROOM NO.)_____
由(FROM)_____
我将在(I WILL BE) 　　　　　　　　　□INSIDE THE HOTEL(饭店内)
　　　　　　　　　　　　　　　　　　在(AT)_____
　　　　　　　　　　　　　　　　　　□OUTSIDE THE HOTEL(饭店外)
　　　　　　　　　　　　　　　　　　在(AT)_____
　　　　　　　　　　　　　　　　　　电话(TEL. NO.)_____
我将于_____回店(I WILL BE BACK AT)_____
留言(MESSAGE)_____
经手人(CLERK)_____ 　　客人签字(GUEST SIGNATURE)_____

4.2.9 邮件的处理

前厅问讯处所提供的邮件服务包括两类：一类是分拣和派送收进的邮包；另一类是代售邮票及为住客寄发邮件。由于问讯处负责分发、保管所有的客房钥匙，所以分拣的邮件、信函可直接转交给宾客，以提高此项服务的效率。在收进的邮件中，由于收件人不同，问讯员应首先对其进行分类，将宾客的邮件、信函留下，其余均派行李员发送给收件人或另作处理。在处理宾客邮件、信函时，问讯员必须耐心、认真，其服务程序如下。

① 在收进的宾客邮件、信函上打上时间，并按其性质分成普通类、挂号类和手送类。挂号类必须在专用的登记表上登记，如使用"住客邮件电报传真递送登记表"，内容包括日期、时间、房号、姓名、邮件种类、号码、收件人签名、收件时间、经办人等。

② 按邮件、信函上收件人姓名在问讯架或计算机中查找其房号，然后将核实的房号注明在邮件或信函正面，并在前厅钥匙格内留下"留言单"（见表 4-13），同处理上述留言一样，根据客房钥匙有无来决定是否需打开客房留言信号灯。

表 4-13   留言单（总台）（MESSAGE FOR）

先生 Mr. : _____

女士 Ms. : _____   房号(ROOM NO.) _____

您的(电传、电报、邮件)在问讯处，请您在方便的时候与我们联系

There is an incoming (telex, cable, mail) for you at the information desk, please contact us at your convenience

经手人(CLERK) _____   日期(DATE) _____   时间(TIME) _____

③ 宾客在收到信息后前来取件，问讯员应请其在相应的登记表中签字，同时，问讯员也应在表上签名。

④ 待宾客取走邮件或信函后，问讯员应立即撤掉原先放入钥匙格内的"留言单"，以免混淆，影响对客服务质量。

⑤ 若在住客中找不到收件人，问讯员须查阅当日抵店宾客名单和未来几天的预订单或预订记录簿，查看宾客是否即将抵店。如果是，则在该邮件、信函正面注明宾客抵店日期，然后妥善存放在专用的信箱内，待宾客入住时转交宾客。

⑥ 若仍查找不到收件人，问讯员应核对"离店宾客名单"和"邮件转寄单"，如果确认宾客已离店，则应按照客史档案卡上的资料信息或转寄要求将邮件、信函转发给宾客。

⑦ 若再查找不到收件人，问讯员应将邮件按收件人姓名字母顺序排列存放在信箱内。此后两星期内，每天每班指定一名问讯员在当日住客名单及预订抵店宾客名单中继续查找，直至找到为止。若两周内仍查找不到，则将该邮件、信函退邮局处理。

⑧ 对于挂号类、快递、电报类的邮件，问讯员应尽快转交宾客。按上面程序仔细查找收件人，若找不到收件人，不宜将邮件在饭店保存过久，可考虑在四五天后退回原发出单位。

⑨ 对于错投类邮件、信函，问讯员应在邮件上贴好退批条，说明原因，集中由邮递员

取走。若属挂号或快递类错投,应尽量在接收时确认该邮件收件人不是本店住客而拒收。若当时不能作出决定,则应向邮递员声明,暂时代收,并请其在投递记录栏内注明,然后按上述规定程序处理。

⑩ 对于"死信"的处理,问讯员应退回邮局处理或按规定由相关人员用碎纸机销毁,任何人不得私拆"死信"。

⑪ 对于手送类邮件的处理,问讯员应首先在专门的登记簿上作记录,内容包括递信人姓名、地址、送来何物及收件人房号、姓名等,并在宾客来取时请其签字。问讯员原则上不应转交极其贵重的物品或现金,此类物品最好由送物者本人亲自转交当事人。

前厅一般不接受挂号信和包裹的寄发,问讯员在接收到宾客送来准备发出的信函时,应按有关规定办理。

子任务 4.3 商 店 结 账

饭店营业收入主要是指饭店销售产品和提供劳务而获取的收入,它是饭店经营成果的货币表现,是饭店的一项重要财务指标。为了保证营业收入的实现,饭店一般设置前厅收银和营业点收银。

前厅收银又称总台收银,位于饭店大堂显眼处,与总台接待处、问讯处相邻。由于饭店的组织机构往往因星级的高低、经营管理风格的迥异而有所不同,前厅收银的组织结构、隶属关系也有一定的差异。一般情况下,收银部门业务上归财务部管理,行政上由前厅部负责。业务管理是指对收银员的业务培训与考核,以及对营业收入的记账、收银、结账等工作程序的审核;行政管理是指对收银员的仪容仪表、考勤、纪律及服务规范等方面的督察。

4.3.1 前厅收银的主要工作职责

前厅收银的主要工作职责有以下几方面。
① 负责办理住店客人的客账结算和离店手续。
② 负责前台客账记账业务,负责编制营业报表。
③ 负责住店客人的贵重物品寄存与保管业务。
④ 负责办理外币兑换业务及信用卡服务。
⑤ 由于前厅收银员整天与钱款、财务打交道,因此必须明确其素质要求,以保证收银工作的有序进行。

4.3.2 前厅收银管理的范围和内容

1. 前厅收银服务的范围
① 办理住店客人的一切收款业务和离店手续。

② 与饭店各营业销售点密切联系,催收、核实账单。

③ 兑换外币、旅行支票。

④ 管理客人的贵重物品。

⑤ 审核饭店当日营业收入,编写营业日报表。

2. 前厅收银管理内容

① 收兑外币现钞。

② 兑换旅行支票。

③ 收取散客、团队预付款。

④ 办理散客、团队、单位结账及转账手续。

⑤ 办理超限额客人的账务。

⑥ 编制收款报告和向财务部缴纳当日营业额。

⑦ 宾客贵重物品的存放、提取。

⑧ 审核结账发票的缴款单。

⑨ 办理饭店内租赁单位的入账工作。

⑩ 客人消费签单挂账的稽核工作。

⑪ 审查将要离店客人的账务情况和填发催款信。

⑫ 审查住店客人的账务情况和填发催款信与楼层服务台核对空房。

⑬ 核查住店客人房价,审查当日入住客人的情况。

⑭ 累计饭店内各项费用。

⑮ 编制、发送营业日报表。

⑯ 审查结账后的账单并分类归档。

⑰ 审查预付款不足和未交款客人的情况。

⑱ 审查拖欠客人账务。

⑲ 审查、汇总客人发生杂费的情况。

4.3.3　前厅收银服务的规则

① 收银员着装上岗,礼貌服务。

② 严守操作规程,力求快捷、准确。

③ 严格执行发票、现金及信用卡管理制度。

④ 熟悉外汇牌价,保证外汇兑换准确。

⑤ 现金支付,催收催付,点钞快捷,找零准确。

⑥ 支票支付,字迹清晰,不得涂改。

⑦ 信用卡支付,应该请客人签字,并与信用卡背面的签字及身份证进行核对。

⑧ 严格执行外汇制度,不得私自套汇,兑换外币。

⑨ 严格审查大额现钞,防范假币。

⑩ 收到已签字的账单,要迅速入账,防止漏账。

⑪ 收到现金要及时交计财部,及时开出催款单,也转计财部,随时准备客人前来

结账。

⑫ 严格贵重物品的存、取手续,严格核对客人的有关证件。

4.3.4 前台收银岗位工作流程

前台收银岗位的工作有以下步骤:

① 上班时间提前5分钟到岗,进行交接班,阅读交接班簿并在上面签名。

② 详细了解上一班客人的开房情况和缴费情况。

③ 详细了解上一班的 VIP 住房情况和缴费情况。

④ 开始一天的正常工作。

⑤ 在下班之前把工作环境卫生清理好,之后进行交班。

4.3.5 前台收银岗位操作要求

1. 结账方式

(1) 现金支付

这种支付方式的操作比较简单,收银员只要按照计算机所打印出的账单或是账单卡上所列各项账目的应收款数请客人交款即可。

(2) 信用卡支付

对以信用卡方式支付的客人,要先认真检查其信用卡是否有效,对其签名进行核对。已经确认后可以采用信用卡支付方式的客人,通过信用卡刷卡机刷卡,输入付款金额,请客人输入密码,打印出支付凭条,并请客人签字确认后完成支付。

(3) 旅行支票支付

旅行支票是支票持有者用现金在银行购买的一种专用支票。有时会有客人采用旅行支票来结账,那么收银员一定要先确认客人所持支票是否有效和饭店是否受兑,确认之后才可以接受。

2. 团队结账

① 在团队结账之前半小时做好相关的准备工作,将团队的账复查一遍,确认是否已按相关要求入账,所有附件是否齐全等。

② 领队或陪同人员前来结账时,把账单递交,请他们检查并签名认可。

③ 将账单送交财务部进行收款。

3. 散客结账

① 将客人的总账单及所有附件如赊欠凭据单、信用卡签单等与客人的房号、姓名进行核对。

② 向客人收回客房钥匙,若客人因故暂时不想交出钥匙,要通知楼层服务员,以便他们在客人退房时向客人收回钥匙。

③ 通知楼层服务员检查客房,查看有无东西损坏,物品是否齐全等。

④ 确认客人新近是否有消费,在计算机中查找并询问其本人,要确保客人的所有消

费项目都已入账。

⑤ 将客人的汇总消费账单用计算机打出,请客人检查,确认之后请其付款、结账。

⑥ 在客人的登记表上盖上时间戳,送交服务总台,让其及时了解客人离店的信息,更正相应客房状态。

4. 外币兑换和保险箱服务

(1) 外币兑换

① 现钞兑换。负责兑换外币的员工热情接待前来兑换外币的客人,主动了解客人的需求。将客人的外币进行鉴别,确认其真伪,是否可以进行兑换。按要求填单,将外币的种类与金额、汇率、外汇折算等项内容填写清楚。将填好的水单交客人签名,写上房号。把水单及外币现钞送交出纳复核、配款。经兑换员根据水单的第一联对出纳的配款进行复核,确认无误之后交给客人。

② 旅行支票兑付。热情接待客人,询问客人需要何种服务;检查客人所持支票的真伪及支付范围;请客人在支票指定的复签位置上当面复签,并核对支票的初签与复签是否相符,如有可疑之处,应进一步检查,比如要求持票人背书;请客人出示证件,由兑换员进行核对,如相片是否相符,支票上的签名与证件上是否一致,而后将支票号码、持票人的号码及国籍抄到水单上;填写兑换水单,一式两联,并计算出贴息及实付金额。让客人在水单的指定位置上写上姓名、房号,将尾签撕下给客人,将水单及支票送交复核员;经兑换员认真复核水单上的金额及出纳所配好的现金,将应兑换给客人的金额唱付给客人。

③ 信用卡。目前饭店受理的信用卡主要有国内发行的长城卡、牡丹卡等,香港汇丰银行的东美卡和万事达卡、南洋商业银行的发达卡;国外有美国运通公司的运通卡,日本东海银行的百万信用卡、三和银行的JCB卡等。其一般的兑换程序是:对客人的信用卡进行确认,即辨真伪,看清有效期等,并压卡;若客人的信用卡需要取授权号,则将信用卡上的号码、有效日期及支取金额和客人的国籍、证件号码等信息告知给有关银行的授权中心,取得授权后方可承办;如未能取得授权,则须进行认真查阅;把取现单和水单交给客人签名,并与信用卡上的签名核对,确认无误后再递交给出纳进行配款;将配款与水单上的金额进行认真核对;把取现单、信用卡、第一联水单及现金交给客人。

(2) 保险箱服务

为了保证客人财产的安全,饭店一般都在前台的收银处设有贵重物品保险箱。住客如果需要使用,饭店可划定某保险箱在客人住店期间归其使用。保险箱服务的一般程序为:

① 请客人先填写登记卡,并检查客人所填写的内容是否正确。

② 根据客人登记卡中所填的需要保险箱型号的大小,将满足其需要的保险箱的钥匙交给客人。

③ 将箱号记录在专门的登记卡上,经手人签名后,再把卡按顺序放好。

④ 客人需要开箱时,当班员工须先找出登记卡,让客人在其上签名,经办人核对无误后,再开箱。客人也须在卡上签名。

⑤ 客人取消保险箱服务后,经办人须要求客人在卡的终止栏内签名,自己也要签名,

注明日期、时间,然后把卡放到客人的资料柜上。

5. 前台收银处的管理

(1) 前台收银处的安全管理

① 对开启保险柜的密码及钥匙要制定严格的开启手续,并遵照执行。

② 收银处的备用周转金不能超过银行规定的限额。现金不能在收银处存放过夜,应按照财务制度的有关规定将当日所收现金存放到保险箱内。

③ 当客人用信用卡结账时,收银员要仔细检查卡的真伪及有效期,若有疑问要立即报告上级及保安部门。

(2) 对超额消费的管理

① 饭店的催收工作由收银处负责处理,收银人员要按照催款工作的有关原则与规定及时对超额消费客人进行费用催收工作。

② 在催收工作过程中,应保持与保安部门的密切联系,及时向其提供有关信息,以便在必要时获得保安部门的帮助,共同做好催收工作。

③ 在催收中,收银处应根据实际情况进行灵活处理,如可扣押客人证件或其他较为贵重的物品,到催收结束之后再予以归还。

(3) 防止客人逃账

为保护饭店利益不受损害,收银员应掌握防止客人逃账的技术。一般有以下几种方式。

① 向客人收取预订金。收取预订金,一方面,可以约束客人,使客人不能随便取消预订;另一方面,也可以在客人到达之后,将预订金当作预付款使用,从而避免客人逃账。因此,收银员一定要坚持向客人收取预订金,如果客人不愿意,要做好解释工作。

② 收预付款。预付款的收取应因人而异,对于常客、预订的客人或是旅游团队等是不用收取预付款的,但对于初次光顾饭店、不曾进行预订、同时其信用记录又不明或是信用程度较差的客人,饭店收银员要向其收取预付款。

③ 对持信用卡进行支付的客人,收银员应提前向银行申请授权。对于持信用卡的客人,为提高其实用限额,饭店可采取提前向银行申请授权的办法。若授权遭拒,则应让客人以现金支付超出信用卡授权金额的部分。

④ 密切注意客人的异常表现,加强催收账款的力度。准备逃账的客人通常会有一些异常的表现,特别是有时会一反常态突然出现大额消费,收银员应敏感地注意这些异常表现,对可疑的客人加大催收力度。

4.3.6　办理结账业务的注意事项

1. 散客结账时的注意事项

(1) 客人结账时,要注意收回房门钥匙及房卡(Hotel Passport)。如客人暂不交钥匙,在通知楼层客人结账时,提醒服务员收回钥匙,并记下楼层接话人工号。

(2) 通知楼层服务员迅速检查客房,以免有客人的遗留物品或房间物品有丢失或损坏现象。

(3) 委婉地问明客人是否还有其他临时消费(如电话费,早餐费等),以免漏账,给饭店造成损失。

(4) 注意做好"验卡"工作。

① 检查客人信用卡的安全性。

- 辨别信用卡的真伪,检查信用卡的整体状况是否完整无缺,有无任何挖补、涂改的痕迹;检查防伪反光标记的状况;检查信用卡号码是否有改动的痕迹。
- 检查信用卡的有效日期及适用范围。
- 检查信用卡号码是否在被取消名单之列。

② 检查持卡人的消费总额是否超过该信用卡的最高限额,如超过规定限额,应向银行申请授权。

(5) 如果客人用支票结算,则要注意以下几点。

① 检查支票的真伪,注意辨别那些银行已发出通知停止使用的旧版转账支票。

② 检查支票是否过期,金额是否超过限额。

③ 检查支票上的印鉴是否清楚完整。

④ 在支票背面请客人留下联系电话和地址,并请客人签名,如有怀疑请及时与出票单位联系核实,必要时请当班主管人员解决。

2. 团客结账时的注意事项

① 结账过程中,如出现账目上的争议,及时请结账主管人员或大堂经理协助解决。

② 收银员应保证在任何情况下,不得将团队房价泄露给客人,如客人要求自付房费,应按当日门市价收取。

③ 团队延时离店,须经销售经理批准,否则按当日房价收取。

④ 凡不允许挂账的旅行社,其团队费用一律到店前现付。

⑤ 团队陪同无权私自将未经旅行社认可的账目转由旅行社支付。

子任务 4.4　电话总机服务

电话总机是饭店内外信息沟通联络的通信枢纽,每日需处理成千上万个电话业务,且绝大多数客人对饭店的第一印象是在与话务员的第一次接触中形成的。而这种接触所具有的特点就是热情、快捷、高效的对客服务,因此,总机服务越来越被饭店重视。

4.4.1　总机房设备要求

总机房应配备程控电话交换机,程控电话交换机应配有自动计时、计费、自动叫醒计算机设备。总机房应配备背景音乐音响和电话查询服务设备。总机房各种设施设备先进、性能优良,无人为故障发生。号码簿、留言簿等用品应准备齐全。

4.4.2　话务员的素质要求

机房话务人员应能用3种以上语言和标准普通话提供电话服务,应掌握本店、本市和国际、国内 500 个以上常用电话号码,应熟悉总机房的工作程序、工作内容和各项业务的操作方法,熟悉饭店各种服务项目和领导家中的电话号码,熟悉各类电话服务收费标准。话务员的语言表达能力应较强,语音、语调应该亲切甜美,使客人有舒适感。应在 3 次响铃声内应答电话。

1. 话务员的基本素质要求

话务员的基本素质要求有:修养良好,坚守岗位;爱护设备,严守机密;热情友好,团结协作;反应灵敏,记忆力强;嗓音甜美,吐字清晰;业务熟练,懂外语。

2. 业务技能

话务员需具备的业务技能有:

① 礼貌、规范用语不离口,随和但不过于随便。

② 铃声响起,立即应答,迅速转接。

③ 交谈积极,建议婉转。

④ 服务热情,亲切主动。

4.4.3 电话总机的服务项目

1. 转接电话

转接电话是话务员最主要的工作。话务员必须掌握转接电话的技能,熟知交换机的性能及操作方法,才能准确、快捷地转接电话。同时,话务员还应了解饭店的组织机构,各部门的业务职责,饭店各级领导及服务人员的姓名和声音。

在转接电话时,应该有效地利用问讯架或控制盘帮助通话者顺利通话,或者准确给予答复。在转有保密要求的住店客人的电话时,一定要取得住客的同意后再接通。除此之外,话务员应熟悉各部门所在位置及管理人员的值班安排,以提供部门电话转接服务。同时,转接任何电话,都要一视同仁,优质服务。

2. 叫醒服务

叫醒服务程序如下。

① 当客人要求叫醒服务时,总机接线员(话务员)应问清客人的房号和叫醒时间,并向客人复述一遍以确认没有听错。

② 将叫醒客人的房号及叫醒的时间准确地记录在笔记本上并签字,也可以记录在叫醒服务表上。

③ 将叫醒的房号和叫醒时间输入计算机。

④ 计算机叫醒过程中,接线员要注意机器的运行情况,看是否准时叫醒了客人,如有必要,话务员应适时插入叫醒服务用语;如果计算机出了问题,应采用人工叫醒的方法。

⑤ 人工叫醒的方法是由话务员打电话到客房,向客人问好,告诉客人这是叫醒电话,并祝客人住店愉快。

⑥ 已叫醒过并且客人有应答的客房在叫醒控制表上勾去或划掉,无人答应的客房应用电话叫醒,如再无人答应,应通知楼层值班员或房务中心去敲门叫醒。

⑦ 对应答含糊的客人为防止其睡着,可以过 3 分钟再叫醒一次,并向客人表示道歉。

⑧ 要特别注意个别客人在下午或晚上的叫醒要求,以防遗漏。客人取消叫醒服务应及时做好登记并更改计算机中的记录,还要在工作日志上填写说明。

3. 挂拨国际、国内长途电话

随着商务客人的增多,长途电话使用频繁。许多饭店为了方便住客,采用了直接电话系统,客人可以直接使用国内和国际电话,电话费则自动记入客人账单。没有使用直拨电话系统的饭店,则遵循下列挂拨程序。

① 让客人将下列内容写在长途电话单上。

② 通话种类(叫人、叫房号)。

③ 受话人姓名、电话号码。

④ 要求接通时间。

⑤ 付款方式。

⑥ 发话人房号及姓名。

⑦ 请客人稍候。

⑧ 在长途电话单上填写。

⑨ 受理挂拨长途的时间。

⑩ 话务员本人签名。

⑪ 向国际,国内长途台挂拨。

⑫ 接通后,通知客人可以通话,并在长途电话单上填写开始通话的时间。

⑬ 记录通话时间,制作账单,转交收银处。

⑭ 填写长途电话登记表。

4. 回答问讯

电话总机服务员虽然不像问讯处服务员那样直接与客人见面,但她们的工作同样对饭店、对客人起着举足轻重的作用。在每位客人面前她们同样代表着饭店的形象,对于客人的问讯,话务员应做到:了解问讯处掌握的有关资料,及时、准确、快捷地回答客人的询问,及时帮助客人与相关部门联系,满足客人需求。

话务员回答问讯的具体工作程序如下。

① 如果客人通过电话查询房价,话务员应准确、耐心地答复客人,并根据自己掌握的资料向客人提出建议,如果对有关信息不清楚,可把电话转接到订房处或接待处。

② 客人通过电话了解饭店或当地的情况时,应尽自己所能答复客人,实在不能答复的,应把电话转到问讯处或接待处。

5. 电话留言

当来电话者要找的住店客人暂时外出或要求对房号保密不接电话时,接线员在征求来电的意见后,可以提供留言服务。电话留言的注意事项有以下几条。

① 电话的记录要快而准确。

② 确保把来电话者的名字拼写正确。

③ 尽可能使用电话留言单。

④ 热情地讲话,不要拖长声音,不要打断客人的讲话,也不要替他讲完某一句话。

⑤ 要记住微小的事情,显示出你服务的真诚,例如当你已知道是谁打电话来时,可以

称呼他的姓氏,以示尊重与关心。

⑥ 记录电话留言的步骤。如果不知道来电话者的姓名和电话号码,则要询问,但不是强问。不要问"您叫什么名字?",而是说"我可以知道您的名字吗?";不要问"您的电话号码是多少?"而要说"可以告诉我您的电话号码吗?"

【情景模拟 4-3】

电话铃声响起(不超过三声)总机服务员接起电话。

总机服务员:您好,星光大饭店总机,请问有什么可以帮您的吗?

客人:你好,我想给贵饭店的 708 号的客人留言。

总机服务员:708 房间的客人,是么? 好的,请您告诉我该房间客人的全名,以便我们核实好吗?

客人:好的,是唐敖。

总机服务员:请问您的留言内容是?

客人:请他见留言后速与我联系。

总机服务员:好的,请唐先生,听到留言后速与您联系,是吗?

客人:是的。

总机服务员:请问我可以知道您的名字吗? 您需要留下联系方式吗?

客人:我姓徐,我的电话是 139××××××××。

总机服务员:您好徐先生,您的留言内容是请唐先生听到留言后速与您联系,您的电话是 139××××××××,是这样吗?

客人:是的。谢谢。

总机服务员:不用谢,很高兴能为您服务。

客人:再见。

总机服务员:再见。

6. 充当饭店临时指挥中心

电话总机除提供以上服务外还有一样重要职责,就是一旦出现紧急情况,可以成为饭店管理人员采取相应措施的指挥协调中心。

饭店的紧急情况,是指火灾、水灾、伤亡、中毒、刑事案件等危及生命和财产安全的情况。遇到类似情况时,领导为了迅速控制局面,必然要借助电话系统及时同相应的部门联系。因此话务员应该积极配合工作,为饭店提供高效率的服务,对此应具体注意以下几点。

① 遇事冷静,不惊慌,不要给他人造成心理负担。

② 立即报告事情发生的地点,对报告者的姓名、身份做好记录。

③ 及时上传下达有关指令及有关事情发展状况。

④ 坚守岗位,安抚客人,继续对客正常服务。

⑤ 详细做好紧急情况发生时电话处理细节的记录,以备事后检查,并加以归类存档。

另外,话务员除严格按规定操作程序提供各项对客服务外,还应该特别注意用语的规范性。话务员的服务规范用语是靠平时点点滴滴积累起来的,不仅需要刻苦的训练,还需能自然、亲切、自如地运用,有规有矩但不教条,温柔而不做作。通过一条电话线,便将饭店的祝福带给千千万万个朋友。

复习思考

一、选择题

1. 办理入住手续的目的不包括(　　)。
    A. 签订住宿合同　　　B. 遵守法律、法规　　C. 快速结账　　　D. 获取客人资料
2. "L"字签证指(　　)。
    A. 旅游签证　　　　B. 学习签证　　　　C. 访问签证　　　D. 记者签证
3. 前厅收银的主要职责不包括(　　)。
    A. 外币兑换　　　　B. 贵重物品寄存　　C. 发放钥匙　　　D. 账务处理
4. 国内宾客住宿登记时使用的有效证件不包括(　　)。
    A. 身份证　　　　　B. 护照　　　　　　C. 士兵证　　　　D. 教师证
5. 问讯员应尽快转交客人的邮件信函包括(　　)。
    A. 挂号类　　　　　B. 快递　　　　　　C. 包裹　　　　　D. 电报类
6. 为了准确回答客人的问讯,问讯员应该做到(　　)。
    A. 有问必答　　　　B. 百问不厌　　　　C. 热情　　　　　D. 耐心
7. 越来越多的饭店正利用(　　)向宾客提供问讯服务。
    A. 多种资料　　　　　　　　　　　　　B. 工具书
    C. 多媒体计算机　　　　　　　　　　　D. 高素质的员工
8. 填写好的访客留言单,应该(　　)。
    A. 放入钥匙邮件架　　　　　　　　　　B. 交信使或行李员
    C. 送电话总机组　　　　　　　　　　　D. 直接送交客人
9. 对于(　　)内找不到收件人的邮件、信函,则将该邮件信函退邮局处理。
    A. 3天　　　　　　B. 一周　　　　　　C. 10天　　　　　D. 两周
10. 需要给住客留言的电话一律转到(　　)。
    A. 总机　　　　　　　　　　　　　　　B. 客房部
    C. 前厅接待处　　　　　　　　　　　　D. 问讯处
11. 对客人进行人工叫醒服务时,若客房内无人应答,应在(　　)分钟后再叫一次。
    A. 1　　　　　　　B. 3　　　　　　　C. 5　　　　　　D. 7
12. 总机房的环境要求是(　　)。
    A. 安静　　　　　　B. 保密　　　　　　C. 温馨　　　　　D. 漂亮
13. 以下属于总机话务员的基本素质要求有(　　)。
    A. 修养良好　　　　B. 责任感强　　　　C. 音质甜美　　　D. 口齿清楚

二、判断题

1. 问讯员在接受住客留言时,应请住客填写一式三联的"住客留言单"。(　　)

2. 分拣的邮件、信函可直接转交给客人，以提高服务的效率。（　　）

3. 当两位客人同住一间客房时，应发两把钥匙。（　　）

4. 问讯员不能即刻解答的问题，应向宾客致歉。（　　）

5. 为了表示饭店的好客真诚，可直接将来访者带入客房。（　　）

6. 如有客人来访要见保密的客人时，问讯员应以该客人外出为由予以拒绝。（　　）

7. 对于团体住客，一般应设两个账户：主账户和杂费账户。（　　）

8. 贵重物品保险箱是饭店为住店客人有偿提供临时存放贵重物品的一种专门设备。（　　）

9. 团队排房时存在着二次排房程序。（　　）

三、简答题

1. 简述散客结账服务程序。

2. 问讯员的岗位职责是什么？

3. 简述为散客办理入住手续的程序。

四、案例题

案例 1

老总的朋友要打折

事情经过：晚上 22:00 左右，某饭店前厅接待处有一位客人正在大声地和服务员陈小姐争论着什么，而陈小姐好像在坚持什么。经了解，原来客人自称是总经理的朋友，要求陈小姐给他一间特价房，而陈小姐说没有接到过总经理的任何通知，只能给予常客优惠价。对此，客人很不满意，大声地吵起来，说一定要到总经理处投诉她：怎么连总经理的朋友也不买账。

问题：请问陈小姐该如何答复及处理此问题？请对下面两种做法进行评析。

（1）告知客人，她马上打电话给总经理，如果总经理答应了，她就照办；或者让客人自己打电话给总经理，然后让总经理给予她一个明确指示。

（2）告知客人这是没有办法的，作为一个服务员只能照章办事，在没有接到任何通知的情况下，自己只有给予常客优惠价的权利。如果你要向总经理投诉也请便，反正自己做得没错。

案例 2

一天中午，两位客人急匆匆地来到花园饭店前台问讯处，声称要找住客——新大新公司的总经理黄先生，他们称黄经理落下一份急件在公司，叫他们火速送来。实习生小强见此情形，没有考虑，就直接将房号告诉了他们。5 分钟后，他接到了黄经理的投诉电话。

问题：

1. 为什么客人会投诉？

2. 问讯员应吸取哪些经验教训？

实践训练

【实训目的】 掌握总台接待工作的基本流程和方法。

【实训内容】

项目一:散客入住手续办理。

项目二:散客离店结账办理。

项目三:问讯服务。

问题:

1. 本市机场的名称和位置,最近的机场巴士乘车地点。

2. 本市的旅游景点有哪些?

3. 去某个景点的交通信息?

4. 本地有何特产? 最近的购买点在哪里?

5. 市内的士的收费标准。

6. 本市去北京的航班时间。

7. 最近的旅游景点。

8. 最近的银行及营业时间。

9. 本市的长途区号。

10. 本市今日的天气预报。

【实训时间】 4课时。

【实训方法】 将学生进行分组,学生分别扮演客人和总台工作人员,模拟各项服务办理过程;教师提前准备好各种表格和问题。

【实训考核】

项目一　客人入住登记(无预订)

考 核 要 点	分　值	扣　分	得　分
个人仪表规范	10		
确认客人有无预订	5		
向客人推荐合适的客房	30		
排房、定价	10		
请客人填写住客登记单,验证身份	20		
确认付款方式,收预付款和押金	10		
发放客房钥匙、房卡等	5		
建立客人账单	5		
祝愿客人	5		
总　　计	100		

项目二 散客离店结账服务

考核要点	分 值	扣 分	得 分
个人仪表规范	10		
问候客人	10		
收回钥匙和房卡	10		
通知查房	10		
打印账单客人签字	10		
按付款方式结算	10		
出具发票和找零	10		
与客人道别	10		
更新房态、储存资料	10		
能处理客人的疑问	10		
总 计	100		

项目三 问讯服务

考核要点	分 值	扣 分	得 分
个人仪表规范	10		
问候客人	10		
回答问题的准确性	30		
回答问题的及时性	40		
查询资料的齐全性	10		
总 计	100		

课后阅读

善用电子旅行支票出境游

随着境外出游、出差、求学人数的增加,境外的支付需求也不断上升。最近,多家银行都与海外机构推出了电子旅行支票的服务,并有不少优惠活动推出。电子旅行支票又被称为旅行支票的升级版,它在境外使用时有哪些便捷之处?

其实,我们可以把电子旅行支票理解为一种预付卡产品,在电子卡上拥有发行机构或是合作机构的标识,如运通、MASTER、VISA 等。因此当我们在境外旅游或是出差时,可以方便地使用到它们的网络。如可以在具有发卡机构及合作机构标识的 POS 终端上进行刷卡消费,同样地,我们也可以在拥有标识的 ATM 机上进行提现。因此,电子旅行支票是旅行支票的升级版本,在使用中更加方便:携带时更加便捷,放在普通钱包中就可以了;消费时无须找零,和银行卡一样,电子旅行支票可以使用卡内的余额进行支付,比起纸质旅行支票更加适合支付。而且,电子旅行支票支持充值,账户内的资金永久有效,而且使用者可以向电子旅行支票账户中充值继续使用。

1. 电子旅行支票的优势

看上去,电子旅行支票和信用卡使用上区别不大,那么电子旅行支票有哪些优势呢?

首先,电子旅行支票购买的手续便捷。通常来说,申请信用卡一般需要一周到两周的时间,而电子旅行支票只需要到指定的代理网点申请办理就可以开通,存入资金后即可使用。而且,电子旅行支票主要支持美元、欧元、英镑三个币种,便于使用者在全球各地使用。像一些临时决定到海外出差、旅行的人,来不及办理当地币种的信用卡的话,直接到电子旅行支票的销售网点购买就可以开通使用了。

其次,电子旅行支票的额度较高。如运通的电子旅行支票最高可存入的资金为15 000美元,通济隆电子旅行支票最高可存入50 000美元。一般来说,电子旅行支票高于普通信用卡支持的支付额度。特别是在海外支付学费、购买奢侈品等,额度较高的电子旅行支票使用起来更加方便。而且,电子旅行支票与银行账户不挂钩,主要采用PIN码来进行信息的确认。

另外一点是电子旅行支票的安全保障度更高。我们都知道,纸质旅行支票的特点是拥有独特的遗失被盗理赔服务。如果游客们在境外游的过程中遭遇到遗失或被盗的意外,可以拨打旅行支票中心在世界各地的服务电话,报出旅行支票序列号,在符合相关条款的情况下,不产生任何额外费用,就可以就近在当地的旅行支票服务中心获得同等的补发。电子旅行支票在使用时,也拥有较为妥善的安全保护机制。如在电子旅行支票的申领时,除了主卡外,你还可以免费申请一张备用卡。备用卡拥有不同的卡号,使用者的卡片遗失或是被盗后,可以通过电子旅行支票机构的服务电话冻结主卡,并激活备用卡来进行使用。此外,使用者还可以通过紧急补发或是紧急援助来获得临时的资金支持,如运通电子旅行支票的用户主卡和副卡丢失后,可以通过汇款的方式领取到一定额度的紧急援助资金,暂时解决在境外的资金使用问题。与信用卡提供紧急补发、紧急现金支援还需要另外收取服务费用不同的是,电子旅行支票的紧急服务均是免费的。

作为一种预付卡,电子旅行支票对于一些公司安排差旅费用也非常有帮助。如员工到海外出差,可以使用电子旅行支票来进行费用的控制和管理。

2. 使用成本不一样

电子旅行支票虽好,在使用时也有一些不同的收费和成本项目。这是在使用时必须考虑到的。

如在购买电子旅行支票时需要收取手续费,不同的代理销售机构所收取的费用是不一样的。如运通"易世通"电子旅行支票主要通过工商银行和光大银行来进行销售,收取的手续费为充值金额的0.5%;通济隆的"现金护照"由中国银行、浦发银行、江苏银行等代销,充值时收取的手续费为充值金额的0.75%。

另外,由于旅行支票属于票据,因此在货币兑换的过程中,如果采用人民币购汇,适用的汇率为现汇价格。如果你使用外币的现钞购买旅行支票,则还需要支付一笔钞转汇的费用。

一些电子旅行支票需要收取账户闲置费用,像通济隆的现金护照,如果连续12个月未使用,需要从现金护照中扣除月度闲置费2美元。下页表列举了几种常用的电子旅行支票。

电子支票账户	运通"易世通"	通济隆"现金护照"	备　注
使用范围	接受美国运通卡的海外商户、接受每个运通卡的全球 ATM 机	全球万事达商户及接受万事达卡的全球 ATM 机	中国境内无法使用
支持币种	美元、欧元、英镑	美元、欧元、英镑	
最高充值金额	15 000 美元/12 000 欧元/8000 英镑	50 000 美元或等值外币	
充值手续费	0.50%	0.75%	由销售机构确定
是否提供备用卡	提供,免费	提供,免费	
境外 ATM 机取款手续费	2 美元/2.5 欧元/1.75 英镑	取款金额的 2%	有些 ATM 所属银行可能收取额外费用
货币转换费	3%	2%	
闲置账户费用	无	如果连续 12 个月未使用,需要从现金护照中扣除月度闲置费 2 美元	

　　持有电子旅行支票在境外使用时,刷卡支付并不需要支付费用,但在提取现金时会收取一定的手续费。如运通电子旅行支票在境外 ATM 机上提取现金,每笔提现收取的手续费为 2 美元/2.5 欧元/1.75 英镑;通济隆的电子旅行支票则按照提现金额的 2% 来收取手续费。通常来说,单笔和单日可提取的金额也有限制。

　　电子旅行支票有币种的区别,如果在境外刷卡或是取现时,使用的是其他货币,发行机构会收取一笔货币转换费,运通电子旅行支票的费率为 3%,通济隆收取的费用为2%。所以,建议使用电子旅行时选择同币种的刷卡支付。

　　值得一提的是,电子旅行支票只可在境外使用,在国内既无法取现也不能刷卡消费。通常电子旅行支票设有一定的到期日,但卡内的资金并没有到期限制,到期时持有人可以重新申请一张新的电子卡。

　　(资料来源:证券之星网.http://bank.stockstar.com,2013-01-10.)

前厅销售管理

- 明确前厅销售是前厅部的重要任务之一
- 销售的效果影响饭店经济收益
- 掌握客房销售的正确方法并能恰当运用
- 掌握客房销售的技巧,能够初步运用销售技巧对不同客人进行客房销售
- 明确前厅销售的内容,从而有效地进行客房销售

子任务 5.1　前厅销售产品分析

5.1.1　饭店产品与服务的全面分析

1. 饭店总体介绍

饭店总体介绍包括饭店特点(如本地区最高档饭店之一),地理位置优劣势及避免劣势的方法。

2. 饭店产品与服务的全面分析

(1)饭店描述

饭店拥有多少间客房,何时开始试营业,何时开始正式营业。饭店是设施齐全、服务优良的涉外饭店。

(2)地理位置

饭店所处城市方位,临近区域,距离飞机场、火车站、市中心及重要景点等所需车程。

(3)建筑特征

比如说公共部位的特征等,包括以下几方面。

① 宾客抵达饭店通过一条直达饭店的车道,泊车方便,有地上停车场和地下车库,可停泊各种车辆。

② 饭店中庭建筑特征、装潢特点、色调等。

③ 大堂酒吧可环顾整个中庭。

④ 客房、餐厅、会议、娱乐、健身、商务等设施与服务

① 客房总数。

② 客房内的设施,如布置豪华,备有私人浴室,遥控彩电可接收卫星电视,收音机,国内、国际直拨长途电话,迷你冰柜及中央空调等。

③ 饭店拥有若干不同的标准客房及套房,如标准单人房、标准双人房、普通套房、豪华套房等,有些饭店还有行政楼层(嘉宾楼层),提供独立登记入住、结账离店服务及其他更为周到细致的服务项目。

④ 房间组合,即不同类型房间各多少间(套)。

⑤ 餐饮娱乐设施。各餐厅及娱乐设施所处楼层、名称、特色(供应何种菜肴)、营业时间及餐位数。

⑥ 宴会与会议设施,包括饭店宴会厅、会议室、多功能厅等。

⑦ 健康中心。健康中心设施一般包括健身器材的健身房、桑拿浴、蒸汽浴、按摩浴池、保龄球场等,另外还有健康吧、休息处。

⑧ 商务中心。商务中心设施包括私人会议室、办公室,提供各种秘书服务(如翻译、传真、电传、影印、文字处理、邮寄、快递服务、打字及计算机租用等)。

当然,在全面分析饭店产品与服务的基础上,更主要的是要分析出本饭店的独特销售点。这可以从下面的几方面着手,先分析外部环境、经济发展势头,进而延伸到本地区的旅游规划、旅游发展的目标(如计划中的旅游发展区域、新建旅游景点及分布等)。接着分析饭店所处地理位置是否受益于区域内旅游发展规划,受益于商业、社会发展规划,如邻近地区内计划兴建的旅游景点、贸易展览中心,饭店是否被列入旅游发展特别规划等。

5.1.2 客房销售基础知识

前厅部的主要工作任务之一就是销售客房商品,前厅部的服务人员应充分利用自身的优势条件,熟悉和掌握客房销售技巧,适时、成功地销售客房及饭店其他产品,最大限度地提高客房出租率,实现收益最大化。为了增加客房销售收入,总台接待员的工作不仅面向客人办理入住手续、排房,而且在接待服务工作中更应搞好面对面的对客销售。总台销售工作的成功与否,直接影响到客人对饭店的认识、评价和是否再次光顾,最终影响到饭店的经营。

1. 客房销售的一般工作要求

对于总台接待人员来说,要在接待过程中成功地销售客房及饭店其他产品,自身要掌握相应的知识和信息,熟悉销售工作的要求。

(1) 销售准备

① 仪表仪态要端正,要表现高雅的风度和姿态。

② 总台工作环境要有条理,使服务台区域干净整齐,不零乱。

③ 熟悉饭店各种类型客房的情况,以便向客人介绍。

④ 了解饭店所有餐厅、酒吧、娱乐场所等各营业场所及公共区域的营业时间与位置。

（2）服务态度

① 要善于用眼神和客人交流，要表现出热情和真挚。

② 面部常带微笑，对客人表示"欢迎，见到您很高兴"。

③ 用礼貌用语问候每位客人。

④ 举止行为要恰当、自然、诚恳。

⑤ 回答问题要简单、明了、恰当，不要夸张宣传住宿条件。

⑥ 不要贬低客人，要耐心向客人解释问题。

一个讲礼貌、训练有素的前台服务人员是饭店经营最宝贵的财富之一，他所留给客人对饭店的第一印象，将决定客人是否再次光顾，甚至会决定客人是否自动为饭店宣传，扩大饭店的影响。

（3）销售工作

① 要善于用描述性语言向客人介绍几种客房的优势，说明能给客人带来的好处，以供客人选择，但不要对几种客房作令人不快的比较。

② 不要直接询问客人需要哪种价格的房间，应在介绍客房情况的过程中，揣摩客人的心理。

③ 要善于观察和尽量弄清客人的要求和愿望，有目的地销售适合客人需要的客房。

④ 不要放弃对潜在客人推销客房。必要时可派人陪同客人参观几种不同类型的客房，增进与客人之间的联系，这将有助于对犹豫不决的客人促成销售。

2. 客房销售的具体要求

（1）熟悉、掌握本饭店的基本情况及特点

大部分客人并不十分了解饭店的设施和服务内容，为了信心十足地向客人介绍和提供建议，接待员必须熟悉和掌握本饭店的基本情况及特点，包括：饭店所处的地理位置及交通情况；饭店建筑、装饰、布置的风格及特点；饭店的等级与类型；饭店的服务设施与服务项目的内容及特点；饭店产品的价格与相关的销售、推广政策和规定等。了解和掌握上述信息，是做好客房销售工作的先决条件。同时，也要对饭店的主要产品之一——客房进行完整的了解，如各类房间的面积、色调、朝向、功能、楼层、价格及计价方式、特点、设施设备等，接待员只有对以上内容了如指掌，才能向客人详细介绍，提高销售成功率。

（2）了解和掌握竞争对手的情况

在饭店业竞争日趋激烈的情况下，准确、全面、完整地获得竞争对手的信息，是饭店占据优势的有力手段，也是制定营销策略的客观依据。接待员在详细了解本饭店的产品情况基础上，还要熟悉竞争对手的有关情况，掌握本饭店与竞争对手在饭店产品的质量、内容、特点、功能以及价格等方面的异同，扬长避短，充分挖掘自己饭店的特点和优势，加以着重宣传，吸引客人的注意力。

（3）熟悉本地区的旅游项目与服务设施

接待人员通过宣传本地区的城市功能特点以及在此地举行的相关活动内容使客人对当地产生兴趣，增加在本地逗留的时间和机会，加深饭店在客人心中的印象，增加客人的回头率,进而提高饭店的营业收入。

(4)注意分析客人的心理需求

不同的客人会有不同的需求,接待员应根据客人的年龄、职业、国籍、身份等方面情况,初步判断客人的支付能力、消费需求等,从而适时有针对性地开展销售工作。销售客房的过程看似简单,但其中却包含着很强的艺术性、技巧性。它来源于对客人言谈举止的细心观察和判断;取决于接待人员对客人消费心理和需求的正确把握。只有通过细致观察和耐心了解,才有可能把握客人的特点,才有助于同客人沟通和交流,有利于成功地推销客房及其他饭店产品。

(5)表现出良好的职业素质

前厅部是客人接触饭店的第一个环节,客人对饭店服务的体验是从前厅部员工的仪容仪表和言谈举止开始的。因此,接待员必须以真诚的态度、礼貌的语言、得体的举止、高效的服务,接待好每一位客人。接待员为人热情、开朗,对自身工作岗位热爱,对客人积极、主动,都是进行成功推销的前提及必要保障之一。

子任务 5.2 总台销售技巧

从销售全员性的角度出发,前台接待人员的工作不仅是接受客人预订,为客人安排房间,还要善于推销客房及其他产品,最大限度地提高客房出租率,增加综合销售收入。因此,接待员不仅要熟悉客房销售的要求和服务程序,更要掌握正确的销售方式、方法,也就是要讲究销售的技巧。在熟悉饭店的各种产品的基础上,要善于分析客人的消费心理,区分不同类型客人的特点与需求,兼顾饭店和客人双方的利益,恰到好处地宣传、推销饭店的客房及其他产品。

5.2.1 把握客人的特点

每家饭店都在千方百计地寻求自己的客源,以实现经营目标。前厅服务人员应着重了解本饭店寻求的客源有什么特点,饭店能为他们提供什么产品,也就是要把握客人的特点进行销售。要把握客人的特点,必须了解客人的年龄、职业、国籍、身份等,然后针对客人的特点,灵活运用销售政策与技巧。

不同类型的客人有不同的特点,对饭店服务也就会有不同的要求。例如,商务客人一般是因公出差,对房价不太计较,而且重复入住饭店的可能性极大。前厅服务人员应根据其特点,向他们推销环境安静舒适、有宽大的写字台、光线明亮、办公设备齐全、便于会客、价格较高的客房或商务套房。有些饭店还在向商务客人推销的客房房价中包括提供免费早餐、饮料以及免费洗衣等服务项目。另外,对商务客人而言,他们工作是不分淡旺季的,前厅服务人员在经营的旺季,应注意为这类客人留有一定数量的房间。若商务客人对饭店的服务感到满意,他们很可能成为饭店的常客;对于度假旅游的客人,应向他们推荐景色优美、价格适中的客房;为度蜜月的新婚夫妇推荐安静、不易受到干扰的大床房；为知名人士、高薪阶层的客人推荐套房；为带孩子的父母推荐连通房或相邻房；为老年客人或行动不便的客人推荐靠近电梯、餐厅的客房等。只有通过细致入微的观察和认真的分析，才能抓住客人的心理，使销售工作更具有针对性，为饭店争取更多的客源。

【情景模拟 5-1】

　　某日，一位香港常客来到某饭店总台要求住房。接待员小郑见他是常客，便给他 9 折优惠。客人还是不满意，他要求饭店再多给些折扣。此时正是旅游旺季，饭店的客房出租率甚高，小郑不愿意在黄金季节轻易给客人让更多的利，香港客人便提出要见经理。

　　其实，饭店授权给总台接待员的卖房折扣不止 9 折，小郑原可以把房价再下调一些，但他没有马上答应客人。一则他不希望客人产生如下想法：饭店客房出租情况不妙，客人可以随便还价；二则他不希望给客人留下这样的印象：接待员原可以再多打一些折扣，但他不愿给，只是客人一再坚持后才无可奈何地退让，大饭店员工处理问题不老实；三则他希望通过前厅经理让利让他感到前厅经理对他的尊重。小郑脑中闪过这些想法后，同意到后台找经理请示，他请香港客人先在沙发上休息片刻。

　　数分钟后，小郑满面春风地回到总台，对客人说："我向经理汇报了您的要求。他听说您是我店常客，尽管我们这几天出租率很高，但还是同意再给您 5 美元的优惠，并要我向您致意，感谢您多次光临我店。"小郑稍作停顿后又说："这是我们经理给常客的特殊价格，不知您觉得如何？"

　　香港客人计算一下，5 美元相当于半折，这样他实际得到了优惠折扣便是 8.5 折，这对于位于南京路，又处在旅游旺季的三星级饭店来说，已经是给面子的了。客人连连点头，很快便递上回乡证办理入住手续了。

　　大家知道，销售客房是前厅部最主要的任务，那么，怎样才能很好地将客房销售出去，并且在销售过程中确保饭店的利益，这就需要前厅销售人员掌握一定的销售知识和销售技巧。

　　上述情景中，前厅部是怎样将客房销售出去的？前厅销售的仅仅是销售客房本身吗？能够吸引客人前来入住的因素还会有什么？

5.2.2　突出客房商品的价值

　　销售客房商品的过程中，接待员要强调客房的使用价值，而不仅仅是价格，因为客人购买的就是客房的价值。但是客房价值的大小是通过价格体现出来的，只有价格与价值相对平衡时，客人才会认为物有所值。客房的价值必须通过服务人员宣传，客人才能理解，从而使客人乐于接受。例如，在与客人洽谈的过程中不能简单地说："一间 300 元的客房，您要不要？"而应该根据客人及客房的特点，推销时适当地进行描述。例如，刚装修过的、具有民族特色的、能看到美妙景色的、十分安静而又豪华舒适的、最大的而又在顶层的房间等。除了介绍客房的自然状况特点外，还应该强调客房为客人本身带来的好处。例如,"孩子与您同住一套连通房,您可以不必为他担心。""由于这间房间很安静,您可以好好休息,不受干扰。""这间房间最适合您了,这将方便您与其他人联系。"

只有证实了客人的特殊需要,才有可能在强调客房的价值时,做到有针对性。前厅服务人员只有通过深入的调查研究,才能发掘各类型客房的特点。在没有认真地介绍客房前,不要急于报价。下面是两个报价的例子可作参考:"在六楼有一间最近才装修过的客房,房间面江,很安静,便于您休息,而且离电梯也不远,它的价格是 500 元。""恰好有一间您所希望的大床房,在这个客房内可以看到美妙的山景,行李员会帮您把一切安顿好的,这个客房的价格只有 300 元。"报价后,如有可能,还应介绍可提供的服务项目,例如:"这个房价包括两份早餐、服务费、一杯由酒吧提供的免费饮料。"这种将价格放在所提供的服务项目中的"三明治"式报价方式,能起到减弱价格分量的作用。

在通常情况下,等级越高、质量越好的房间,其价格也就越高。如果把价格与价值比作天秤的左右两端,卖方与买方各掌一端,当价格一头砝码重(价格高)的时候,服务人员应充分运用语言艺术,使另一头砝码的分量(价值)加重,使两端保持基本平衡,促成双方成交,这就是"加码技巧"的运用。

总之,强调客房的价值,回答客人希望了解的关键问题,即付了这个价钱,能得到什么;这间房间是否值这个价钱。在介绍客房过程中,任何不切实际的夸张或错误的介绍都应坚决避免,因为客人会很快地发现所有不实之处,从而产生上当受骗的感觉。

5.2.3 针对性地向客人提供价格选择的范围

许多饭店的接待员在向客人介绍客房时,为客人提供一个可供选择的价格范围。如果客人没有具体说明需要哪种类型的客房,前厅服务人员可根据客人的特点,有针对性地推荐几种价格不同的房间,如两种至三种,以供客人选择。如果只推荐一种客房,就会使客人失去比较的机会。推出的价格范围应考虑到客人的特点,一般来说,由较高价到较低价比较适宜。例如,"靠近湖边,新装修的客房是 500 元";"进出方便、别墅式的客房是 400 元";"环境安静、景色优美、在四楼的客房是 300 元"。然后问客人:"您喜欢哪一种?"

除客人已指定客房的情况外,由高向低报价,往往能使多数客人选择前几种较高价格的客房,至少,在客人有可能选择最低价格的情况下也会选择中间价格,因为人们往往避免走极端。由高价向低价报,还可以使服务人员在觉察到客人认为价格太高的情况下,有推出较低价格的余地。在口头推销中,向客人推荐的价格以两种为宜,最多不能超过三种,因为价格种类太多,客人不易记住。

在洽谈房价的过程中,前厅服务人员的责任是引导客人、帮助客人进行选择,而不应硬性推销,以致得不偿失。客人可能会因不喜欢某类客房或价格过高而找托词,前厅服务人员不要坚持为自己的观点辩护,更不能贬低客人的意见,对客人的选择要表示赞同与支持,要使客人感到自己的选择是正确的,即使他选择了一间最便宜的客房。

5.2.4 坚持正面的介绍以引导客人

前厅服务人员在向客人介绍客房时,应坚持采用正面的说法,要着重介绍各类客房的特点、优势以及给客人带来的方便和好处,不要作不利的比较。例如,饭店只剩下一间客房时应该说:"您运气真好,我们恰好还有一间漂亮的标准间。"不能说:"很不幸,这是最后一间房间了。"让客人觉得是在用别人剩下的东西。应该问:"您在这里住多久?"而不应该问:"是不是只住一晚?"在销售客房的过程中,要把客人的利益放在第一位,以不影响客人的利益为前提,宁可销售价格较低的客房,使客人满意。如果客人感到他们是在被迫的情况下接受高价客房的,那么虽然这次得到较多的收入,但却失去了今后可能得到的更多的收入的机会,只有满意的客人才会成为回头客。

5.2.5 采用适当的报价方式

为了搞好总台销售工作,接待员必须了解自己饭店所销售的产品和服务的特点及其销售对象。其中,掌握对客报价法方法和推销技巧是做好销售工作的重要前提,所以,不断地研究总结和运用这些方法和技巧,已成为销售工作取胜的一个重要环节。对客报价是饭店为扩大自身产品的销售,运用口头描述技艺,引起客人的购买欲望,借以扩大销售的一种销售方法。其中包含着推销技巧、语言艺术、职业品德等内容,在实际推销工作中,非常讲究报价的针对性,只有适时采取不同的报价方法,才能达到销售的最佳效果。掌握报价方法,是搞好推销工作的一项基本功,以下是饭店常见的几种报价方法。

1. 高低趋向报价

高低趋向报价是针对讲究身份、地位的客人设计的,以期最大限度地提高客房的利润率。这种报价法首先向客人报出饭店的最高房价,让客人了解饭店所提供房间最高房价以及与其相配的环境和设施,在客人对此不感兴趣时再转向销售较低价格的客房。接待员要善于运用语言技巧说动客人,高价伴随的是高级享受,促使客人作出购买决策。当然,报价应相对合理,不宜过高。

2. 低高趋向报价

低高趋向报价可以吸引那些对房间价格做过比较的客人,能够为饭店带来广阔的客源市场,有利于发挥饭店的竞争优势。

3. 交叉排列报价法

交叉排列报价法是将饭店所有现行价格按一定排列顺序提供给客人,即先报最低价格,再报最高价格,最后报中间价格,让客人有选择适中价格的机会。这样,饭店既坚持了明码标价,又维护了商业道德,既方便客人在整个房价体系中自由选择,又增加了饭店出租高价客房的机会,从而获得更多收益的机会。

4. 选择性报价法

采用选择性报价法要求总台接待人员善于辨别客人的支付能力,能客观地按照客人的兴趣和需要,选择提供适当的房价范围,一般报价不超过两种,以体现报价的准确性,要避免选择报价时的犹豫不决。

　　5. 利益诱导报价

　　利益诱导报价是一种对已预订一般房间的客人,采取给予一定附加利益的方法,使他们放弃原预订客房,转向购买高一档次价格的客房。

　　6."冲击式"报价

　　"冲击式"报价指先报出房间价格,再介绍客房所提供的服务设施和服务项目等。这种方式比较适合推销价格较低的房间,以低价打动客人。

　　7."鱼尾式"报价

　　"鱼尾式"报价指先介绍客房所提供的服务设施和服务项目及特点,最后报出房价,突出客房物有所值,以减弱价格对客人的影响。这种方式比较适合推销中档客房。

　　8."三明治"式报价

　　"三明治"式报价又称"夹心式"报价。此类报价是将价格置于所提供的服务项目中,以减弱直观价格的分量,增加客人购买的可能性。此类报价一般由总台接待人员用口语进行描述性报价,强调提供的服务项目是适合于客人的,但不能太多,要恰如其分。这种方式比较适合推销中、高档客房,可以针对消费水平高、有一定地位和声望的客人。

　　9. 灵活报价

　　灵活报价是根据饭店的现行报价和规定的价格浮动幅度,将价格灵活地报给客人的一种方法。此报价一般由饭店的主管部门规定,饭店根据实际情况,在一定价格范围内适当浮动,灵活报价,调节客人的需求,使客房出租率和经济效益达到理想水平。

　　综上所述,尽管接待员的报价方法很多,有些方法甚至相互对立,然而在饭店的经营实际中,由高至低报价法仍然是较科学而实用的。无论是提供选择余地、先推销高价客房,还是介绍所有房价,都应遵循由高至低报价的原则。我国大多数饭店都属于明码标价,在此基础上必须坚持从高到低推销客房的方法,才能使高价或较高价客房首先出租。推销客房需要大量的思考与实践,接待员应该在开房时注意观察客人的心理活动和反应,只有以热忱的态度及对客房艺术性的描述语言和适当的报价技巧,才能顺利完成推销高价客房的任务。

5.2.6　注意推销饭店其他产品

　　在销售客房的同时,不应忽视饭店其他服务设施和服务项目的推销,要使客人感到饭店产品的综合性和整体性。前厅服务人员销售饭店的其他服务设施和服务项目时,应注意时间和场合。如客人在傍晚抵店,可以向客人介绍饭店餐厅的特色,还可以向客人介绍饭店内的娱乐活动;如客人深夜抵店,可以向客人介绍24小时咖啡厅服务或房内用餐服务;如经过通宵旅行,客人清晨抵店,很可能需要洗衣及熨烫外套,这时可以向客人介绍饭店的洗衣服务。接待人员的推销如能迎合客人的需求,客人不仅会乐于接受,而且会对此心存感激。饭店的设施和服务项目,如果不向客人宣传,就很可能长期无人使用,因为客人不知道还有这些设施和服务项目。其结果是,客人感到不方便,饭店也因此损失了销售机会而影响了营业收入。因此,前厅部服务人员要细心地了解客人的需求,主动向客人介绍饭店的其他服务设施与服务项目,以增加饭店的营业收入。

5.2.7 特殊情况下的销售技巧

1. 对"优柔寡断"客人的销售技巧

有些客人,尤其是初次住店的客人,也可能听完接待员对客房的介绍后,仍然不能作出决定。在这种情况下,接待员应对他们倍加关心,认真分析客人的需求心理,设法消除客人的各种疑虑,任何忽视、冷漠与不耐烦的表现都将导致客房销售工作的失败。在与犹豫不决的客人洽谈时,前厅服务人员应注意观察客人的表情,设法理解客人的意图。可以用提问的方式了解客人的特点及喜好,然后有针对性地向客人介绍各类客房的优点。也可以运用语言和行动促使客人下决心。如递上住宿登记表说:"这样吧,您先登记一下……"或者"要不您先住下,如果您不满意,明天再给您调换房间"等。如果客人仍然保持沉默或者犹豫不决,可以建议客人在服务人员的陪同下,实地参观几种类型的客房,使客人增强对房间的感性认识。如果使用的方法恰当,这部分客人有可能成为饭店的常客。在对这部分客人销售房间时注意如下技巧。

① 了解动机(度假、观光、娱乐),针对不同情况,灵活机动地开展销售工作。

② 要在推销的同时介绍饭店周围的环境,增加感染力和诱惑力。

③ 熟悉饭店的各项服务内容,附加的小利益往往起到较好的促销作用。

④ 需要多一些耐心和多一番努力。

2. 对"价格敏感"客人的销售技巧

① 总台员工在报价时一定要注意积极地描述住宿条件。

② 提供给客人一个选择价格的范围,要运用灵活的语言描述高价房的设施优点。

③ 描述不同类型的客房时,要对客人解释说明客房特征和设施特点。

④ 熟悉本饭店的特殊价格政策,认真了解价格敏感型客人的背景和要求,采取不同的销售手段,给予相应的折扣,争取客人住店。

3. 工作繁忙时的销售

由于团队客人和外地客人的到店时间比较集中,往往会出现客人排长队的现象,客人会表现出不耐烦。这时就需要总台员工做到以下几点。

① 做好接待高峰前的接待准备工作,了解会议及团队到店时间。以减少客人办理入住手续的等候时间,同时也要注意房况,确保无误。

② 入住高峰时,要确保手头有足够的登记所需的文具用品,保证工作有序完成。

③ 入住高峰,可选派专人指引,帮助客人办理登记,以缩短客人的等候时间。

④ 按"先到先服务"原则,认真接待好每一位客人,做到忙而不乱。

复习思考

一、选择题

1. 旅游旺季,住店客人要求延期居住,而当天饭店已预订满,前厅员工应按(　　)处理。

　　A. 把住店客人委婉劝离店　　　B. 将抵店客人安排在其他饭店

　　C. 劝住店客人调房　　　　　　D. 向抵店客人说明情况,调整其预订房的种类

　　2. "豪华套房温馨舒适,房内设施设备先进,配有一流的按摩浴缸,保健枕头,还能够上网冲浪,入住后还可享用免费的早餐,免费打行李、擦皮鞋,房价每晚980元。"属于(　　)报价方式。

　　A. 低高趋向报价　　　　　　　B. 选择性报价

　　C. "三明治"报价　　　　　　　D. "鱼尾式"报价

二、简答题

　　1. 客房销售中有哪些具体要求?

　　2. 为了搞好总台销售工作,需要掌握哪些对客报价法方法?

三、案例题

闪电促销——高密度主动出击

　　背景资料:市场调研是市场战略的第一步,在对市场形势初步了解后,接下来该做的便是怎样运用合适的促销战术去开拓巩固市场。打个比方,当喜来登集团每接手一家新饭店后,总是立即发动一场闪电式销售大战,以高密度的出击来迅速改变市场格局,其效果相当可观。

　　喜来登饭店公司是著名的跨国企业——美国国际电报电话公司(AT&T)的子公司。多年来,它一直紧跟假日公司,保持在世界大饭店联号中排行第二的位置。到1989年,其麾下旅馆总数已达540家,拥有154万套客房,遍布全球72个国家。短短几十年间,从3家小旅馆起步,亨德森先生是怎样建立起如此庞大的饭店王国的呢?其经营与管理有什么独到之处呢?下面即将介绍的一次成功的销售行动也许能为我们揭开谜底。

　　1962年深秋的一天,位于波士顿60大街的喜来登饭店公司总部经理格外忙碌。雄心勃勃的董事长亨德森先生不顾65岁的高龄亲自主持管理高层的办公会议。引人注目的是除了公司主要骨干之外,还有60多名来自各地的专职销售员也出席了会议。他们大多数刚刚走出机场,风尘仆仆,然而显得非常的平静,毕竟对于这样的场面他们已经非常熟悉了,而且不用多问,就已经知道被招来总部的真正的原因是亨德森先生收购了一家饭店,喜来登大家族里增添了新成员。亨德森先生是北美商界出了名的经营高手,被誉为"最佳意义上的资本家"。他最擅长看准机会,收购一些经营不善而富有潜力的饭店。买到手后,他再重新设计,更新调配设备,改善经营,使旅馆本身增值,然后再看准高价出手。当然,这种看似简单的方法并不是任何人都可以仿效的。除了收购改造所需要的大量资金外,还要求高超的经营技巧,确保能使饭店增值。

　　喜来登饭店促销工作的成功是全球首屈一指的,有很多可圈可点之处。首先是长期一贯的高收入,每年仅美国境内本土的广告宣传费就超过4000万美元,特聘固定的广告公司长期服务。其次是举办多种有创意的促销活动、优惠常客的喜来登国际俱乐部活动、针对商务旅游者的喜来登公务旅行者计划(SET)、"喜来登家庭旅行计划"等。至于创立全球性的"预订网络"和率先设置"无烟客房"等举措,则早已为饭店业界纷纷效仿。当然最卓有成效的还是著名的"闪电促销战术"。

　　这一次收购的新饭店是一家有200间客房、经营5年的汽车旅馆,设有可容纳100个

座位的咖啡厅,能为120人提供服务的酒吧,容纳500人的餐厅,而这个餐厅可以分割为3个容纳150人的会议厅,还有一个由4个容纳50人的小厅组成的大会议厅。新饭店还设有能提供许多娱乐设施的室内游泳池、4个室外网球场、4套豪华套房、10间行政办公室以及可以停放250辆轿车的停车场。在喜来登集团接手以前,这座有一流设施的饭店已连续几年亏损,客房出租率连年滑坡,一度低于20%,餐厅、娱乐收入则更是每况愈下。举步维艰,回天无力的店主只好忍痛低价将它出售了。亨德森先生已经以低于建造成本的理想价格购得了这座富有潜质的饭店,在紧锣密鼓交接工作之后,由60多位销售员组成的销售小分队出发了,"销售闪电战"也拉开了帷幕。

首先是全面细致的市场调查。60多名经验丰富的销售员像蝗虫一样地钻进了新饭店所在的城市。他们马不停蹄,不知疲倦地走访、咨询,灵敏的触角伸进了城市的每一个角落,每天都有大量的市场信息源源不断地传送给设在饭店五楼的"销售攻坚部",总部里干练的统计分析人员将这些信息汇总,最后整理出详尽完整的饭店市场分析报告。

1. 主要客源

(1) 本地150家生意兴隆的轻工生产厂家,主要是改装配修厂和代理机构。

(2) 三所主要的大学,即阿城工学院、医科大学和文法学院。

(3) 经过饭店的全国州际公路出口处。

2. 客源消费规律

(1) 星期一至星期四晚上生意不好,来客稀少,除非大学举行足球赛、毕业典礼或一些特殊事情发生。

(2) 旺季集中在9月到来后,夏季是明显的淡季。

(3) 主要住店客人首先是出差的商务客人和当地的工人、大学办事人员。其次是学生的父母,到大学的一般来访者以及参加特殊活动的人。再次是少量过路人。

(4) 在市场占有率较高时期,食品和酒吧的生意主要来自住店的客人。住店商务会议举行宴会的生意也不错,大多是当地各工厂参加的会议。

(5) 本地散客市场潜力大,但顾客普遍认为饭店客房价格过高,尤其是停车场每天五美元的收费让人难以接受。

(6) 饭店的食品、娱乐项目根本没有打开本地市场,本地人在饭店举行婚宴或一日庆典的非常少。

明确了市场形势以后,销售部被分成了六个小分队,受命在一个月的时间内迅速打开当地市场,获得尽可能多的会议、宴会、庆典等活动的订单,并建立起覆盖全城的客源网络,确保饭店能获得占优势地位的市场份额,使饭店迅速上升为全城最好的饭店。6个小分队各由一名资深的区域销售经理带队,负责某个方面的攻关。

第一分队由科夫曼博士率领,专攻三所大学的市场。他们向各校的系主任寄出调查表,咨询他们对饭店的看法,以优厚的条件聘请他们成为饭店的销售代理人,并免费提供场地,邀请大学师生于周末在饭店组织一些专题研讨会,例如如何在证券市场上投资,学习如何打网球,政府的福利政策计划研讨等;同时鼓励学校前来举行各种校友集会、毕业庆典活动。

第二分队由德塞利女士主持,召集全城各工厂的女秘书、女经理聚会,建立秘书俱乐部和女经理俱乐部,为会员发放优惠金卡,并对她们揽来的业务进行积分奖励。全年度招揽业务最多者获得最新款的福特跑车一辆。

第三、第四分队由约翰逊先生统领,主攻本地的散客市场。他们将全城居民分为20个小片,每个销售员负责一小片,并根据各片实际情况不同,确立相应的业务指标。销售员们八仙过海,各显神通,使出各自的看家本领,文质彬彬地钻进了所有的居民小区,短短一个月时间,几乎走访了全城20万居民中的80%,并对其中约3000户居民进行跟踪推销,发放至少一万张一次性优惠卡,并成功地接到了300多份预订单,足够餐饮部忙活大半年了。

第五分队由斯特思先生领衔,主要是协调与当地所有公司、公共机构的关系,并从中获取订单,发展建立起庞大的代理人网络。

第六分队由琼斯小姐负责,主要是处理与当地传媒和过境客户的关系,她们在支付了一笔可观的广告费用之后,获得了本地几大电视网的黄金时段的广告权,并且因此招致了全国几十家执行机构的垂询。

一个月以后,喜来登的阿城饭店重新开张,顿时生意爆满,令所有竞争对手羡慕不已,然而笑得最开心的还是亨德森先生,这是他“闪电促销战术”的又一次胜利,我们又救活了一家新饭店,哦,应该说:“我们又收获了一片市场!”

问题:请分小组对案例进行评价。

实践训练

【**实训目的**】　通过实训,明确销售客房的基本知识、程序,掌握销售客房的方法、语言技巧。

【**实训内容**】　针对散客特点推销不同档次的客房。

【**实训时间**】　4课时。

【**实训方法**】

1. 准备工作

笔、便笺、计算器、模拟工作台、房价表、饭店近期推出的客房促销、奖励活动计划。

2. 实训过程

第一步,教师首先讲解示范、说明训练要求及训练时的特别注意事项,然后将学生两人一组分为若干个训练小组。

第二步,给出学生训练操作程序及训练标准(如下),要求学生根据训练的程序、标准去做。操作程序:观察、沟通了解客人需求→使用语言技巧推销客房→采用不同的报价技巧→促使成交。

第三步,学生分组分别扮演接待员及客人的角色,进行客房销售情景模拟。

第四步,教师不断巡视、指导、示范、检查,纠正个别错误,集中讲评一般错误。

第五步,课堂总结。针对实训情况进行评价,要求学生能够扬长避短,课后进一步进行情景模拟训练。

【实训考核】

项目	针对顾客特点恰当销售,使用销售技巧	语言表达	仪表规范	得分
分值	60	30	10	

【情景模拟5-2】

解释房间价格时

客人:这个房间怎么每晚860元呢?

接待员:此房价听起来确实是高了点,但是房间配有冲浪浴设备,能让你享受全新的体验;床垫、枕头还具有保健功能,在让您充分休息的同时还能起到预防疾病的作用……

给客人比较机会时

客人:说说你们这儿都有些什么房间?

接待员:靠近湖边,新装修过的客房每晚500元;进出方便、别墅式的客房每晚400元;还有环境安静,景色优美、在四楼的客房每晚300元,您看,您喜欢哪一种?

化不利因素为有利因素时

客人:房间窗外景色怎样?

接待员:外景色虽然不够好,但是这间客房非常安静,能让你得到很好的休息……

客人:房间靠近泳池是不是不安静啊?

接待员:靠近游泳池的房间可能会有噪声干扰,但是您想游泳却很方便,现在天气很热,游个泳会让您神清气爽……

采用不同的报价方式时

客人:你们这儿的房价怎样?

("鱼尾式"报价)

接待员:豪华套房温馨舒适,房内设施设备先进,配有一流的按摩浴缸,保健枕头,还能上网冲浪,入住后您还可享用免费早餐,免费打行李、擦皮鞋,房价每晚980元。

或:套房采用布艺装饰、家具,能使您置身于西洋艺术氛围之中,给您带来耳目一新的感觉、美的享受;入住后还可享受免费早餐,免费打行李……房价每晚980元。

("三明治式"报价)

接待员:商务套房配有高贵、典雅的欧式家具,古典中不失时尚,颇具艺术气息,房价每晚980元;这样的房间非常适合您的身份,这个房价中还包括一份早餐、一张免费的健身卡,一张洗衣中心西服免费熨烫单……

("冲击式"报价)

接待员:标准间,每晚280元,房内高清晰大屏幕电视能收看86个免费频道,还可以欣赏到收费节目,能让您真正享受电视精神大餐……

遇到犹豫不决的客人时

客人:让我想想,到底住不住呢?

接待员:要不这样,您先办手续住下,如果您对房间感到不满意,明天我们再给您换房,您看好吗?

课后阅读

饭店电话销售技巧培训

一、工作前的准备

1. 物品准备

(1) 三种颜色的笔

① 削好的铅笔：通常用来做日常的备忘录；

② 红色的笔：作重点记录用，非常显眼；

③ 黑色的笔：作平常的记录用。

(2) 便笺纸

有时在电话中顾客会比较忙，说其他时间比较方便联系，或是哪个时间段要出差等，便笺纸会提醒你及时问候客户，让你成为一个不健忘的人，及时快捷的服务让顾客感觉到你的不同之处。

(3) 笔记本

用来记录客户的一些基本资料，在记录时一定要标注时间和日期，以及电话中客户的一些特别情形或重点提示等。

(4) 镜子

在电话中，客户看不到我们面部表情以及肢体动作。但声音传递的不仅仅是说话的内容，更能传递你的精神及状态。所以我们需要随时调整自己的状态，让自己保持良好的面部表情和精神状态。

2. 客户资料的准备

(1) 资料收集的时间安排

上午：从书籍、报刊里找资料；下午：从商务网站里找资料；周末：到展会现场收集名片及会刊。

(2) 资料收集的准备

资料收集工作需要准备 3 个文档：数据录入模板、行业网址分析以及数据情况分析表。

① 数据录入模板表：用于记录每天搜索的数据；

② 行业网址分析表：用于记录每天所找的网站和行业；

③ 数据情况分析表：用于分析每天数据开发后的情况，如寄卡率、有效率、好客户率等。

(3) 资料收集的判断

① 分析公司规模、人数、注册资金；

② 判断公司性质；

③ 按照某一地区做得比较好的行业来判断。

(4) 资料收集的分析

利用以下表格对资料进行分析。

数据情况日分析表：把每天销售员反馈的数据进行总结，包括行业、总个数、总寄卡量、好客户个数、一般客户个数、勉强客户个数以及优点、缺点、建议。

数据情况日分析总表：将每天的数据按行业整理到总表里，数据累积到一定的量就可以分析出哪些是较有效行业，并分析开发过的数据情况。

数据产出分析表：将不同行业产出的客户进行统计，以对比产出率。

3. 态度的准备

对于电话销售工作，你抱什么样的态度将对你销售结果起着至关重要的作用。如果你当天心态好、精神好，寄信量会比平时多 10％～15％；如果你去查每个月的新增客户时，你发觉有些新增客户都会集中在同一天，或相对集中，出现这样情况的原因有两个，一个就是当天的数据非常好，还有一个就是你当天的态度和精神非常的好。

（1）热忱

热忱才可能融化冷漠的冰。没有人愿意听到电话里的声音是冷冰冰的，有气无力的。只有你热忱时，顾客才会感觉到你的产品的价值，电话销售完全是通过声音的判断，声音将对顾客有很大的影响。

（2）自信

销售是信心的传递，情绪的转移。客户是否接受你的服务只是一念之间决定的，而这一念完全取决于你给了他们什么样的信息，是让他们产生好感，还是让他觉得厌烦？我们打电话时一定要有自信，自信来源于百分百的相信并了解我们公司的服务（包括竞争对手的服务），因为我们只有了解竞争对手的产品及服务后，才能使我们帮助客户作有效的比较。

（3）真诚

任何的方法与技巧都不会大过你的真诚。我们要努力地让客户明白我们所说的和所做的一切都是为其提供更优惠、更方便的服务，帮助他们解决他们所不能解决的问题。要打开客户的心房，消除客户的疑虑，才能让客户真正地接受我们，并且愿意去尝试我们的服务。

二、工作的开展过程

1. 客户开发流程

（1）开场白

① 问候客户并报上自己的公司及名字。一定要先报出公司的名称，然后再报自己的姓名。在电话中要真诚、热情、有礼貌。

② 确认客户。确认接电话的对方是否是自己要找的人；与客户接通电话后，再次热情地问候："您好！"最好重复两次以上，以建立亲和力。

③ 询问客户此时通话是否方便。要尊重客户的时间安排；如果拨打对方手机最好询问对方旁边是否有座机，并提议用座机联系。

（2）开发过程

① 基本用语。

当对方不方便讲电话时："不好意思打扰了，您大概什么时间比较有空，我给您打过来？或是我下午或是明天什么时间给您打来比较方便呢？"

当对方方便时："是这样子的，我今天是特意打电话过来问候您，想了解一下，您平时工作有没有经常到外地出差机会呢?""有没有需要自己预定酒店和机票呢?""那有没有接待客户订酒店和机票呢?"等。

当对方是前台时:"请问平时贵公司的老总、经理有没有到外地去出差的机会? 一般酒店和机票是由哪位同事负责预定的呢?"

② 通过这些问题来确认是否为我们找的准客户,然后再介绍饭店的服务。

③ 结束语:一定要跟客户重复核对地址,然后再说:"好的,我们会尽快把资料寄到您手上,谢谢您抽时间接听我的电话,希望以后有机会再为您服务。有不清楚的地方,可以随时拨打我们的800免费电话。谢谢!"一定要等对方挂断电话后,我们再轻轻地放回电话。

2. 开发过程几个需要注意的要素

(1) 声音的要素

① 要满怀热忱和活力;

② 避免用鼻音说话;

③ 善用停顿;

④ 注意发音,不能出现尖叫声;

⑤ 要变化说话的语调;

⑥ 调节说话的音量;

⑦ 注意说话的节奏;

⑧ 控制说话的速度。

(2) 提问的要素

① 提问开放型的问题,开放式的问题就是为引导对方能自由启口而选定的话题。如你想多了解一些客户的需求就要多提一些开放式的问题。能体现开放式的问题的疑问词有:"什么"、"哪里"、"告诉"、"怎样"、"为什么"、"谈谈"等。

② 封闭式的问题:封闭式的问题是指为引导谈话的主题,由提出者选定特定的话题,希望对方的回答在限定的范围之内。封闭式的问题经常体现在"能不能"、"对吗"、"是不是"、"会不会"、"多久"等疑问词上,例如,"那是不是您自己在安排呢? 那么由哪个同事或是哪个部门负责预订的呢? 一般是喜欢通过什方式来预订呢?"等等。

(3) 倾听的要素

对于每一个电话,聆听的艺术非常关键,在电话销售过程中,听要比说重要,善于有效地倾听是我们电话销售成功的第一步,多听多看,多闻少说,就能使你获得更多的信息。有效聆听要做到以下几点。

① 不要打断客户的讲话。在顾客讲话没有讲到完整的意思时,不要打断顾客讲话。

② 不要让自己的思绪偏离。打电话要集中注意力,聚精会神,注重电话当中顾客所说的每一句话。

③ 真诚,热情地回应顾客。在打电话过程中,一定要真诚热情地回应对方。对方说了半天,你在这边一点声音都没有,结果对方的感觉是你掉线了。你可以经常用"是的,对"等来回应。用自然的话语说出来,热情地回应顾客,就能够更好地得到顾客的认同。

④ 注意对方说话的语气和语调。很多人听话只听内容,不听语气和语调,很容易犯

下臆测、不正当解释的毛病。只有准确地听出对方讲话的语气、讲话的语调，才可以帮助自己第一时间掌握顾客的需求。

⑤ 表明你在认真聆听。比如说，有些客户说到对本饭店很多不满时，可以跟客户这样说："您可以重复一下当时的情况吗？我会记下来然后转交我们的相关部门，以后才能够做得更好。"这样会让客户感觉到你确实是在非常认真地听他讲话。

⑥ 了解回馈反应。在聆听时，重点不在于听而在于回应对方，沟通取决于对方的回应。在沟通过程中，不在于你讲了多少话，而在于对方的回应。我们一定要注重顾客的回馈。

⑦ 了解对方话语的内涵和外延。客户讲话时，往往不会说出真实的心里话，而需要我们进行分析，才能明白客户说话的真正含义，因此我们就要努力地听出他们话语的内涵是什么、外延是什么。

三、客户的维护

1. 客户维护的方式

（1）电话回访

电话回访在第一次维护以及日常维护中使用。

（2）短信问候

比较熟、比较忙、比较计较话费，或是不喜欢被打扰的客户，偶尔发个短信问候一下，客户会感觉到你的关心和重视，有需要时就会想到你了。发短信记得写上自己的名字和公司的名字。

（3）小礼品及贺卡

节日时可使用小礼品及贺卡。

2. 客户维护的时间安排

（1）寄信7天后至10天内；

（2）每天17:30～18:00及周末；

（3）所有节日。

3. 开发过程中潜在客户的分类

（1）好客户

出差或接待机会多，愿意接受，消费能力较强，是某订房中心的会员，愿意接受本酒店服务。

（2）一般客户

愿意参考的客户，是目标对象，但勉强接受，接线者转送，但能问到是否出差和消费能力，出差少消费高，出差多消费低，出差少但会经常旅游。

（3）勉强客户

问不到消费标准或消费能力，客户说寄过来再说，很少出差，但偶尔有旅游机会。

4. 客户维护用语的几个要素

客户维护没有很固化的用语，主要考虑以下几点：

（1）确认客户是否收到资料；

（2）及时了解客户的动态，与客户沟通增强信任；

（3）服务及产品存在问题的了解及疑问解答。

5. 客户维护的重要性

（1）及时确认客户是否收到资料；

（2）及时了解客户的动态及一些相应的要求；

（3）经常的问候使客户不容易忘记我们。

（资料来源：职业餐饮网. http://www.canyin168.com.）

前厅信息管理

任务描述

- 了解前厅部与饭店其他职能部门之间的协调关系
- 了解文档的管理
- 掌握前厅部客情预测及传递的方法和内容
- 熟悉客史档案内容并灵活运用于对客服务

　　前厅部担负着向所有来店客人提供问讯服务的责任。为此它要从店内外广泛收集信息,通过专职的问讯处、大堂副理和高素质的前台员工提供给客人。前厅还要每天将客房销售情况汇制成报表。收集到的其他信息,如客源市场、客人需求、反馈意见等信息也将汇总,上报饭店管理机构并通报各有关部门。此外前厅部还通过为来店一次以上的客人建立档案、管理客情信息,来掌握常客、长住客、重要客人资料和服务需求,使再度接待时能主动提供所需服务。由前厅收集和对内外发送的信息越多,对饭店改善管理实现优质服务越有利。

　　作为饭店业务活动的中心和信息资料中心,前厅部是饭店最敏感的部门,随时反映饭店客房出租的现状和趋势变化,掌握着饭店经营管理所必需的大量信息和统计数据。饭店总经理等高层管理者无不密切关注前厅部,前厅部也将借助包括报表制度在内的信息传导系统,协助饭店管理机构调度指挥饭店业务经营活动,并为饭店今后选择经营方向,调整营销策略,改善管理方法提供重要参考依据。

子任务 6.1　客流预测与信息传递

　　客源分析与客流预测是前厅部又一项重要工作,关系到前厅部对客源市场动向的掌握情况,对于饭店制订销售计划、经营策略以及客用设备物资的配置都有很大影响。客源分配预测工作要求很高,涉及很多相关的部门和相关的学科领域。分析预测人员必须具有一定的经济理论知识和旅游业务知识,熟悉国际旅游市场和我国旅游市场的发展状况和趋势,了解本地区和周边地区的风土人情、风俗习惯,了解主要客源国的经济状况、旅游发展情况、政治文化状况、宗教信仰和特殊禁忌等。作为分析预测人员还要善于运用心理学知识分析客人心理,善于从错综复杂的各种情报资料中分析与发现问题,并具备一定的统计工作知识和能力,才能真正地做好分析预测工作。

6.1.1　客源分析

客源分析是客流预测的基础,一般包括如下两个层次。

1. 饭店客源市场动向资料的收集和分析

饭店客源市场动向分析是在旅游市场分析的基础上进行的。旅游饭店的客源市场错综复杂,国际饭店业的竞争也异常激烈。同行业之间的激烈竞争,国际政治经济形势的变化等,都会使饭店的客源市场受到影响。因此,前厅部的工作人员就有必要通过各种渠道和方法,掌握客源市场的变化情况,及时向饭店的决策管理部门提供必要的数据和统计资料,及时采取相应的措施,以适应千变万化的市场行情。那么,哪些资料需要进行收集和分析呢? 需进行如下资料的收集和分析。

(1) 要明确客人的旅游动机和旅游目的是什么? 要充分了解和分析他们为什么来中国旅游?

(2) 应明确客人的性质,即是哪类旅游者? 是商务旅游者,还是会议旅游者,或是家庭旅游者,等等,要有明确的认识。

(3) 统计旅游者的来源,即来自哪些国家和地区,他们有何需求。

(4) 明确销售目标,即本饭店以哪些客人为主要客源;哪些客人又可能成为潜在的客源? 本饭店是否有相应的、配套的服务措施和服务项目等。

(5) 对于可能成为主要客源国的国家的基本情况的收集与分析。主要有:该国家或地区的人民生活水平如何;人均收入水平如何;政治经济状况怎样;消费水平如何;有哪些度假习惯;有何消费习惯;等等。

⑥ 统计国际上主要客源国的数目,并确定客源的主要流向。主要了解:每个客源国的年出国旅游人数是多少;各类旅游者的数量及比例关系如何;众多旅游者中有多少人来中国旅游。通过查阅统计资料和本饭店历年的记载,统计来华旅游者中有多少抵达本地区和本饭店。通过查寻和统计收集资料,确定本饭店的客源组成。

在进行上述资料的收集和分析时,国际和国内的一些重大活动对客源情况的影响也不容忽视,要注意资料的收集,如:客源性质有无变化;客人构成类型有无变化;各类客人的构成比例有无大的变化;需要哪些服务项目;团队客人和散客的比例是多少;会议等活动结束以后,本地区的客源情况又有何变化;有多少客人可能成为回头客;各国客人的来华途径是怎样的,等等。作为预测人员必须心中有数,并能及时准确地分析所收集的数据和其他资料,这样才能作出较为准确的咨询预测。

2. 对饭店内部资料的收集分析

除了对旅游市场进行资料收集和分析外,也要对本饭店的资料和数据进行统计和收集整理,同时做好分析,这是做好本饭店客源分析和预测工作的基础。前厅部负责客源分析和预测的工作人员要总结和分析本饭店各部门的情报资料,包括前厅部、客房部、餐饮部、财务部等各部门的资料,找出某些规律性的信息。如:某一时期共预订了多少房间;实际入住的客人有多少;客人结构如何;团队与散客比例如何;客人有何消费习惯和要求;取消订房的客人有多少;改变抵离店日期的客人有多少,所占百分比如何;客人的以何种方式入住;客人的信用程度如何,客人对客房的喜好程度如何,有无特殊要求;淡旺季价格变化对客源有何影响,程度如何等。通过上述资料的收集,可以分析出本饭店的主要客源、各类客人比例数、设备设施的利用程度、客房使用情况,等等。还可以分析出预订客人与临时散客的数量关系、淡旺季客房销售情况、客人对饭店商品的需求情况等,便于决策人员决定是否超额订房,是否进行房价调整,应通过什么渠道来争取客源。

总之,不论是纵观国际旅游市场动向,还是分析饭店内部资料,都应了解客源的旅游动机、旅游目的、旅游者的心理活动,并根据旅游者的不同需求,有针对性地提供相适应的设备设施和服务项目,改善服务质量,完善服务环节,最大限度地争取客源。

6.1.2　客流预测

客流预测是在客源分析的基础上进行的。预测是归纳综合有关将来业务量的信息资料,并制成表格,向饭店各部门的经理提供预测结果的一项工作。各部门经理将根据预计的业务量确定所需员工人数,以满足工作需要,并合理利用劳动力。

预测工作,一般由饭店总经理和前厅部、客房部、餐饮部、财务部、销售部的各经理共同组成分析预测小组完成,并不局限于前厅部的内部。各部门经理参与预测有两个好处:第一,有助于预测顺利进行,因为预测是综合了饭店各个部门所提供的信息资料的结果;第二,预测的结果会被各部门经理认可,并用于指导本部门的工作,做到全店协调一致,共同经营。预测工作非常重要,关系到饭店的经营状况。因此,预测结果要求尽可能准确,要通过正确的预测形式来达到这一目的。预测的形式一般有两种,即长期预测和短期预测。

1.长期预测

长期预测指年度预测和季度预测,时间距离长,主要采用的是客房年度预测。预测营业收入和费用情况,是饭店整体运筹过程中的一部分,直接关系到饭店的销售情况、人力的安排,等等。相对而言,长期预测的准确性较短期预测差,但它是一种长期规划,必不可少。要使长期预测的准确性有保证,就要收集充足的资料,进行准确的数量统计分析。要进行客房销售年度预测必须有充分的资料做基础。这些资料一般包括三种:第一,饭店下一年度计划客房销售指标;第二,历年的客房实际销售情况资料,尤其是最近两年的资料;第三,有关下一年度客房预订情况的资料。在实施年度销售预测前,应对以上三类资料及客源分析数据资料加以细致研究、分析,找出客房出租率、平均房价和年度销售指标三者之间的联系。其中,对下一年度平均房价的制定等是预测关键,要求对影响房价制定的诸因素进行分析,如客源种类,团队和散客比例,客源渠道等,分别计算团体、散客的客房营业收入,再结合各自用房比例计算平均房价,并制定出淡旺季价和其他各种优惠价、折扣价的浮动百分比。运用相关公式计算出预测年度内每个月的客房销售的平均房价、出租率、客房营业收入总额和年度客房出租总天数。

2. 短期预测

短期预测也叫近期预测,是对饭店近期销售状况的预测。短期预测又可分为三种形式:十天预测、三天预测和明天预测。

① 十天预测。十天预测也可称为周预测,是一种按周作出的预测的形式,由前厅部经理和预测小组对饭店未来 10 天或两周的客房出租率作出预测。这种预测通常包括:每日所预测的有关客房占用情况的数字;抵离店人数;已售出客房数;住店客人数;各团体预订数;以及上次 10 天预测所得数字与实际的客房出租数和出租率等数据之间的对比情况。

② 三天预测。三天预测是一种最及时、准确的预测,它反映的是饭店可供出租房间的最新信息,详细列出在十天预测期间的房间、客人数等情况的变化。三天预测为最后时刻的销售和最大限度地提高客房占用率以及安排最基本的回头客提供了便利条件,同时也有助于经理们安排具体工作及配备工作人员,决定是否进行房价调整和限制房价。三天预测的基本内容与十天预测的内容基本相同。

③ 明天预测。明天预测也可称明日预测,是对明日抵达客人的预测,内容更为详尽,包括客人姓名、房间数量、客房类型、每日房价,等等。明日预测表一般由预订处根据订房资料制作,递交接待处,作为安排工作的重要依据。短期预测准确性较强,便于进行。做好短期预测可了解市场近期变化趋势,缩小淡旺季差距,以取得更好的经济效益。

6.1.3　信息传递

客情预测传递是客房预订的最后一环,又是前台宾客接待的前提,它起着承上启下、举足轻重的作用。为做好接待服务工作,预订处应在客人抵店前,将有关预订信息和指令以客情预测表的形式传送至饭店各相关部门,以确保工作准确无误,优质高效。

子任务 6.2　前厅报表制作与文档管理

前厅部是饭店的销售中心、信息中心和档案中心,饭店的经营活动是以前厅为中心而进行的。因此,前厅部除搞好日常对客服务以外,每天还要及时地把获得的各种信息资料等,有计划、有准备、有秩序地分类填入各种精心设计的统计报表内,并以此为依据,全面、综合地反映当天的经营状况。前厅部的各种统计报表对前厅的经营活动有着重要的作用,它是饭店经营者了解经营情况的途径,是饭店经营者赖以作出正确决策的依据,也是饭店各部门获取信息的重要来源。另外,前厅部的统计数据还是其他部门的统计报表中不可缺少的数据。因此,前厅报表不容忽视。

6.2.1　前厅部的主要统计报表

前厅部的主要统计报表包括以下几类。

(1) 客房使用状况表。客房使用状况表如实反映客房的使用状况,是以客房状况显示架所提供的资料为依据的(见表6-1)。主要需要统计以下内容:

① 统计出租的客房数,包括免费房、折扣房、空房、待修房和内部用房的数量。

② 统计散客用房数及人数、每间客房的实际房价、散客用房的营业收入。

③ 统计当日团体入住人数、用房数、每间客房的实际房价及团体用房的营业收入。

④ 根据以上数据统计出当日出租的总客房数、在店客人数、当日客房的总收入。

表 6-1　客房使用状况表

房号	房价	客　房　数							收入	人　数	
		出　租				空房	维修	自用		散客	团队
		散客	团队	折扣	免费						
住客用房总数									当日总营业收入	送: 财务_____ 前厅_____ 总经理_____	
住店客人数											

填报人　　　　　　　　年　　月　　日

(2) 预订而未入住客人名单。

(3) 修改预订客人名单。

(4) 取消预订客人名单。

(5) 逾期离店客人名单。

(6) 提前离店客人名单。

以上5种表的统计制作有助于预订处掌握各类失约客人的比例,在以后工作中做到心中有数,准确掌握超额订房幅度。

(7) 房租折扣及免费优待客人名单。房租折扣及免费优待客人名单是记录和统计当日住店享受各种优惠的客人的情况(见表6-2)。

表 6-2　房租折扣及免费优待客人名单

房号	姓名	离店日期	房型	折扣率	标准房价	优惠房价	优惠原因	批准

（8）客房营业日报表。客房营业日报表又可称为客房统计表（见表6-3），是综合以上表格内容而制作的一份全面反映客房经营情况的表格。表格的格式和统计的内容因饭店而异，但具体内容大致可分为：各类用房情况、各类客人数量、客房收入情况等。

表 6-3　客房营业日报表

当值大堂经理_____　　　　　　　制单人_____　　　　　　　日期_____

客　房	当天	月累计	客　人	当天	月累计
客房总数			客人总数		
饭店自用客房			所住人数		
可出租客房			办公室		
待修理客房			可容客人数		
团　体			当天客人总数		
散　客			客人每人平均房价		
已出租客房			入住客人		
已出租客房平均房价			离店客人		
团体客房%			预订未到客人		
散客客房%			提前到达客人		
预订未到客房数			提前离店客人		
未预订而入住客房			免费房客人		
提前离店的客房			折扣房客人		
免费房					
折扣房					
客房收入					

前厅报表较多，有些已在预订、接待章节介绍过，这里不再重复，还有的报表限于篇幅而略去不谈。

6.2.2　主要营业统计数据的计算

1. 计算当日出租的客房数与在店客人数

当日出租客房数＝昨天出租客房数－当日离店客人用房数＋当日抵店客人用房数

当日在店客人数＝昨天在店客人数－当日离店客人数＋当日抵店客人数

2. 计算当日客房出租率及当日的各类平均房价

客房出租率：

日出租率＝日出租客房数÷可供出租客房数×100%

月出租率＝月出租客房间天数÷可出租客房数×月营业天数×100%

平均房价＝客房房租总收入÷已出租客房数

客人的平均房价＝客房房租总收入÷入住客人数

3. 各类客人占用客房的百分比

短期散客房间占用百分比＝短期散客占用房间÷可出租房间×100%

短期团体客房间占用百分比＝短期团体客占用房间÷可出租房间×100%

有收入房间百分比＝付款占用房间÷可出租房间×100％

免费房间百分比＝免费占用房间÷已出租房间×100％

折扣房间百分比＝折扣占用房间÷已出租房间×100％

自用房百分比＝自用房数÷可出租房间×100％

4. 各类订房变化引起的用房情况的计算

空订百分比＝空订客人数÷预订客人数×100％

取消预订的百分比＝取消预订客人数÷预订客人数×100％

提前离店客用房百分比＝提前离店客用房数÷预期离店客用房数×100％

延期离店客用房百分比＝延期离店客用房数÷预期离店客用房数×100％

临时散客用房百分比＝临时散客用房数÷抵店客人用房数×100％

6.2.3　前厅部文档管理

文档管理是前厅部信息管理的重要组成部分,为使前厅部的工作顺利进行,必须建立健全的文书档案管理制度。

1. 文档管理的原则

(1) 专人负责

可以由前厅部各部门主管人员亲自进行管理,也可由责任心强、细心、有一定管理工作经验的前厅部人员具体负责。

(2) 有章可循

前厅部经理应该明文规定文档管理的规则,供文档管理人员遵守。主要包括以下几方面。

① 确定哪些文件、表格应当存档。

② 确定存放的排列顺序,比如是按日期或是按字母等。

③ 确定存放的时间。

④ 确定销毁文档的审批程序及方法。

2. 文书档案管理的步骤

(1) 分类

先将需要整理的文件、表格等档案资料分为以下几类。

① 待处理类。待处理类文档是指尚未处理的文件、表格等资料。如已填写完的客房预订单、客人已填写好的入住登记表、需答复的文件信函等。

② 临时归类。临时归类文档是指短期内需要经过处理,然后进行整理归类的文件表格等资料。如客人的预订资料、报价信函、住店客人登记表等。

③ 永久归类。永久归类文档是指需要长期保存、供查阅用的文件、表格等资料。如客史档案,取消预订、预订未到客人的订房资料,各类合同的副本及使用过的各种表格等。

(2) 归类存放

① 待处理类。首先按轻重缓急的次序将文件、表格等资料分成急办(如等候签字的传真等)、日常事务(如各种等待处理的表格文件等)、等候处理(如预订客人等候名单、需

回复的信函、准备的文件报告等)三类,然后分别存放在文件架中。

②临时归类。首先分门别类地整理好,然后存放在专门的档案柜或档案抽屉内。存放的顺序是:

a. 预订资料。近期的预订资料,先按抵店日期、后按抵店客人姓名的字母顺序存放;远期的预订资料,先按抵店月份、后按抵店客人姓名的字母顺序存放。

b. 报价信函。可按字母顺序存放。

c. 住店客人登记表。可按字母顺序存放。

d. 永久归类可存放在贴有标签的活页夹内,也可存放在专用的资料柜内,还可以打成包,在包外标明名称,存放在专用的资料室内。有些饭店还会把需要长期保存的资料拍成微型胶卷或使用计算机保存。总之,针对必须或特别保存的资料,应该存放在特别安全的地方,以防止出现意外而造成损坏。存放顺序是以下情况。

a. 预订资料。可按抵店、取消、未抵店、散客、团队归类,先按抵店日期、后按字母顺序存放。

b. 客史档案。可按字母顺序排列。

c. 已使用的表格。可按日期顺序排列。

d. 各类合同副本。可按字母顺序排列。

3. 制作索引

各类文书档案在存放前,专门负责的管理人员在文档的右上角写清楚索引字码。按姓名字母顺序排列的文档应写上客人姓氏的第一个字母,如 L、Z 等;按日期排列的文档应写上客人抵店的日期,如 20/4、1/10 等,以方便查阅。此外,还应建立一个文档存放的索引本,里面应标明文档的类型、内容、存放地点、起止日期、销毁时间等。

子任务 6.3　客 史 档 案

饭店前厅部接待人员在接到客人的客房预订要求时,也许想知道:

- 该客人以前住过本店吗?
- 如果来过,是什么时候来的,来过几次?
- 他(她)对饭店重要吗?
- 是一位好客人还是一位有着不良客史不宜再接待的客人?
- 客人有哪些爱好、习惯,喜欢哪个房间?

前厅销售人员也许需要一份客人的通信录,以便:

- 在圣诞节和新年给客人寄贺年卡。
- 使很久没来住店的客人产生住店欲望。
- 将饭店新的娱乐项目和节日菜单寄给可能产生兴趣的客人。
- 给多次住店的客人寄送感谢信。

也许有这样一家饭店,饱受市场竞争之苦,成立了营销部,招聘了高素质的营销人员,而他们面对市场的汪洋大海,一筹莫展,像一群迷失方向的羊,不知道自己的客人是谁,客人在哪里,怎么样与他们取得联系。

如果是这样的话,饭店就应该立即建立客史档案。

客史档案又叫宾客档案,是在饭店接待工作中形成的具有查考利用价值并按一定制度归档存查的一种专业档案,在饭店的经营管理中占有重要地位。加强客史档案的管理对饭店的经营管理有着重要的意义。

6.3.1　建立客史档案的意义

客史档案是饭店档案的重要组成部分,是促进饭店销售的重要工具,也是饭店改善经营管理和接待服务工作的一项必要措施。客史档案是利用价值很高的专业档案,其资料来源于前厅处理的诸多宾客的信息资料和其他业务部门提供的有关资料。这些资料集中后整理成宾客档案以备用,有助于今后分析宾客需求等情况,加强饭店与宾客之间的沟通,提供有针对性的个性化服务,发展双方的良好关系。同时,尽快地、全面准确地建立客史档案还是饭店接待工作的需要,对搞好客源市场预测,制定营销策略,提高饭店管理水平和服务质量,提高客房出租率,增加收益等都具有积极的、重要的意义。有些饭店未能对这一潜力极大的资料库加以很好利用,忽视了它的作用,将影响饭店的经营工作。

【情景模拟 6-1】

在《世界经理人文摘》上曾登载了这样一个"胡萝卜汁的故事":

"几年前,我和香港 Regent 饭店的总经理 Rudy Greiner 一起用餐时,他问我最喜欢喝什么饮料,我说最喜欢胡萝卜汁。大约六个月以后,我再次在 Regent 饭店做客。在房间的冰箱里,我发现了一大杯胡萝卜汁。十年来不管什么时候住进 Regent 饭店,他们都为我备有胡萝卜汁;最近一次旅行中,飞机还没在启德机场降落,我就想到饭店里等着我的那杯胡萝卜汁,登时满嘴口水。十年间尽管饭店的房价涨了三倍多,我还是住这家饭店,就是因为他们为我准备了胡萝卜汁。"

这位客人之所以每次住 Regent 饭店都能享受到"一大杯胡萝卜汁"的待遇,就是因为饭店掌握了该客人的需求资料,建立了客史档案,是客史档案赢得了客人,争取了回头客。

6.3.2　客史档案的内容

客史档案的资料主要来源于前厅部和各有关部门收集的记录资料和观察报告。前厅部和各有关部门收集这些资料的方法主要是依靠各种表格、单据及对客人投诉资料的整理和记录。表格项目越详细,资料越充分。前厅工作人员把各种表格和记录资料加以统计整理,就形成了客史档案的内容。客史档案常分为两种,即住客客史和宴会客史。

1. 住客客史

① 客人个人资料。包括来宾姓名、国籍、地址、电话号码、单位名称、年龄、出生日期、婚姻状况、性别、职务、同行人数。饭店收集和保存这些资料，可以了解市场基本情况，掌握客源市场的动向及客源数量，等等。

② 客人消费资料。包括客人租用客房种类、所支付的房价、每天费用支出的数额、付款方式、所接受的服务种类以及饭店从每位客人处获得的营业收入。饭店收集和保存这些资料，能了解每位客人的支付能力、客人的信用程度等。同时，还可以反映客人对服务设施的要求、喜好倾向以及所能接受的费用水平。

③ 客人入住资料。包括客人来店住宿的季节和月份、住宿时间、订房的方式、来本店住宿是否有中间商介入等。了解这些资料，可以使饭店了解客源市场的情况，客人不同类型及特点，客人的入住途径等情况，为饭店争取客源提供有用的信息，而且有助于改进饭店的广告销售手段。

④ 客人投诉资料。客人入住期间有没有投诉发生，如果有，是什么方面的投诉，处理结果如何，这些都应有记载。通过投诉问题的记载，可以进一步了解到宾客的个人爱好、兴趣、生活习惯、宗教信仰、生活禁忌、特殊日期和要求等。这些资料有助于饭店有针对性地提供服务，改进服务质量，提高服务效率。

⑤ 其他情况。包括客人签名、接待规格、投诉种类及投诉处理的结果、特殊客人的情况记录，等等。

2. 宴会客史

宴会客史的内容与散客客史相似。主要记录进餐者的情况，即来宾的姓名或举行宴会、酒会、招待会的团体的名称；宴会联络者的姓名、单位地址、电话号码。每次宴会或酒会的情况也要详细地记录在案，包括：宴会日期、种类、出席人数、出席宴会者中有特殊要求的客人的身份，要求的内容等；还有宴会的收费标准、宴会举行的地点、所需的额外服务、所用饮料、菜品名称、出席者事后评价等。这些资料由餐饮部收集，反馈给前厅部。

6.3.3　客史档案的建立

客史档案是一个大资料库，要好好加以利用。客史档案有很强的专指性，一般是"一客一卡，一团一档"，便于检索。它是一种具体化的信息，通过卡片长久保存，且具有时效性强、连续性强的特点。因此，客史档案已经越来越广泛地被利用于饭店管理中。

1. 客史档案的利用

对于未实行计算机化的饭店，采用客史档案卡片（见表6-4）的方法是最普遍的。饭店会利用各种登记表格、档案卡等收集客人信息资料。但大量的卡片、表格查阅和保存都非常困难，必须有一系列措施，才能确保工作人员方便地利用各种卡片查阅信息资料。

表 6-4　客史档案卡

姓名		性别		国籍		
出生日期及地点				身份证号码		
护照签发日期与地点				护照号		
职业				职务		
工作单位						
单位地址				电话		
家庭地址				电话		
其他						

住店序号	住宿期间	房号	房价	消费累计	习俗、爱好与特殊要求	表扬、投诉及处理	预订信息(渠道、方式、介绍)	信用卡及账号	备注

①　设立卡片柜。卡片柜是存放客史档案资料的必备设备,既可保证客史档案的安全保管,又便于管理和利用。存放时,要将客史档案卡按具有一定特点和规律的系统排列的方式自上而下地排放于卡片柜的抽屉内,并设置字序指引卡,标明字母顺序。可使用不同颜色的卡片制作档案卡,使人一望即知是哪类客人。

②　编制必要的检索工具。检索工具是实现客史档案的科学管理,充分发挥客史档案作用的重要手段,是迅速、准确地查找客史档案资料的不可缺少的工具。检索工具有多种,主要是按客源类型来设立的,如汉字索引、日文索引、英文字母索引、重要客人索引、常客索引,等等。各个饭店设立的方式和种类各异。

③　建立卡片箱。客史档案卡片平时存放于客史档案柜,客人再次预订客房时,档案卡就被取出与预订资料一起存放。也有的饭店是直到客人抵店的前一天才将档案卡取出。客人抵达后,档案卡又存入在店客人档案箱。客人离店,档案卡重新放回档案柜保存。

2. 客史档案的检查

对客史档案工作要进行日常检查,以确保其工作的高效和精确。专职档案员每天要检查卡片是否按正确的顺序排列。每年在淡季还要进行一至两次系统的检查整理工作,剔除一些过期的"死档"。

6.3.4　客史档案的利用

建立客史档案的目的就是要利用,以此加强宾客关系,培养饭店自己的忠诚顾客。如何利用好客史档案呢?以下常见做法值得借鉴:

- 在宾客再次下榻之前查阅客史档案,做好有针对性的接待准备;
- 在宾客过生日或重要节日的时候寄去贺卡;
- 在宾客常住地出现自然灾害的时候表示慰问和关怀;

- 在有重大节日活动的时候向宾客发出邀请；
- 根据宾客的生活习惯和工作性质，主动提供一些对其有价值的信息。

【情景模拟 6-2】

> 泰国曼谷的"东方饭店"曾连续十多年获得世界最佳饭店称号。有位香港客人谈到在这家饭店下榻的经历时，赞不绝口：
>
> "有一次，我乘机抵达曼谷，饭店机场代表来机场接我，一见面，他就说：'××先生，您好！要是我没记错的话，您有一年多没来我们饭店住了，是不是我们服务不好，什么地方得罪您了？'
>
> '不，不，饭店挺好，主要是这段时间在泰国没业务。来泰国肯定住你们饭店！'
>
> 等到了饭店后，从门童到总台接待员，再到客房服务员，见到我好像见到老朋友一样，第一句话都是'××先生，您好'，我好生奇怪，他们怎么都知道我的姓名呢？我多长时间没来饭店他们都知道。但不管怎么说，我感到非常高兴，就好像回到家里一样。"

其实，这一切应归功于"客史档案"，要了解客人的这些资料，只要建立"客史档案"就可以了。"客史档案"的建立，使得饭店能够为客人提供有针对性的、更加富有人情味的服务。"客史档案"的利用，也为饭店培养了忠诚的顾客。

子任务 6.4　前厅部与其他部门的信息沟通

前厅部每天的正常运转和有效地对客服务取决于其良好的、通畅的部际沟通。饭店各部门所获得的和要发出的信息，有很大一部分要通过前厅部来充当媒介，而前厅部也需要将大量来自各方面的信息向各部门输送。因此，前厅部必须始终保持与饭店其他各部门的联系，加强沟通协调，以保证饭店每个部门、每个环节都能高效运转，保证饭店对客服务的整体质量。

6.4.1　前厅部与总经理办公室之间的沟通协调

前厅部与总经理室的联系较多，因此，双方的沟通也很频繁。前厅部除了应向总经理请示汇报对客服务过程中的重大事件外，平时还应与下述各部门加强信息沟通。

1. 接待处

① 房价的制定与修改。

② 免费、折扣、定金、贵宾接待规格、客房销售等项政策的呈报与批准。

③ 每日递交"在店贵宾/团队表"、"预期离店客人名单"、"客房营业日报表"、"营业情况对照表"等。

2. 预订处

① 定期呈报"客情预报表"。

② 每日递交"客情预测表"、"次日抵、离客人名单"。

③ 递交"贵宾接待规格审批表",报告已预订客房的贵宾情况,贵宾抵店前,递交"贵宾接待通知单"。

④ 每月递交"房价及预订情况分析表"、"客源分析表"、"客源地理分布表"。

3. 问讯处

转交有关邮件、留言。

4. 电话总机

① 了解正、副经理的值班安排及去向。

② 提供呼叫找人服务。

5. 礼宾处

① 提供当地的天气情况。

② 到当地邮局代办寄、取邮件。

6.4.2 前厅部与客房部之间的沟通协调

许多饭店的前厅部与客房部同属于一个部门,即使分列为两个部门,在对客服务上也是不可分割的整体。这两个部门的联系非常密切,沟通也最为频繁。

1. 接待处

① 为了协调好客房销售与客房管理之间的关系,"楼层报告"、"客房状况差异表"是最重要的信息沟通内容。

② 团队客人抵店前,递交"团队用房分配表"。

③ 用"特殊服务通知单"将客人提出的房内特殊服务要求通知客房部。

④ 将客人入住及退房的情况及时通知客房部。

⑤ 用"客房/房价变更通知单"把客人用房的变动情况通知客房部。

⑥ 递交"预期离店客人名单"、"在店贵宾/团队表"、"待修客房一览表"。

2. 预订处

① 每日递交"客情预测表"。

② 书面通知客房内布置的要求。

③ 书面通知订房客人所需的房内特殊服务要求。

④ 贵宾抵店前,递交"贵宾接待通知单"。

⑤ 贵宾抵店的当天,将准备好的欢迎信、欢迎卡送交客房部,以便客房部将贵宾房布置好。

3. 问讯处

① 客房部应该将在客房内所发现的遗留物品的情况通知问讯处。

② 团队客人抵店,问讯处如采取把钥匙插在门锁上的方法,应事先与客房部沟通。客人离店后,如客房服务员发现走客房内有客房钥匙,应及时与问讯处联系。

4. 礼宾处

① 将需递送的报纸及"报纸递送单"送交客房部。

② 递送抵店的团队客人行李或其他客人物品时,如客人不在客房,请客房服务员打开房间。

5. 电话总机

白天,如发现客人对叫醒服务无反应,应请客房服务员前去探视。

6.4.3　前厅部与销售部之间的沟通协调

前厅部与销售部对饭店的客房销售工作都负有责任。前厅部对零星散客,尤其是对当天的客房销售工作负有直接的责任,而销售部不但对眼前的客房销售负有责任,更重要的是对饭店长期的、整体的销售,尤其是团体、会议的客房销售负责。所以,前厅部与销售部之间必须加强信息沟通,才能圆满完成客房销售任务。

1. 接待处

① 制定来年客房销售预测前的磋商。

② 超额预订情况发生时的磋商。

③ 团队客人抵店前,将团队客人的用房安排情况书面通知销售部。

④ 团队抵店后,销售部的团队协调员将客人用房等变更情况书面通知接待处。

⑤ 每日递交"在店贵宾/团队名单"、"预期离店客人名单"、"客房营业日报表"、"营业情况对照表"。

2. 预订处

① 旺季来临,为避免超额预订情况的发生,及时与销售部沟通,研究决定团队客人与散客的接待比例。

② 销售部将已获总经理批准的各种订房合同副本交预订处。

③ 销售部将团队客人的订房资料"团队接待通知单"送达预订处。

④ 核对年度、每月客情预报。

⑤ 每日递送"客情预测表"、"贵宾接待通知单"、"次日抵店客人名单"、"房前厅价及预订情况分析表"、"客源分析表"。

⑥ 每月递送"客源地理分布表"。

3. 问讯处理

通过销售部了解团队活动日程安排,以便回答客人的询问。

4. 礼宾处

① 团队客人抵离店时,核对行李件数。

② 了解离店团队的发出行李时间及离店时间。

5. 电话总机

① 了解团队客人需要提供的叫醒服务时间。

② 了解团队活动的日程安排。

6.4.4 前厅部与财务部之间的沟通协调

为了保证对客服务的质量及客房销售经济效益的实现,前厅部应加强与财务部(包括前台收款)之间的信息沟通。

1. 接待处

① 就给予散客的信用限额进行沟通,控制客人住店期间的信用限额。

② 根据饭店政策,收取预付款。

③ 将打印好的已抵店散客的账单及入住登记表送交前台收银处。

④ 送交打印好的信用卡签购单。

⑤ 送交打印好的已抵店的团队客人的总账单与分账单。

⑥ 送交"客房/房价变更通知单"。

⑦ 每日送交"预期离店客人名单"、"住店客人名单"、"住店贵宾/团队表"、"客房营业日报表"、"营业情况对照表"。

⑧ 就离店客人超时房费的收取问题进行沟通。

⑨ 客房营业收入的夜审核对工作。

2. 预订处

① 就定金(预付款)的收取问题进行沟通。

② 就订房客人的信用限额问题进行沟通。

③ 每日递送"客情预测表"、"贵宾接待通知单"。

3. 问讯处

① 送交"电传收费单"及"电传营业收入日报表"。

② 送交邮票售卖记录,交财务处审查。

4. 礼宾处

① 大厅行李员把即将离店的客人房内小酒吧用量通知收银处(有些饭店由客房部或餐饮部负责)。

② 送交已结账客人的离店单。

③ 如已结账的客人再次发生费用,收银处与礼宾处应及时沟通,以便礼宾处人员采取恰当的方法,提醒客人付账。

④ 送交"服务费收入日报表"。

⑤ 根据客情预测,每月送交报纸订购预算申请。

5. 电话总机

① 送交"长途电话收费单"与"长途电话营业日报表"。

② 已结账的客人挂拨长途电话时再次收费的沟通。

6.4.5 前厅部与餐饮部之间的沟通协调

食、宿是住店客人最基本的需求,也是饭店两大基本功能和主要收入来源。因此,前厅部必须重视与餐饮部的信息沟通。

1. 接待处

① 书面通知客房内的布置要求，如在房内放置水果、点心等。

② 发放团队客人的用餐券。

③ 每日递送"住店贵宾/团队会议人员表"、"住店客人名单"、"预期离店客人名单"。

2. 预订处

① 每月递送"客情预报表"。

② 每日递送"客情预测表"、"贵宾接待通知单"。

③ 书面通知订房客人的用餐要求及房内布置要求。

3. 问讯处

① 每日从餐饮部的宴会预订处取得"宴会/会议活动安排表"。

② 向客人散发餐饮活动的宣传资料。

③ 随时掌握餐饮部各营业点服务内容、服务时间及收费标准的变动情况。

4. 礼宾处

更新每日宴会/会议、饮食推广活动的布告牌。

5. 电话总机

随时掌握餐饮部各营业点的服务内容、服务时间及收费标准的变动情况。

6.4.6　前厅部与其他部门之间的沟通协调

1. 接待处

① 提供客人抵店、住店、离店的情况。

② 按规定为值班经理或经批准的有关职工安排用房。

③ 送交"维修通知单"（工程部）。

④ 送交"待修通知单"（工程部）。

⑤ 送交"住店贵宾/团队表"。

2. 预订处

① 送交"客情预测表"。

② 送交"贵宾接待通知单"。

3. 问讯处

① 邮件的收发。

② 客房钥匙遗失后的处理（工程部、安全部）。

4. 电话总机

① 接转电话。

② 留言服务。

③ 了解各部门负责人的值班安排及去向。

④ 呼叫找人服务。

⑤ 出现紧急情况时的沟通联络。

子任务6.5 计算机技术在前厅部的应用

饭店是综合性服务企业,接待的客人可能来自世界各地,他们的生活习惯、消费水平、宗教信仰等各不相同。随着社会生活水平的普遍提高,人们对于饭店消费不断地提出更高、更多样性的要求。如何以饭店企业所拥有的有限的人力、物力、财力和信息资源服务于住店客人,满足客人的各种消费需求,是经营好饭店企业的重要课题。

用科学的管理思想和管理方法来综合地组织运用饭店资源,并且采用先进的计算机管理手段处理日益复杂的信息资源,正确、及时地对客源市场信息作出反应和正确地制定经营决策,才能保证饭店企业的生存和发展。成功地应用先进的计算机管理手段辅助饭店企业的经营管理,不但要求饭店的日常操作模式要符合计算机信息处理的要求,而且需要有相应的管理体系和人员配合。饭店的经营管理人员要充分地掌握饭店各职能岗位的信息流程和计算机信息处理的要求,善于结合两者的要求和长处,才能使先进的计算机信息处理技术有效地服务于饭店的经营管理。

6.5.1 前厅部计算机技术应用

前厅部是饭店业务活动的中心,也是饭店的信息中心。客人抵店最先接触和离店最后经历的业务部门就是前厅部的总台。饭店经营管理信息的产生、传递、处理都和前厅部有关。在前厅业务管理中,计算机用来处理客人的预订和登记信息,并提供客房分配的功能;客人离店结账也可通过计算机,包括转账处理、挂账处理、冲账处理等;计算机同样可以不厌其烦地回答客人所提出的各类问题,这对树立良好的饭店形象很有价值。在前厅部,计算机还可建立客人资料档案,把各种客户和团体资料收集起来,进行分类归档和统计分析,以便为管理决策服务。

前厅部还可以通过计算机信息网络,把客人的各项消费信息直接从各部门传递到总台,使信息传递既快捷又准确,实现对客人的一次性结账。在饭店未使用计算机以前,消费信息的传递是通过人工从各部门汇集到总台的,难免有传递环节的疏忽,导致传递不及时。有时客人已离店,消费单才传到总台,使饭店蒙受了不必要的损失。计算机信息系统的运用,有效地避免了客人的逃账现象,并把前厅的信息有效地向各个部门传递,大大提高了前厅部的工作效率,有利于前厅部与其他部门之间的信息协调与处理。

6.5.2 计算机技术应用对前厅部管理与服务的意义

随着时代的发展和市场的变化,饭店实现计算机管理是大势所趋。前厅部作为饭店前台业务管理中心、信息中心和协调中心,使用计算机技术进行管理和控制意义重大。

1. 提高工作效率

前厅部每天要处理大量有关客房预订、入住登记、户籍管理、问讯、结账等业务,手工操作速度慢、效率低,数据处理手段滞后,不适应经营管理发展和服务的需要。运用计算机技术则可以克服这些障碍,极大地提高前厅部服务的工作效率。

2. 提高服务质量

前厅部服务种类繁多,客人需求变化随机性强,常常因发生信息错误、传递失误等而影响服务质量。计算机技术则由于其信息存量大、处理速度快以及实时性控制等,显示了更大的优越性,从而为提高服务质量和服务水平提供了可靠的技术保障。

3. 使前厅管理严谨规范

饭店计算机管理系统及应用软件本身就是完整的管理模式,它集中反映了经营者的宗旨、组织、计划、控制及经营目的。因此,恰当地、不失时机地引进并很好地使用计算机技术,对加强前台和后台管理,完善功能,保持管理风格,提高饭店管理规范化水平都具有重要意义。

4. 提高饭店的经济效益

采用计算机技术不仅可以节省人力、物力,提高前厅部工作效率,而且还可以提高饭店的整体管理水平,增强市场竞争力,从而使饭店最终达到增收节支和成本控制、物流控制的目的,更大地提高经济效益。

6.5.3 前厅部计算机管理系统的主要功能

饭店前厅管理信息系统包括客房预订、销售、前台管理、财务管理等模块,其中最基本、最主要的是前台管理模块。图 6-1 为前厅部计算机系统示意图,主要从客人的预订、登记、排房、入账、客史档案等,一直到结账,进行自动管理,使饭店各有关部门随时掌握房间使用状况,以及管理所需要的各种信息,图 6-2 为前厅管理模块信息流向示意图。

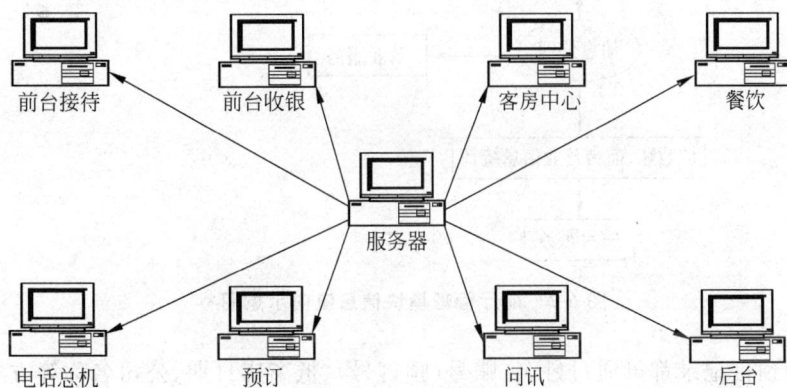

图 6-1 前厅部计算机系统示意图

1. 客房预订功能

利用计算机进行预订业务操作是指应用管理信息系统中的预订功能模块接受和处理客人的订房信息,并对客房预订状况实施有效控制。通常计算机处理预订信息的功能体现在以下具体内容。

① 受理在系统设定期限内任意一天的预订。

② 利用房号提前为客人排房。

③ 设有超额预订的信息提示,同时也接受强制超额预订。

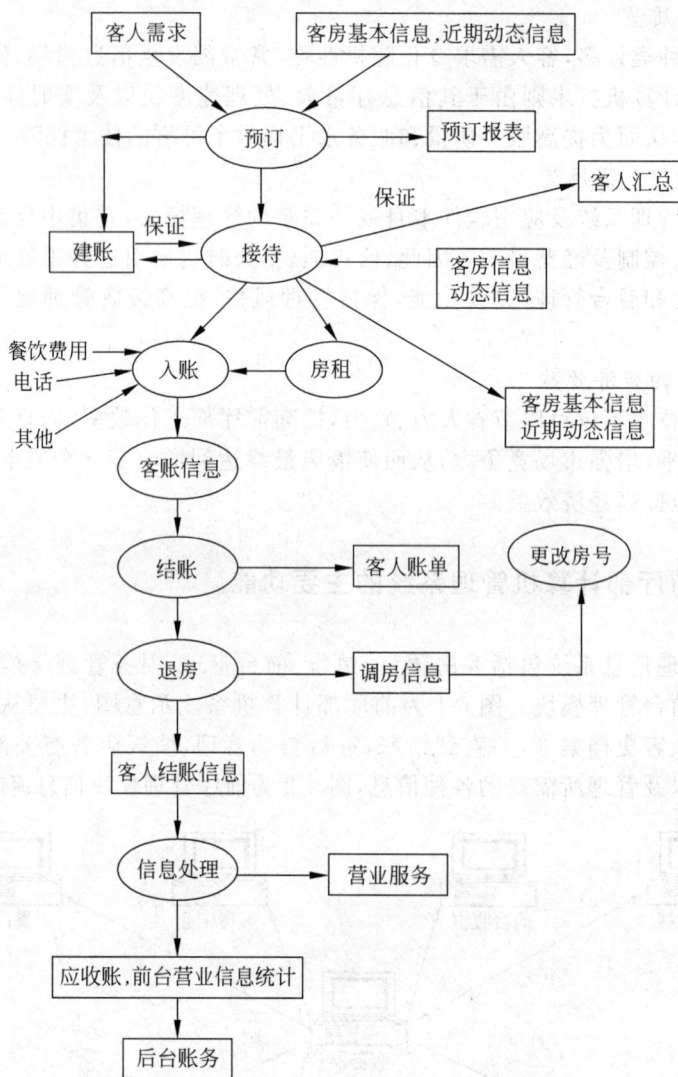

图 6-2　前厅管理模块信息流向示意图

④ 每项预订记录都可通过姓名、账号(预订号)、抵离店日期、公司名称等方式查询。

⑤ 设置预订单特殊要求(VIP、留言)功能。

⑥ 接受新输入的预订信息,自动建立一个不重复的账号,提供给客人作为预订号。

⑦ 设有专门处理团队订房的功能,可为团队客人建立总账单。

⑧ 自动将预订状况按国籍、抵店日期、订房方式等进行分类统计。

⑨ 可更改或取消预订记录,并对更改和取消进行存档记录。

⑩ 设有客房协议价格提示。

⑪ 对预订记录进行修改、取消并作存档记录。

⑫ 调用客史档案生成预订单,如图 6-3 所示。

⑬ 新建预订单。功能描述:输入预订客人基本资料。注意"客人账号"由计算机自

动递增生成。下拉列表框资料（如客人类型、折扣编码）等在"参数设置"主菜单中增加或修改，如图 6-4 所示。

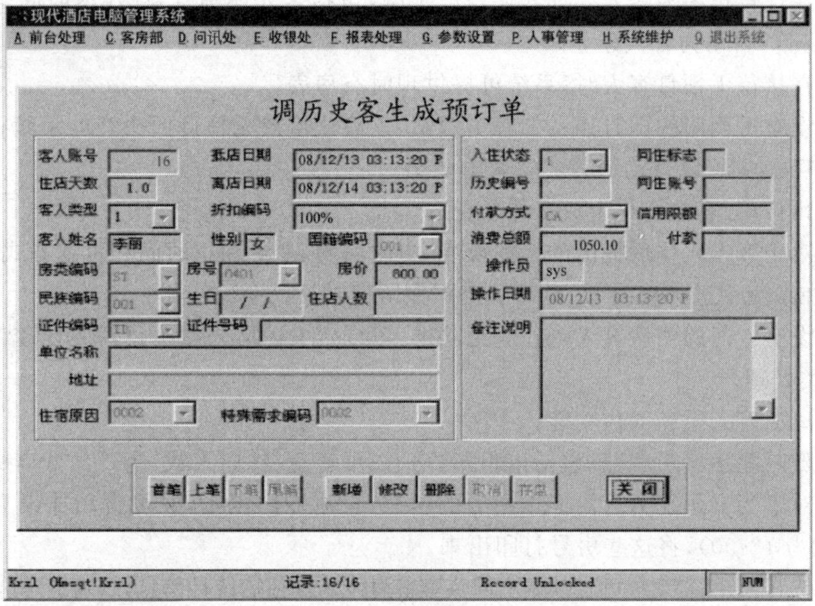

图 6-3 调用客史档案生成预订单

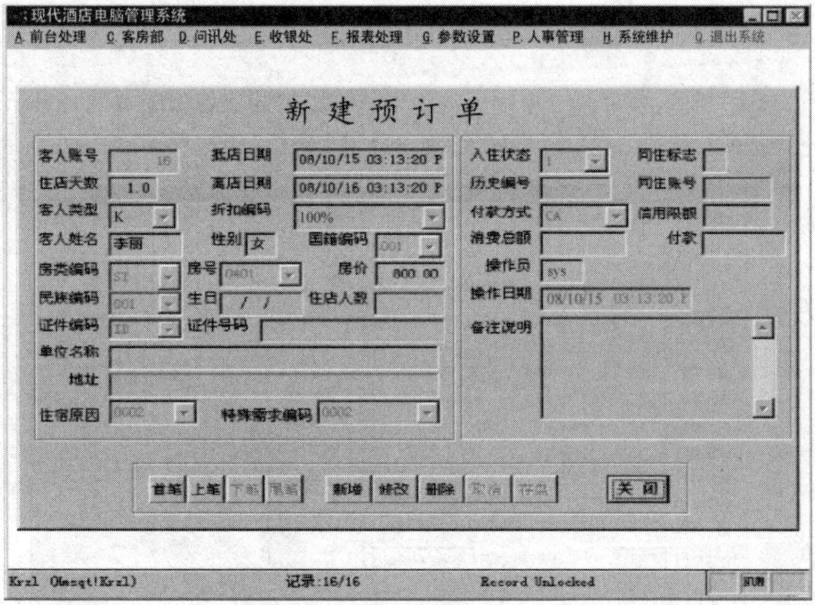

图 6-4 新建预订单

2. 总台接待功能

总台接待员利用计算机为客人办理入住登记手续，可以尽量缩短客人滞留总台的时间，为客人提供快捷高效的服务。总台接待功能主要包括下列具体内容。

① 在预订客人抵店前,录入入住登记资料,打印登记单,并提前排房。

② 预订客人抵店时,可按预订号、姓名、国籍、公司名称等查寻相关资料,进行接待。

③ 在计算机中为客人办理入住登记手续,包括客人详细资料、住宿时间、房号,输入或更改房价,自动为客人建立账单。

④ 在接待无预订客人时,系统可提供现时空房表。

⑤ 设有可调用的即时显示的客史档案,以简化接待无预订回头客的手续;而对初次到店的客人,则可以自动为其建立客史档案。

⑥ 预订单、客史资料生成入住登记表。

⑦ 对于客人入住后提出的诸如换房、更改房费、变更住宿时间和付款方式等要求,可以随时在系统中进行修改,并对每次变更保留记录,以备核查。

⑧ 设有专门的团队客人入住登记功能,可以定义团队公费项目,将团队结账按公费、自费分类处理。

⑨ 离店客人重新入住功能。

⑩ 随时显示客房状况,包括出租率、房态、可售房、住店人数、当日预抵离房数等。

⑪ 对于当日预期离店而尚未离店的客房,设有专门提示,并可自动在设立的离店时间(一般为12:00),将这些房号打印出来。

⑫ 按客人姓名,系统可自动调出回头客信息及历次住店统计信息,以确定房价优惠。

【情景模拟 6-3】

1. 散客入住

功能描述:输入散客入住资料。注意"客人账号"由计算机自动递增生成。下拉列表框资料(如客人类型、折扣编码等)在"参数设置"主菜单中增加或修改,如图6-5所示。

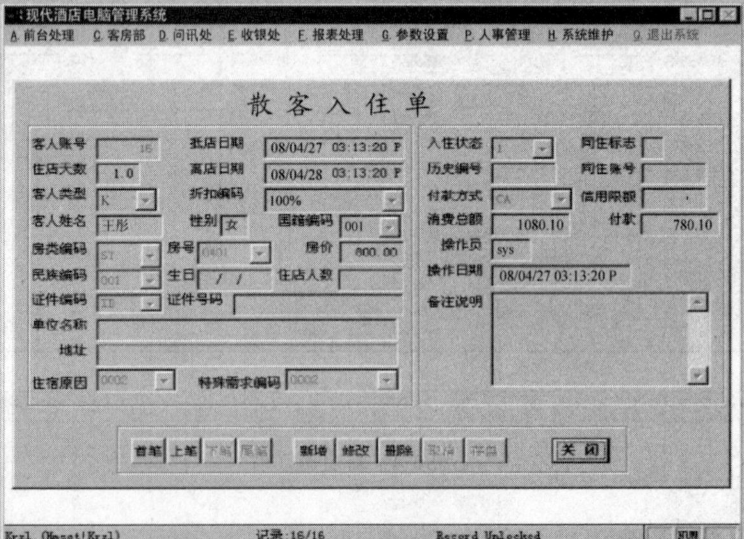

图6-5 散客入住单

2. 预订转入住

功能描述：输入预订客人姓名、房号、客人账号及单位名称等条件，单击"确认"按钮转入住单，如图 6-6 和图 6-7 所示。

图 6-6　预订转入住单（1）

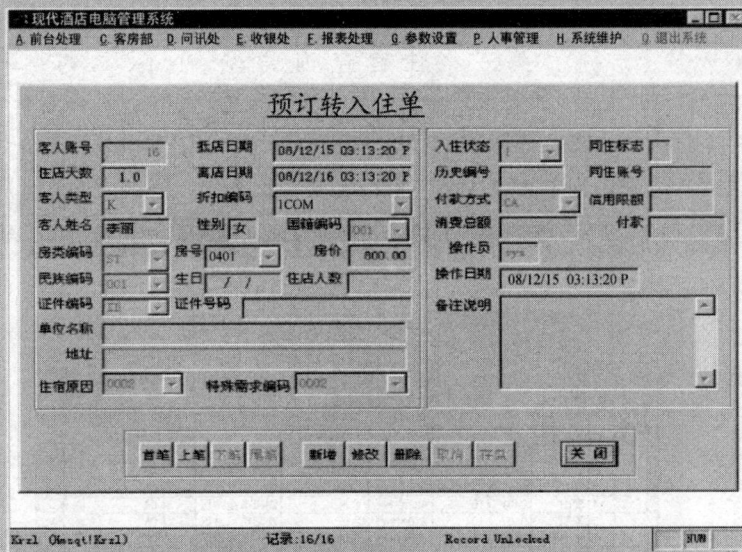

图 6-7　预订转入住单（2）

3. 回头客登记

功能描述：回头客登记时，系统自动调出客人历史信息（根据姓名从档案库查找）。并在屏幕上方显示客人上次入住日期和房间号，在屏幕下方显示客人历次消费记录和客人的习惯爱好信息。

3. 问讯功能

问讯功能模块主要对住客信息及历史资料进行查询。根据前厅部管理要求及对客服务的需要,系统中的问讯功能应做到快捷、准确和高效,同时应具有多种方式的查询途径。问讯员应能够随时快速地从计算机中查询每位住店客人或已预订客人的资料。问讯功能主要通过姓氏、日期、客人占用情况、客人账单、公司名称、团队查询等内容来提供相关信息。

① 按各种条件查询打印现住及离店的散客或团体客人信息。

② 按各种条件查询打印房态信息、可用房信息(房数、房号及类别、指定日期内某房类住房率)。

③ 可按多种条件查询,包括房号、姓名、旅行社、团名、地区等。

④ 可查本日抵离店客人,明日应到客人,今日应离店客人、明日应离店客人等情况。

⑤ 可查 VIP 客人、历史客人信息。

⑥ 客房占用情况查询。

⑦ 按客源、按房间类型的月度预测分析。

总台计算机问讯系统极大地提高了查询速度,减轻了问讯员的工作量,使问讯员不必再从传统的问讯架上查找信息,从而使总台问讯工作的质量得到了保证和提高。

【情景模拟 6-4】

住 客 查 询

功能描述:问讯员输入"客人账号"、"客人姓名"、"房号"及"单位名称"后,单击"确认"按钮,系统就会显示符合条件的住店客人的详细资料,如图 6-8 所示。单击"消费明细查询"按钮,系统则以列表方式显示"客人消费明细表"。

图 6-8　在住客人信息查询

复习思考

一、选择题

1. 在前厅部文档管理中属于永久归类文档的是（　　）。

A. 住店客人登记表　　　　　　　　B. 取消预订

C. 客史档案　　　　　　　　　　　D. 预订未到客人的订房资料

2. 客史档案的内容包括（　　）。

A. 宾客基本资料　　　　　　　　　B. 宾客消费资料

C. 宾客预订资料　　　　　　　　　D. 反馈意见资料

3. 前厅部应与总经理室做好（　　）的呈报与批准工作。

A. 免费房　　　　　　　　　　　　B. 折扣

C. 贵宾接待规格　　　　　　　　　D. 宾客反馈意见

二、判断题

1. 前厅部应在预订客人抵店时，将具体的接待要求通知相关接待部门。（　　）

2. 前厅部每天的正常运转和有效地对客服务取决于稳定的团队和员工的敬业精神。（　　）

3. 团体、会议的客房销售工作是由饭店的销售部负责的工作内容。（　　）

三、简答题

1. 在客情预测与传递过程中，应注意哪些细节？

2. 前厅部同客房部沟通协调的内容有哪些？

3. 客史档案包括哪些内容？

4. 建立客史档案有何意义？

5. 如何进行文档管理？

四、案例分析

里根夫妇的晨衣店

1984年时任美国总统的里根到上海访问，下榻锦江饭店。里根总统和夫人南希早上起来，服务人员已经准备好了晨衣，里根和夫人穿上一试，不由得惊讶起来：“哦，这么合身！就像为我们量了尺寸定做的。”里根和夫人没有想到，“锦江”早已建立了他们这方面的档案资料，而且还知道南希喜欢鲜艳的红色服饰，事先专门为她定做了大红缎子的晨衣。为了感谢“锦江”出色的服务，里根在离开锦江饭店时，除在留言簿上留下他的赞誉之词外，还特地将他们夫妇的合影照片夹在留言簿内，并在背面签名赠给锦江饭店留念。

问题：

1. 是什么使里根夫妇对下榻的锦江饭店如此满意？

2. 豪华饭店该如何接待好国际贵宾？

实践训练

1. 应用计算机加强信息管理训练。

【实训目的】　了解饭店前厅计算机软件系统的运用情况,尤其是宾客信息的处理、饭店内部的沟通、网络预订等。

【实训内容】　饭店管理软件、网络预订。

【实训时间】　现场教学1课时。

【实训地点】　前厅部客房实训室。

【实训岗位】　前厅部各岗位员工。

【实训准备】

(1) 事先准备计算机房。

(2) 饭店管理模拟软件。

【实训方法】

(1) 运用模拟软件,进行模拟客人信息输入和查询。

(2) 登录连锁饭店的预订网站,熟悉页面,并了解网络预订的要素和要求。

(3) 教师总结。

2. 教师提供素材,训练学生前厅报表的制作与使用能力。

课后阅读

杭州黄龙:中国最智慧的饭店

酒店智能化是近年来酒店改造的主要议题,但是在实践中很多酒店仅仅在某一个方面或者几个方面开展智能化改造,这种零敲碎打的改造方式能够在部分领域提升管理绩效或改善顾客体验,但是距离智慧酒店还有巨大差距。杭州黄龙饭店是一家有着二十余年历史的酒店,杭州旅游集团耗资10亿元对其进行升级改造。改造后的黄龙饭店成为全球第一家智慧酒店,更重要的是在其实践中走出一条从智能系统到智慧酒店的创新之路,实现了内部管理、对客交互和顾客体验三个层面的智能化系统升级,成为名副其实的"聪明"酒店。

近日,笔者采访了黄龙饭店的总经理杜宏新,一位拥有美国酒店管理和计算机专业双硕士学位的新锐经理人,探讨智慧酒店的秘密。

一、智慧酒店的三个层面

何为智慧酒店? 目前学界尚无具体定义。作为智慧酒店的先行者,杜总认为智慧酒店至少要在以下三个层面实现高度智能化。

1. 顾客体验智能化

酒店首先是为顾客提供服务的载体,因此顾客体验的智能化是智慧酒店的第一要义。伴随信息科技的日新月异,顾客对酒店体验的智能化有着越来越高的要求。在十年前,客房的网线配备还不普及。而今再看,无线网络基本上成为高星级酒店的必备。顾客,尤其是高星级酒店的客人,对现代科技有着高于常人的接受能力和热爱程度。酒设备如果不能与时俱进,顾客只能压抑自己的需求。一旦酒店能够提供这种服务,顾客对其消费的热情将得以充分释放。更有甚者,顾客体验具有消费的"棘轮效应",简单地说就是"由俭入奢易,由奢入俭难"。一旦体验到最新的科技,次新的体验将不再具有吸引力。举一个简单的例子:苹果公司推出 iPad 2 后,老版的 iPad 市场价格一日跌幅接近 30%。

　　黄龙饭店给顾客多重智能体验,第一次住店往往令客人耳目一新,再次住店则得心应手,对其智能体验欲罢不能。这就是黄龙饭店的核心竞争力:我所提供的体验是最高端的,是唯一的。下面罗列其中几项体验以飨读者。

　　① 客房智慧导航系统。所有入住黄龙饭店的客人都可以拿到一张独一无二的房卡,进电梯只需刷卡即可到达所住楼层,出电梯后系统会自动感应客人的房卡信息,走廊内三道指示牌指引直至自己的房间。这轻松解决了客人在酒店里找不到房间的困境。

　　② VIP 快速通道。VIP 客人开车入车库的同时完成登记入住和房卡制作,非常便于保护高端客人的隐私。

　　③ 全世界第一套电视门禁系统。大多酒店门禁就是猫眼,黄龙饭店则有巨大改进。门铃一响,不必看猫眼,门外的图像会主动跳到电视屏幕上,方便客人判断以什么形象去开门。

　　④ 客房智能手机。每间客房配备一台智能手机,号码就是客房电话,可实现全球漫游,免费拨打,免费接听。这极大地方便了出差在外的客人,尤其是国外客人。

　　⑤ 互动服务电视系统。黄龙饭店将电视的功能用到极致,内设八国语言,系统会自动选择以母语欢迎客人入住,自动弹出客人上次入住时常看的频道;能显示客人祖国气候及杭州气候;显示机场航班动态,方便客人合理安排时间,甚至可以在酒店商务中心打印登机牌;为客人提供点餐服务;为客人提供杭州各类信息,等等。

　　⑥ 苹果 iPad 点菜系统。黄龙饭店是全球酒店业第一家采用 iPad 点菜的酒店,并且自己研发出一套点菜系统 i-menu,所有菜品均可清晰显示,除了形象的画面,各种食物的成分也清楚标示,方便搭配。

　　诸多创新体验令客人目不暇接,流连忘返。新奇的体验,舒适的住宿,黄龙饭店用全方位的智能系统"俘房"了一批又一批客人的心。系统化的智能体验客房完全超越数字客房的狭隘范畴,实现顾客体验的全面覆盖,为酒店在高端客源市场开辟出前景光明的蓝海之路。

　　2. 对客交互智能化

　　现代酒店服务涉及的信息稍纵即逝,服务环节增多更会导致信息传递过程中的损失,进而直接导致服务失败。因此,对客交互的智能化是提升服务品质的关键,但是很少有成功的案例。黄龙饭店则很好地破解了这一难题,利用智能系统实现对客交互的智能化,极大地提升了服务品质。下面以酒店常见服务作为切入点阐述对客交互的智能化。

　　① 客人识别。服务员见到客人要问好,但是存在的问题是酒店客房规模大,再好的服务员也难以记清楚每位客人的姓名,叫错了姓名更是尴尬。如果对客人不加区别地问好,客人也会因为不被尊重而心生反感。在黄龙饭店这种情况不会发生,因为每位客人都有一张独一无二的房卡,当客人走进黄龙饭店,这张房卡就会被感应,服务员就能收到

相关信息,上前问好并提供服务。

② 对客服务。客人住店期间有服务需求,这种信息在很多饭店往往经过多次传递而无法及时完成,甚至因此而招来投诉。在黄龙饭店这种情况不会发生,因为每个当班员工都配备一台 HTC 手机。客人将服务需求信息告知服务中心,服务中心立即将服务信息发给当班员工。如果员工有时间有能力完成则确认,有事难以抽身则可以转给其他员工。服务完成后员工会向服务中心确认完成,而服务中心则会征询客人意见。这样的一个服务过程不存在信息损耗,可以说实现了顾客—信息中心—职能部门之间的完美对接。

③ 点菜系统。客人用 iPad 点菜,服务员则用 i-touch 确认。客人的需求通过信息系统直接传到厨房间,厨师与服务员实现无缝对接。

④ 会议系统。会议自动签到系统不需要与会的宾客一一签到就能统计已到和未到的人数,还能分析各类数据,并能将参会人员的具体信息汇总成报表,让每次会议的结果均可见可查。例如智能会议管理系统会自动统计客人在不同的展区停留的时间、每个展区参观的人次等,展会主办方就能轻松地分析出哪些产品更加有市场吸引力。

如此种种,基于智能系统的对客交互实现了服务的高效率,实现了传统人力所不能达到的新型服务,这也是黄龙酒店核心竞争力的重要方面。

3. 内部管理智能化

管理智能化是提升管理绩效的有效手段,也是智慧酒店的重要方面。目前大多数酒店采用的智能化系统主要针对物流和资金流,用于成本控制,对于员工服务的考核管理仍主要靠逐级负责人考核的办法,其中人的主观因素占了很大比重。酒店经营得好则所有人都忙于接待服务,管理力度就下来了,长此以往就形成了"经营和管理不能兼得"的悖论。而服务是服务员对客人的不可储存的劳动,很难精准计件计量,忙起来就是一笔糊涂账。在黄龙饭店不会发生这种情况,员工的付出有着精确的统计,因此才能真正有效地激励员工。

① 员工管理。当班员工的制服内有专用标签,在各个分区都有读写器,显示员工定位。员工通过随身携带的 HTC 手机接收任务并汇报完成情况,所有的服务都会在中央系统留下"痕迹",便于统计员工的工作量。

② 资产管理。在贵重物品上粘贴专用标签,当资产非法移动时,系统自动报警,这直接解决了酒店贵重物品的资产管理难题。

③ 流程管理。无论是客房服务还是餐饮服务,整个流程都是无纸化办公,所有的流程都经过中央系统,流程控制一目了然,信息通畅,管理高效。

正是由于采用智能化管理,酒店员工考核成为激励的有效工具,有凭有据的奖惩让员工心服口服,激励员工以更大的热情投入工作。

二、从智能到智慧的系统提升

经过两年半的改扩建,黄龙饭店提升到全球第一家智慧饭店,其华丽转身背后是一系列具体而具有前瞻性的工作。

1. 统筹与规划

酒店改造涉及事务千头万绪,没有统筹无以有序推进。智慧酒店所需的弱电工程宛如酒店的神经系统,杜宏新总经理亲自主抓,并且与多领域多产品的经销商进行交流,按照酒店所需的规格进行调试。这在一般的酒店改造中是很难见到的,顶多是工程部经理负责弱电项目。正是这位有酒店管理和计算机两个学位的总经理的开拓性思维,才建成布局合理而行之有效的黄龙饭店的神经系统,奠定了智慧酒店的基础。

这种统筹与规划既需要对酒店行业有深刻认知,对酒店客人需求有精准把握,更要有对最高端的信息技术的应有熟练自如,因此两个专业领域知识的整合是智慧酒店的关键。

2. 嵌入与延伸

嵌入是将新的功能模块加入原有设备。高端电器价格昂贵,但一般人使用起来与一般品牌电器差异并不大,那是因为一般人没有将电器的使用价值开发出来。就以电视为例,黄龙饭店的电视不仅仅可以收看电视节目,还能查看航班信息,能够提供娱乐服务,能够提供信息支撑。电视、电话这样的酒店常用设备成为智慧酒店的核心功能载体,关键在于在其中嵌入新的功能模块,充分发掘设备的使用价值。

延伸是将对设备进行升级改造,使其具备原来不具有的功能。iPad在黄龙饭店成了菜单,HTC手机成了客房电话,电视成了猫眼,如此等等都是对这些常见设备设施进行改造升级,使其具备新的功能。

3. 研发与创新

嵌入与延伸是对常规设备潜能的充分挖掘,研发与创新则是全新的发明与应用。

黄龙饭店与IBM建立合作关系,充分利用IBM在信息科技领域的专业力和黄龙饭店在酒店管理领域的专业力,研发出全方位的酒店管理系统与RFID(射频无线识别技术)等智能体系,双方共同拥有知识产权。酒店管理系统使得酒店运转完全纳于系统之下,实现高品质服务和高效率管理。射频识别技术则使得酒店在顾客识别、会议服务和员工管理等领域取得开拓性创新,更彰显智慧酒店的真谛。

4. 成本与收益

从老酒店一跃成为智慧酒店,外人一定认为其弱电系统改造成本一定不菲,但事实上却是并没有大幅提升。弱电系统大约占酒店改造总成本的5%～8%,黄龙饭店则只用了6.8%。关键是黄龙充分发挥常用设备的潜在价值,开发软件嵌入扩充其功能,所投入的成本并不高。通盘考虑后做整合开发,黄龙酒店节约了不少成本。比如原来引进酒店的六根线,包括电信、电视、电话等,整合之后只需要一根线,为运营商剩下大量成本,也因此受到工信部的表彰。而采用iPad等先进设备,认真算一笔账,发现比不采用这种设备更节省。以菜单为例,iPad用作点菜不仅给客人更多信息,且菜单更新只需要改变程序即可完成,而纸质菜单则需要重新印刷,成本颇高。因此整体成本控制得非常好。

再看收益。由于采用最新的技术给客人以独一无二的数字科技体验,黄龙饭店已经成为杭州顶级奢华酒店,摆脱原来无休止价格竞争的"红海",在高端市场上竖起民族酒店品牌。由于采用全覆盖的管理系统,酒店用工较之同星级酒店大幅下降,598间客房仅有780个员工,而高品质服务在管理系统的支撑下更显卓越。

三、智慧酒店的发展趋势

文化与科技是酒店业发展的两大方向,但是主题文化存在受众面宽窄的局限,很难吸引足够的高端客源形成市场支撑。而科技则是高端客源所依赖和喜爱的内容,高科技体验完全可以成为酒店经营和管理的利器,成为吸引高端客源的竞争力要素。因此,智慧酒店代表了未来酒店业发展的趋势,这种趋势是发展的主流。

零敲碎打式的智能化改造不足以长期吸引高端客人,因为喜新厌旧是消费者的根本特征。而全方位的智能提升打造出的智慧酒店给客人带来的体验则是绝无仅有的,具有较强的市场吸引力,也是打造顶级酒店的必需。

智慧酒店与时俱进,跟上科技发展的步伐。"一招鲜吃遍天"的时代已经过去,"一招鲜吃半天"才是当今时代的真实写照。停滞就是倒退,就会为市场所淘汰。现代科技只有想不到,没有做不到。酒店业有其行业特质,专注研究顾客需求,通过科技手段达成这种与时俱进的需求,才能赢得市场,赢得一时的成功。唯有不断探索,不断前行,才能赢得一世的成功。

(资料来源:http://blog.meadin.com/1257427-views-51165)

宾客关系管理

- 认识和理解宾客关系管理的重要性
- 熟悉建立良好宾客关系的基本方法
- 掌握处理宾客投诉的方法与技巧
- 掌握建立和运用客史档案的方法

子任务 7.1 建立良好的宾客关系

7.1.1 宾客关系管理的重要性

宾客关系管理是针对饭店业所特设的客户关系管理项目。实施宾客关系管理允许饭店或饭店连锁集团收集顾客资料,基于客户偏好来设计宾客计划、服务和促销项目。连锁饭店或集团可运用收集到的资料在所属饭店连锁内区分特殊客人的需要,向某个明确的旅行人群作推广,也可以评估公司的常宾客计划,分析趋势以及进行服务个人化。一个典型的宾客关系管理项目应做到收集与宾客相关的数据,保存姓名,地址,个人信息,客房及用餐偏爱,消费总额,累计积分等所有记录,并使用该数据来不断地加强宾客关系管理项目。

饭店前厅部是宾客关系管理的重要部门,是维系宾客关系的重要纽带,建立良好的宾客关系是前厅部的重要职责。

7.1.2 前厅部建立良好宾客关系的方法

1. 正确认识客人

前厅部员工要与客人建立良好的宾客关系,就要对客人有一个正确的认识,正确理解饭店员工与客人的关系,掌握客人的心理和与客人的沟通技巧。正确认识客人是建立良好宾客关系的前提条件。

(1) 客人是"人"

把客人当"人"对待,有以下三层意思。

① 要把客人当"人"来尊重,而不是当"物"来摆布。服务员在工作时,常常会有意无意地将客人当物来摆布。比如,一位心情烦躁的服务员,觉得客人"妨碍了自己的工作",于是就很不耐烦地对客人说:"起来!——让开!——站远点儿!"这样对待客人,无疑会使客人觉得服务员不是把他当做一个人,而是当做一件物品来随意摆布。

有时,服务员在一些细节问题上不注意,也会使客人产生同感。例如,服务员要是伸出食指,对着客人指指点点地去点人数,客人便不禁要问:你这是干什么呢,数桌椅板凳才这样,对人能这样吗?

② 要充分理解、尊重和满足客人作为"人"的需求。尤其要尊重和满足客人作为"现代人"的各种"人之常情"。

③ 对待客人的"不对之处",要多加宽容、谅解。客人作为"人",也是有缺点的,因此,我们对客人不能苛求,而要抱有一种宽容、谅解的态度。

(2) 客人是服务的对象

在饭店的客我交往中,双方扮演着不同的"社会角色"。服务人员是"服务的提供者",而客人则是"服务的接受者",是"服务的对象"。前厅部员工在工作中始终都不能忘记这一点,不能把客人从"服务的对象"变成别的什么对象。所有与"提供服务"不相容的事情,都是不应该做的。特别是无论如何也不能去"气"自己的客人。道理很简单:客人来到饭店,是来"花钱买享受",而不是来"花钱买气受"的。

前厅部员工在工作中,尤其要注意以下几点。

① 客人不是评头论足的对象。任何时候,都不要对客人评头论足,这是极不礼貌的行为。请听一下一位客人的经历和反应。

【情景模拟 7-1】

"当我走进这家饭店的餐厅时,一位服务员颇有礼貌地走过来引领我就座,还送给我一份菜单。正当我看菜单时,我听到了那位服务员与另一位服务员的对话:'你看刚才走的那个老头儿,都快骨瘦如柴了还舍不得吃,抠抠搜搜的……''昨天那一位可倒好,胖成那样儿,还生怕少吃一口,几个盘子全叫他给舔干净了!'听了他们的议论,我什么胃口也没有了。他们虽然没有议论我,可是等我走了以后,谁知道他们会怎样议论我?我顿时觉得,他们对我的礼貌是假的……"

② 客人不是比高低、争输赢的对象。不要为鸡毛蒜皮的小事与客人比高低、争输赢,因为即使你"赢"了,你却得罪了客人,使客人对你和你所在的饭店不满意,实际上你还是输了。判断客人的对错,不能单纯从客人的行为表面去看待问题,也就是说,事实有时是不能当做判断对错的依据的,重要的是:凡是涉及客人放不放心和满不满意的问题,重点不在于客人说的是不是在客观上"符合事实",而在于让客人"放心、满意"就是对的,反之

就是错的。我们可以提出"我们理应满足一切客人的所有要求",并且记住:凡是应该让客人自己做决定的事情,客人怎么说都是"对"的,永远没有"不对"的时候。

事实上,客人并不总是"对"的,但我们不能说他"不对"。我们提供的是服务,而不是要在任何时候、地点分清是非。当客人的行为有"好""坏"两种解释时,先假定客人是"对"的,先按照好的可能性作出反应,争取"双胜无败"的结果。

③ 客人不是"说理"的对象。在与客人的交往中,服务人员应该做的只有一件事,那就是为客人提供服务。所以,除非"说理"已经成为服务的一个必要的组成部分,或者能为饭店赢得较大的利润(或避免很大的损失),作为服务人员,是不应该去对客人"说理"的。尤其是当客人不满意时,不要为自己或饭店辩解,而应立即向客人道歉,并尽快帮客人解决问题。如果把服务停下来,把本该用来为客人服务的时间,用去对客人"说理",其结果,肯定是"吃力不讨好"。

④ 客人不是"教训"和"改造"的对象。饭店的客人中,"什么样的人都有",思想境界低、虚荣心强、举止不文雅的大有人在。但服务人员的职责是为客人提供服务,而不是"教训"或"改造"客人。如果需要教育客人,也只能以"为客人提供服务"的特殊方式进行。

【情景模拟 7-2】

> 某日,有几位客人在客房里吃西瓜,桌面上、地毯上吐得到处是西瓜子。一位客房服务员看到这个情况,就连忙拿了两个盘子,走过去对客人说:"真对不起,不知道您几位在吃西瓜,我早应该送两个盘子过来。"说着就去收拾桌面上和地毯上的西瓜子。客人见这位服务员不仅没有指责他们,还这样热情周到地为他们提供服务,都觉得很不好意思,连忙作自我批评:"真是对不起,给你添麻烦了! 我们自己来收拾吧。"最后,这位服务员对客人说:"请各位不要客气,有什么事,尽管找我!"

这位服务员就不是用训斥的方式,而是用"为客人提供服务的方式"教育了客人。

2. 掌握客人对饭店产品的需求心理

在现代社会,高新技术的采用的确给人们的生活带来了许多方便。但是,人们与那些"刚性的"、冷冰冰、硬邦邦的机器打交道的机会越来越多了,而与"柔性的"、活生生、有血有肉、有感情的人打交道的机会却越来越少了,这就会产生像未来学家约翰·奈斯比特所说的"令人烦恼的不协调现象"那样。

从社会心理的角度讲,现代人普遍感觉到生活在一种充满竞争的"无情"时代,活得很累、很辛苦、很无奈,各行各业"全都变成了一部只求功能的大机器……个人在这部大机器中,只不过是一个随时可以更换的、小小的零件而已"。生活在这样的社会,在人们的日常生活中便缺少了"亲切感"、"自豪感"和"新鲜感",而多了"精神紧张"的情绪。

饭店的客人住在饭店的这段时间,实际上是在过一种"日常生活之外的生活",是从"第一现实",走进"第二现实",不管他们是否清楚地意识到,实际上都必然存在"求补偿"和"求解脱"心理。"求补偿"就是要在日常生活之外的生活中,求得他们在日常生活中未能得到的满足,即:更多的新鲜感、更多的亲切感和更多的自豪感。"求解脱"就是要从日常生活的精神紧张中解脱出来。

要使客人"解脱",体验更多的新鲜感、亲切感和自豪感,作为前厅部服务人员不仅要为客人提供各种方便,帮助他们解决种种实际问题,而且要注意服务的方式,做到热情、周到、礼貌、谦恭,使其感受到一种几乎是从未有过的轻松、愉快、亲切、自豪。

3. 掌握与客人的沟通技巧

(1) 重视对客人的"心理服务"

饭店为客人提供"双重服务",即"功能服务"和"心理服务"。"功能服务"满足消费者的实际需要,而"心理服务",就是除了满足消费者的实际需要以外,还要能使消费者得到一种"经历"。从某种意义上讲,客人就是花钱"买经历"的消费者。客人在饭店的经历,其中一个重要的组成部分,就是他们在这里所经历的人际交往,特别是他们与饭店服务人员之间的交往。这种交往质量的高低,常常对客人能否产生轻松愉快的心情,能否带走美好的回忆,起着决定性的作用。所以,作为前厅部服务员,只要能让客人经历轻松愉快的人际交往,就是为客人提供了优质的"心理服务",就是生产了优质的"经历产品"。

作为前厅部服务员,如果只会对客人微笑,而不能为客人解决实际问题,当然不行;但如果只能为客人解决实际问题,而不懂得要有人情味儿,也不可能赢得客人的满意。

【情景模拟 7-3】

　　某饭店入住了一位来自农村的姑娘。次日,服务员在打扫她的房间时,发现了放在床头柜上的一瓶安眠药。这引起了服务员的警觉,便立即向领导进行了汇报。饭店立即进行了调查。按照她的衣着打扮和身份来看,住这样的豪华饭店显得有些不合常理。为了不惊动而刺激客人,饭店决定让服务员利用服务的机会,主动与她聊天,以便掌握其真实的意图。服务员在与她的交流中得知这位女青年正准备嫁妆即将结婚,可进城务工的未婚夫却突然提出分手,一时间让她难以接受这个事实,于是便拿出自己准备嫁妆的全部现金,到城里来好好享受一番,然后就准备了却自己的一生。饭店服务员得知后,对这位女青年进行了悉心的开导,希望她要自立自强,并告诉她饭店正在招聘服务员,不妨一试。就这样,女青年最终放弃了轻生的念头,成为了饭店洗衣房的服务员。

(2) 对客人不仅要斯文和彬彬有礼,而且要做到"谦恭"、"殷勤"

斯文和彬彬有礼,只能防止和避免客人"不满意",而只有"谦恭"和"殷勤"才能真正赢得客人的"满意"。所谓"殷勤",就是对待客人要热情周到,笑脸相迎,问寒问暖;而要做到"谦恭",就不仅意味着不能去和客人"比高低、争输赢",而且要有意识地把"出风头的机会"全都让给客人。如果说饭店是一座"舞台",服务员就应自觉地去让客人"唱主角",而自己则"唱配角"。

（3）对待客人，要"善解人意"

要给客人以亲切感，除了要做"感情上的富有者"以外，还必须"善解人意"，即能够通过察言观色，正确判断客人的处境和心情，并能根据客人的处境和心情，对客人做出适当的语言和行为反应。

（4）注意语言表达的艺术

① 将反话正说。就是要讲究语言艺术，特别是掌握说"不"的艺术，要尽可能用"肯定"的语气，去表示"否定"的意思。比如，可以用"您可以到那边去吸烟"代替"您不能在这里吸烟"；"请稍等，您的房间马上就收拾好"，代替"对不起，您的房间还没有收拾好"。在必须说"NO"时，也要多向客人解释，避免用钢铁般生硬冰冷的"NO"字一口回绝客人。

② 否定自己，而不要否定客人。在与客人的沟通中出现障碍时，要善于首先否定自己，而不要去否定客人。比如，应该说："如果我有什么地方没有说清楚，我可以再说一遍。"而不应该说："如果您有什么地方没有听清楚，我可以再说一遍。"

掌握理解他人、体谅他人的艺术，这是与宾客和谐相处，彼此尊重合作的基础。理解他人意味着不要事事只为自己着想，只考虑自己的困难和处境，固执于自己的意见和推理，而应多为客人着想，站在客人的立场和角度观察、思考问题，愿意并善于灵活地做出合理的让步，使客人满意。谅解甚至可以消除语言上的隔阂而收到理想的效果。

（5）投其所好，避其所忌

客人有什么愿意表现出来的长处，要帮他表现出来；反之，如果客人有什么不愿意让别人知道的短处，则要帮他遮盖或隐藏起来。比如，当客人在饭店"出洋相"时，要尽量帮客人遮盖或淡化之，绝不能嘲笑客人。

前厅部的工作主要就是与人打交道，学习心理学，把握顾客心理，这对从事前厅工作大有裨益。人的行为总是由某种本能、动机或推理所激发的。我们要善于预见和掌握客人光顾饭店的需要和动机，善于体验他们的情绪以及获得服务后的反应。世界上没有两个人是绝对相同的，善于掌握客人心理，是服务工作的要诀之一。

待客一视同仁，客人最反感的是受到歧视。不分种族、肤色、贫富、社会地位、衣饰（衣冠不整除外）、国籍，一旦进入饭店，就是我们的客人，有权获得同等程度、不受歧视的服务和接待。

子任务7.2　宾客投诉处理

饭店业实质上就是一个迎来送往的行业，每天都要与各种性格和习惯的宾客打交道，在某些环节上没有能够满足宾客需要，就会引起宾客的投诉。宾客投诉的处理，是前厅部宾客关系管理的一项重要的常规性工作，接受并处理宾客投诉的职位就是饭店的大堂副理。

7.2.1　大堂副理

走进富丽堂皇的饭店大堂，您会在其一侧发现一张典雅、精美的桌子，上面摆放着鲜花,旁边坐着一位能讲一口流利英语的、和颜悦色的饭店"官员",他(她),就是饭店的大堂副理。

1. 大堂副理的主要职责

大堂副理的主要职责是代表饭店总经理接待每一位在饭店遇到困难而需要帮助的客人,并在自己的职权范围内予以解决,包括回答客人问讯、解决客人的疑难、处理客人投诉等。因此,大堂副理是沟通饭店和客人之间的桥梁,是客人的益友,是饭店建立良好宾客关系的重要环节。

在我国,三星级以上饭店一般都设有大堂副理。大堂副理可以是主管级,也可以是部门副经理级,以体现这一职位的重要性和权威性。对大堂副理的管理模式通常有两种:一种是隶属于前厅部;另一种是由总经理办公室直接管理,大堂副理向总经理办公室主任或直接向总经理汇报。以上两种模式各有其合理性和利弊。从工作性质(属于对客服务项目)和工作岗位的位置(位于前厅大堂)来讲,应属于前厅部;而从职责范围来讲,涉及饭店各个部门,为了便于协调管理和有效地开展工作,则应由总经理办公室直接管理。还有的饭店将大堂副理划归质监部,由质监部经理(或总监)负责,直接处理出现在各部门的服务质量问题和客人投诉问题,以增强其权威性。具体而言,各饭店应根据自身的实际情况来决定。

无论采用哪种管理模式和体制,都要明确大堂副理管理的岗位职责和管理权限;否则,他将很难开展工作(在一些涉外饭店,大堂副理已沦为饭店的"翻译",当出现客人投诉或客人与饭店发生冲突时,他只是被请去充当"翻译"的角色),或者与其他部门经理、主管的权力发生冲突,影响协调和团结。

2. 大堂副理的主要工作

(1) VIP 的接待

VIP 是英语 Very Important Person 的简称,意为非常重要的客人,是饭店给予在政治、经济以及社会各领域有一定成就、影响和号召力的人士的荣誉,是饭店完善、标准的接待规格服务对象。VIP 客户服务水准是饭店优质服务体系的集中体现,也是宾客关系管理水平的重要体现。

① 抵店前的准备工作

a. 了解 VIP 客人姓名、职务、习惯及到店时间。

b. 在 VIP 到达之前检查 VIP 入住登记单情况。

c. 检查 VIP 房的分配情况和房间状况,确保 VIP 房的最佳状况。

d. 在 VIP 到达前一小时,检查鲜花水果和欢迎信的派送情况,督促接待人员在 VIP 到达半小时前到位,提醒总经理提前十分钟到位,确保一切接待工作准确无误。

② 抵店时的接待工作

a. VIP 进入大堂时,要用准确的客人职务或客人姓名来称呼和迎接客人。

b. 引领 VIP 客人进入预分的房间,查看客人的有效证件,确保入住单打印的内容准确无误,并礼貌地请客人在入住单上签字。

c. 向 VIP 客人介绍客房及饭店内设施、设备。

d. 征求 VIP 客人的意见,随时提供特殊的服务。

③ 离店后的后续工作

a. 接待完 VIP 客人后,要及时把入住单交给前厅部,准确无误地输入各种信息。

b. 做好 VIP 客人的接待记录,必要时及时向总经理报告 VIP 客人到店情况和接待情况。

c. 协助预订部建立、更改 VIP 客人的档案,准确记录客人的姓名、职务、入店时间、离店时间、住店次数、特殊要求等情况,作为以后订房和服务的参考资料。

(2) 处理客人投诉

① 接受宾客的投诉

a. 确认是否为住店客人,记录客人的姓名、房号、投诉部门和事项。

b. 听取宾客的投诉时头脑冷静、面带微笑、仔细认真,对宾客遇到的不快表示理解,并致歉意。

c. 对客人的投诉,饭店无论是否有过错,都不要申辩,尤其是对火气正大或脾气暴躁的客人,先不要做解释,要先向客人道歉,表示安慰,让客人感到你是真心实意为他着想。

② 处理宾客的投诉

a. 对一些简单、易解决的投诉,要尽快解决,并征求客人的解决意见。

b. 对一些不易解决或对其他部门的投诉,首先要向客人道歉,并感谢客人的投诉,同时向有关经理汇报。

c. 查清事实并作处理,同时将处理结果通知客人本人,并征求客人对解决投诉的意见,以表示饭店对客人投诉的重视。

d. 处理完客人的投诉后,要再次向客人致歉,并感谢客人的投诉,使饭店在其心目中留下美好的印象,以消除客人的不快。

③ 记录投诉

a. 详细记录投诉客人的姓名、房号或地址、电话、投诉时间、投诉事由和处理结果。

b. 将重大的投诉或重要客人的投诉整理成文,经前厅部经理阅后呈总经理批示。

(3) 为住店客人过生日

① 做好准备工作

a. 在客人生日申报单上签字。客人生日的查询,由前厅部夜班负责,如有生日客人填写客人生日申报单,然后交由大堂副理签字。

b. 将经签字的"客人生日申报单"一份交回前厅部留存,另一份由前厅部交餐饮部准备生日蛋糕。

c. 同时通知柜台员工,以备随时祝贺客人生日快乐。

d. 从办公室秘书处领取生日贺卡,请总经理签字后,准备送入客人房间。

② 祝贺客人生日快乐

a. 与客人取得联系,在适当的时候持生日贺卡上楼,由送餐人员送上蛋糕,同时祝贺客人生日快乐。

b. 借此机会与客人做短暂交谈,征求客人的意见。

c. 将上述工作详细记录在记录本上。

（4）处理紧急事件

饭店是一个小世界，什么样的事情都有可能发生，在遇到下列几种特殊情况时，大堂副理应参照以下程序进行工作。

① 房客生病或受伤

a. 房客若在居住期间生病或受伤，先以电话询问病情，然后再依病情和客人之要求，决定请医生来或是去医院治疗，严禁随便拿药给客人服用。

b. 若客人确实病情严重，或有特殊要求，可联系医院请求医生出诊。

• 请医生出诊应事先电话提供病人的详细情况。

• 情况紧急，可拨打电话120，请急救中心出诊。

• 在紧急情况下，如心脏病等，白天可请医务室帮忙就诊。

• 病人若行走不便，可安排轮椅（存在行李房）或担架（客房加床用的折叠床即可）。

c. 在与医院联系后，要协助客人订好出租车，并告知司机医院的确切位置。在遇到无出租车的情况下，可联系饭店车队。

d. 客人需要住院治疗时，将客人的病情及房号等做记录，如有可能通知其在当地的亲友。

e. 客人在住院期间若欲保留其房间，则通知客房部；若不需要保留房间，则征得客人同意后，帮助整理行李并寄存于行李房，衣服可存于客房部服务中心。

f. 对于传染病房客，要劝其离店，并对房间及房内物品做彻底消毒，同时对楼道及有关区域进行消毒处理。

g. 突发病时客人通常会要一些药物，此时应委婉告知客人，碍于规定，饭店无法提供，小擦伤等可用大堂副理药箱中之创可贴、纱布等。

② 房客自杀或死亡

a. 若发现此状况，而未能确定是否已死亡时，立即报保安部或特约医院叫救护车送往医院急救，将事件报告总经理并做记录。

b. 立即封锁现场及消息，并通知客房部、公关部等有关单位，由保安部经理判断是否报警处理。

c. 死亡。凡有房客死亡时，立即报保安部、总经理，再依下列情况处理。

• 自然死亡和病死：首先封锁消息，封闭该房门后电请医院派救护车运走，由保安部报告有关部门，再通知友人或家属直接到医院料理丧事；

• 谋杀：保持现场完整，报保安部，等候公安机关人员调查，再视情况处理；

• 自杀：先封锁消息和现场，电请医院派救护车运回急救。等运走后再由保安部通知有关部门。若急救无效，依"自然死亡"项处理。

③ 火灾

a. 大堂副理接到火警通知后，先报消防中心，然后电话通知总机（总机按"接火警通知方案"程序通知有关人员），并记录通知时间，然后携带总钥匙和手电筒迅速赶到现场。

b. 若火灾发生在厨房，应通知工程部立即关闭所有煤气阀门，关掉所有电源，关闭受影响的一切通风装置。

c. 检查火警现场，并与保安部、工程部等有关部门的人员取得联系，在最高领导决策后，决定是否报"119"派消防车支援。

d. 根据现场情况,做好各部门协调工作,在最高领导决策后,组织客人撤离现场。

e. 当需要将客人安排到其他饭店时,大堂副理立即与其他饭店取得联系。

④ 偷盗

a. 发生任何偷盗现象均需首先报饭店保安部。

b. 接到通知后,同保安人员赶到现场,若发生在房间,则同时通知客房部主管前往。

c. 请保安部通知监控室注意店内有关区域是否有可疑人物。

d. 查询客人被盗物品及是否曾有客来访的有关资料,并做记录,视客人要求,由客人决定是否向公安机关报案。

e. 若客人有物品遗失,无论饭店有无责任赔偿,均应酌情给予关照。

f. 通常情况下,饭店不开据遗失证明,若客人信用卡遗失,可由大堂副理代为联络银行止付。

g. 一般要由客人自己报案,大堂副理派人联系,最好由保安部和大堂副理同时出面与客人交涉,外籍客人需报市公安局外管处;国内客人报案,可到当地派出所,也可报公安局。

h. 若住店客人在店外被盗,征得客人同意后,大堂副理可协助客人向事发地区公安机关报案。

⑤ 员工意外

员工发生意外,通常由员工所在部门的经理会同人事部经理处理,节假日由大堂副理代为处理,并做记录,次日转交以上两部门处理。

3. 宾客关系主任

宾客关系主任(Guest Relation Officer)是一些大型豪华饭店设立的专门用来建立和维护良好的宾客关系的岗位。宾客关系主任直接向大堂副理或值班经理(Duty Manager)负责。他要与客人建立良好的关系,协助大堂副理接待贵宾以及处理团体临时性的特别要求。

7.2.2　对宾客投诉的认识

1. 以积极的态度面对顾客的投诉

面对宾客的投诉,当然不是一件让人感到愉快的事情,但是必须要面对。宾客投诉,可以使管理者发现饭店管理和服务中存在的问题和不足,以便提高管理水平和服务质量;可以通过投诉问题的处理,加强与宾客的交流和沟通,将不满意的客人转变为满意的客人,为饭店留住宾客,促进饭店的营销工作。所以,饭店从业人员,特别是饭店的管理者应该对宾客投诉持欢迎的态度。

2. 总结顾客产生投诉的原因

宾客对于饭店的投诉,其原因主要有以下几个方面。

① 饭店服务态度、服务技能、服务效率等方面未能满足顾客的需要。比如办理离店手续的时间很长,宾客很不耐烦;总台问讯不能及时回答宾客的问讯等。

② 饭店设施设备出现故障而导致顾客的需求不能得到满足。比如电梯出现故障,客

人被困电梯中；房间供水不正常、空调不运转、电视效果差等。

③ 饭店管理存在问题而给宾客带来不快。比如宾客不断遭到电话骚扰,宾客的行李或物品在房间被盗等,都属于饭店管理存在的问题。

④ 客人对饭店相关政策不理解。比如客人在下午两点时离店,总台收银多收半天的房费,这是饭店业的常规政策,但客人不理解。

3. 处理顾客投诉的基本方法

(1) 投诉宾客的基本心理分析

当顾客期望与饭店实际提供的产品、服务出现差异时,如果顾客不能理解并接受这种差异,顾客就会不满意而进行投诉。投诉的种类很多,涉及面也很广。如何处理投诉,如何让顾客满意,林林总总的案例给了我们启发,但是由于顾客的个体差异,案例告诉我们的并不是标准答案,有时还会适得其反。如果我们换个角度,从顾客心理来看投诉,就可以将投诉分为三类:一是挑剔型顾客的意见投诉;二是谈判型顾客的索赔投诉;三是宣泄型顾客的抱怨投诉。如果我们能够了解顾客的心理,能够关注顾客的心理需求,投诉的处理就会变得容易一些,轻松一些。

挑剔型的顾客经常入住饭店,他们会比较各个饭店,也会比较同一家饭店的现状和过去,他们以挑剔的眼光看待饭店的现状。这类顾客事实上非常关心饭店,希望饭店能够认识到存在的问题并予以改进。这类顾客在投诉后还会再来饭店,来看看饭店是否有了改进。如果饭店能够重视挑剔型投诉顾客并积极改进存在的问题,这类顾客将会成为饭店的忠实顾客和朋友,会为饭店带来稳定的客源和收入。

谈判型的顾客非常理智,会列举种种事实和理由证明自己的合法权益受到了损害,要求饭店进行赔偿。处理这类投诉,合理的赔偿制度就非常重要了。例如,当班主管有多大权限,值班经理有多大权限,索赔金额超过多少的投诉由总经理处理,处理索赔的时限是以分钟、小时还是天数来计,等等。饭店不要试图对这类投诉采用拖延战略,不要假想可以大事化小、小事化无。如果效率低下,拖延时日,饭店即使最终按照顾客的要求进行了赔偿,也无法让顾客满意,因为时间是有价值的,效率代表了重视程度。

宣泄型的顾客在饭店遇到不公正待遇时,会进行抱怨式的投诉。这时顾客需要的是有人能够耐心地倾听他们的抱怨和不满,希望可以获得同情和理解。解决这类抱怨式的投诉需要有耐心、爱心、细心,能够给予顾客关心,有时仅仅是一两句安慰就可以化解顾客所有的不满。

处理顾客投诉是一种非正常状态的信息沟通,是饭店营销的一个重要部分。相对吸引新顾客,留住老顾客成本要低一些、难度更小一些。在当前竞争对手增加、客源却没有明显扩大趋势的情况下,有效地处理顾客投诉,留住老顾客的意义不言自明。

(2) 有效处理宾客投诉的方法和步骤

① 接受投诉。客户投诉处理方法第一步叫做"接受投诉",要求迅速受理,绝不拖延,这是第一个要素。坚决避免对客户说"请您等一下";否则你就是在冒险,因为你并不了解这位客户的性格,这个投诉对他生活工作带来多少影响以及其后客户会有的反应。

投诉处理的目的不仅仅是避免给企业带来的麻烦,更重要的是希望通过有效处理投诉,能够挽回客户对企业的信任,使企业的口碑得到良好的维护,有更多的"回头客",从而化"危机"为"契机"。

② 平息怨气。客户在投诉时,多带有强烈的感情色彩,具有发泄性质,因此要平息他们的怨气。在客户盛怒的情况下当客户的出气筒,需要安抚客户,采取低姿态,承认错误,平息怒气,以让客户在理智的情况下,分析解决问题。

③ 澄清问题。需要给客户一个宣泄不满和委屈的机会,来分散心里积压的不满情绪,如果放弃这个机会,就不利于投诉最终的处理。用提问题的方法,把投诉由情绪带入事件。

通过提问题,用开放式的问题引导客户讲述事实,提供资料。当客户讲完整个事情的过程以后,客户服务人员要用封闭式的问题总结问题的关键。例:"您刚才所说的情况是您在餐厅用餐时,服务人员人手不够,是这样的吗?"

④ 探讨解决,采取行动。探讨解决是指投诉怎么处理,是退,还是换,还是赔偿。很多客户服务人员往往是直接提出解决方案,而未考虑到当客户失去了选择的余地时,他会没有做上帝的感觉。真正优秀的客户服务人员是通过两步来做:第一步是先了解客户想要的解决方案,客户服务人员主动提出"您觉得这件事情怎么处理比较好";然后第二步,才是提出你的解决方案,迅速对客户投诉的问题进行有效解决。这样一来,不管客户是否已有解决方案的腹案,企业在解决问题时都会居于主动地位。

⑤ 感谢客户。感谢客户是最关键的一步,这一步是维护客户的一个重要手段和技巧。客户服务人员需要说四句话来表达四种不同的意思:

第一句话是再次为给客户带来的不便表示歉意;

第二句话是感谢客户对于企业的信任和惠顾;

第三句话也是向客户表谢意,让我们发现问题知道自己不足;

第四句话是向客户表决心,让客户知道我们会努力改进工作。

4. 特殊客户投诉有效处理技巧

(1) 特殊客户投诉的类型

一个讲道理的人在不满的时候可能会变得不讲道理,然而从根本上说,他还是有理智、讲道理的。但难缠的人,具有一种用分裂的破坏性手段使别人注意他的心理需求。这样的人是极其难以沟通的,大多数难缠的客户是因为他们缺乏安全感,实际上他们也有一种被理解、受欢迎、受重视的需求,尽管他们选择了一种不太合适、不太礼貌的方法。难缠的客户类型有几种。

易怒的客户:脾气比较暴躁,难以沟通,因此难缠。

令人讨厌的客户:饭店不会经常遇到,但服务企业经常会遇到。这些人文化素质很低,品行很差,可能就是流氓地痞。但是他们在生活当中也扮演着客户的角色。

矜持的客户:矜持的客户为什么也可能是难缠的客户呢?一般来说矜持的客户有一些真实想法,但他不愿意说出来,这种人很高傲,很难沟通,不太容易接受服务人员的建议。

霸道的客户:他的难缠,众所周知。

批评家:什么叫做批评家呢?就是习惯于指责身边的任何事物,他骂来骂去,最后照样买。看待任何产品和服务的时候,都带着批判的眼光,其实属于一种发泄性质。

喋喋不休的客户：唠唠叨叨，没完没了。

古怪的客户：他经常会提出一些超出客户服务人员想象的问题，根本就摸不清他的思路。你不清楚他为什么要这么做，他不是正常人的思维。客户服务人员给他提供一种服务，平常人都能够接受，但他不愿意接受。有的时候客户服务人员给他提供一些解决方案，但是他不满意，他一定要提出一些属于一般人不会提出的要求。

犹豫不决的客户：犹豫不决的客户在投诉的时候，往往会给出很多解决方案，他会反复地推翻，犹豫不决。

酗酒的客户：由于饮酒过量而导致神志不够清醒，对自己的言行缺乏控制力，会对饭店服务的点滴问题纠缠不清。

爱争辩的客户：无论什么问题上都尽力表现出自己是正确的、有道理的，而饭店的服务存在问题。

（2）特殊投诉宾客的心理分析

这些特殊的投诉宾客之所以表现出比普通宾客投诉更难以处理的状况，主要是因为他们有着比较强烈的心理感受。这些心理感受包括：感到疲劳和沮丧，感到困惑或遭到打击，在保护自我或自尊，感到被冷落，不善于说话或对语言的理解能力很差，心情不好因而在你身上出气。所以他们想通过强烈的投诉，以表达：

他的期望没有得到满足；

他很累，压力很大或遇到了挫折；

他想找个倒霉蛋出出气；

他总是强词夺理，而从来不管自己是否正确；

你或你的同事对他作了某种承诺而没有兑现；

他觉得如果对你凶一点，就能迫使你满足他的要求；

他做错了事情时，遭到了你或你同事的嘲弄；

他的信誉和诚实受到了怀疑；

他觉得你和你的同事对他没有礼貌或冷漠；

他觉得自己的利益受到了损失；

他觉得你浪费了他的时间。

5. 特殊投诉宾客的应对方法

（1）说话不触及个人

客户服务人员在自己情绪变得不稳定的时候，就会把矛头直接指向客户本人，不再是就事论事，而是互相之间的一种人身攻击。

【情景模拟 7-4】

"你怎么这样，我头一回碰见你这样的服务员。"

"我也没见过你这样的客户，人家别人什么事都没有，怎么就你这么多事呀？我不是已经跟你说了吗，对不对；我不是已经给你解决了吗，你怎么还不满意？"

客户服务人员在说话的时候,始终不能触及个人。因为客户服务人员必须要记住一点,客户不是对你有意见,而是对你的产品有意见,至少是从表面看上去是这样的。

(2) 对事不对人,做一个问题解决者

对事不对人就是说,你要做一个问题的解决者,永远提醒自己,我的工作是解决问题,在处理投诉的时候要解决问题。当你把问题解决了的时候,投诉自然就被化解了。

(3) 征求对方意见,尽量使顾客满意

征求意见是为了让客户感到受到尊重,受到重视。征询意见的目的,是了解客户的实际想法。

【情景模拟 7-5】

"您看怎么做才会让您满意呀?"

"您觉得怎么处理会比较好啊?"

"您看除了刚才您提的两点以外,还有没有我们双方都能够接受的建议呢?"

(4) 礼貌地重复

客户坚持他的要求,而这种要求根本就不可能满足时,客户就会不断提出这种要求。这个时候,客户就很容易翻脸。因此这时要避免客户有爆发性的投诉。怎么做呢? 做到礼貌地重复。当客户坚持其无礼要求时,你不要跟他说"不行不行"或"你别做梦了"等,不要直接回绝。不断重复告诉他你能做什么,而不是你不能做什么。如果客户放弃了,投诉处理就结束了。如果依然不放弃,就告诉客户,请他原谅,问题需要转由你的上级主管进行解决。

7.2.3　处理宾客投诉的注意事项

1. 不把顾客当一回事,投诉就是必然要发生的事

在处理顾客投诉的过程中,态度是非常关键的,许多处理投诉没有经验的人员,认为对顾客说了"对不起"就等于承认责任是自己的。事实上,道歉与承担责任并不是等同的。虽然顾客并非总是对的,但重点不在于此。那么究竟该如何处理投诉呢?

2. 认真倾听顾客的投诉,绝不与客人争辩

倾听是解决问题的前提。在倾听顾客投诉的时候,不但要听他们表达的内容,还要注意他们的语调与语音(语气),这有助于你了解顾客语言背后的内在情绪。同时,要通过解释与澄清确保你真正了解了顾客的问题。例如,你听了顾客反映的情况后,根据你的理解向顾客复述一遍,并向顾客解释他所表达的意思,这是向顾客显示你对他的尊重以及你真诚地想了解问题。同时,这也给了顾客一个机会去重申他没有表达清楚的地方。在听的过程中,还要做好记录,注意捕捉顾客的投诉要点,以做到准确把握顾客的需求,为下一步对症调解打好基础。在这一过程中,绝对不能与顾客争辩,无论何种原因都应该向顾客表示歉意,因为毕竟顾客产生了不满的、抱怨的情绪,执意争辩只会使事情变得更糟,不利于问题的解决。

3. 认同并理解顾客的感受

顾客在投诉时会表现出烦恼、失望、泄气、发怒等各种情感,你不应当把这些表现当做是对你个人的不满。我们要知道愤怒的情感通常都会潜意识地通过一个载体来发泄。因此对于愤怒,顾客仅是把你当成了倾听对象。如果顾客有不好的情绪也是完全有理由的,是理应得到最大的重视和最迅速、合理的解决的。所以让顾客知道你非常理解他的心情,关心他的问题。

4. 以最快的速度作出响应

在餐厅点菜后,如果等了一个小时才上菜,你觉得怎么样? 所以,速度是关键,速度体现了态度,一旦解决问题的时间被拖延,不论结果如何顾客都不会满意,而且拖得越久,付出的代价越高昂。抚慰措施一定要迅速而有力,态度一定要诚恳和谦恭。调查及移交工作应快速进行,要根据所闻所记,及时弄清事情的来龙去脉,然后作出正确的判断,拟定解决方案,与有关部门取得联系,并找出工作中的薄弱环节,把握改进工作的机会。

5. 持续反馈事情的新进展

如果在处理投诉的过程中牵涉的部门很多,难以迅速拿出最终的解决方案怎么办? 最好的办法是持续反馈事情的最新进展,哪怕没有进展也要反馈,这样做可以让顾客放心。在等待处理结果时,性急的人超过两天就难以忍受,他们往往会认为2~3天没有任何反馈就代表石沉大海和推卸责任。所以在处理复杂的顾客投诉时,一定要坚持至少每天反馈一次。

6. 把投诉顾客变成回头客

不要弥补完过失,使顾客的心理平衡后就草草收场,应当好好利用这一机会把投诉顾客转变成忠诚顾客。当与顾客就处理方案达成一致后,以超出顾客预期的方式真诚道歉,同时再次感谢他购买了公司的产品和享受公司的服务。饭店业的成败关键就是回头客,所以"善终"比"善始"更重要。服务弥补的过程决不应是一个对顾客恩赐"补偿方案"的过程,而是一个去争取回头顾客的过程。

子任务7.3　服务补救

7.3.1　产生服务质量问题的必然性

饭店必须尽量提高服务质量,为顾客提供无差错服务。但是,即使是最优秀的服务人员,在服务工作中也难免会发生差错。饭店服务质量问题存在的必然性主要是由以下因素决定的。

(1)饭店服务生产与消费具有同时性,这增加了饭店服务质量的控制难度。因为在服务交互过程中,有许多无法控制的因素会产生。例如,新上岗的员工往往缺乏服务技能,如果没有老员工或者管理者在现场指导,面对客人的要求与责问,也许不能应对自如,从而引起客人的不满,导致服务质量的下降。

（2）员工素质的差异造成服务质量的不稳定。饭店员工的服务态度、服务技能存在一定的差异性，不同员工的服务水平也不一致。员工的素质不同，所提供的服务质量也会有所不同。

（3）部门岗位的协调性未能完全到位。顾客在饭店所获得的服务是饭店综合服务过程的结果，它是由不同岗位的共同配合完成的。据资料显示，顾客投诉的大部分原因是由于部门之间的协调问题而引发的，因此，部门之间应加强沟通和协作，才能提高饭店的服务质量。

以上因素决定了饭店服务质量问题存在的必然性，因此，必须进行服务补救管理，纠正差错，使不满意的顾客转变为满意的顾客。

7.3.2　服务补救的基本方法

根据社会心理学家的研究，在日常的服务过程中，当顾客的消费经历完全符合他们的期望时，顾客通常会处于无意识状态。当服务差错发生时，顾客则从无意识状态中清醒过来，并开始注意服务工作状况，仔细观察饭店如何纠正差错。因此，进行服务补救管理，及时采取补救性服务措施，对提高饭店交互服务质量和顾客的满意度具有重要的意义。

当出现顾客对服务不满足向饭店投诉的情况时，一线员工和管理人员应高度重视，采取相应的补救措施。

1. 分析服务差错产生的原因

饭店服务差错产生的原因有许多种：设施设备的原因、员工服务态度和服务技能的原因、部门之间协调的原因等。管理人员可通过分析顾客意见书、顾客投诉记录等来分析和了解产生服务差错的原因，同时应加强同员工之间的沟通，因为员工直接与顾客接触，他们最知道顾客在哪些方面感到不满意，进而采取有针对性的补救措施。

2. 有效地解决服务质量问题

在分析服务差错产生的原因之后，最重要的是如何采取有效的补救性服务措施，来解决这些服务质量差错。采取服务补救措施时，员工面对的是不满意，甚至是愤怒的顾客，因此应加强员工服务态度和服务技能的培训，提高员工现场处理和解决问题的能力。应教导员工认真聆听顾客的意见，站在顾客的角度考虑问题，真诚地承认服务过程中出现的差错，向顾客解释差错产生的原因，估计进行服务补救所需要的时间，并提出合理解决方案。及时、有效的服务补救措施，能够大大减轻服务补救的工作量，而快速、有效的补救措施的实施，能使服务差错的负面影响降到最低。服务是由员工在一线为顾客提供的，因此当出现差错时，面对投诉的是服务人员。适当向员工授权，赋予员工一定的赔偿额度权力、决策权力，可以提高服务补救的效率。

3. 总结经验，进一步提高服务质量

补救性服务不仅可以消除服务差错造成的影响，而且可为饭店提高服务质量提供极为重要的信息。管理人员应充分利用这些信息，总结经验，进一步加强服务质量管理工作。

（1）找出服务差错产生的根本原因。服务差错的出现表明服务体系中存在严重的缺陷。每次服务差错发生之后，管理人员应尽力找出差错产生的根本原因，解决服务体系中存在的问题，而不能就事论事地只纠正具体的差错。

（2）改进服务过程质量检查的工作。饭店应系统地记录、分析各种服务差错，以便管理人员发现服务过程质量检查工作中的不足之处，采取必要的措施，改进服务过程的质量检查工作。对经常出现差错的服务过程应加强质量检查。服务过程质量检查和差错原因分析是两项密切联系的工作。服务过程质量检查工作，有助于管理人员发现经常性差错产生的原因；分析差错产生的根本原因，可使管理人员发现被忽视的服务薄弱环节。

（3）制定服务差错记录制度。饭店应详细、完整地记录顾客投诉所反映出的各种服务质量问题，并建立信息查询和使用制度。服务人员可直接检查有关信息，从而能更好地做好补救性服务工作。管理人员可以根据服务差错的类别和频率，研究具体的改进措施，提高服务的可靠性。

复习思考

一、选择题

1. 宾客对饭店产品的需求心理主要有（　　）。

    A. 求解脱　　　　B. 求补偿　　　　C. 求刺激　　　　D. 求奢华

2. 饭店为客人提供"双重服务"，指的是（　　）。

    A. 功能服务　　　B. 心理服务　　　C. 物质服务　　　D. 语言服务

3. 对于谈判型宾客的投诉，在处理时，（　　）。

    A. 应依据赔偿制度立即做出处理

    B. 只需要给予安慰和关心就可以了

    C. 一定要坚持饭店的主张，不要轻易答应赔偿

    D. 先答应，再用拖延的办法处理

二、判断题

1. 面对宾客的投诉，应该持一种谨慎的态度，不要轻易相信。（　　　）

2. 由于对饭店的相关政策规定不理解，也是投诉的原因之一。（　　　）

3. 大堂副理的主要职责是代表前厅部经理接待每一位在饭店遇到困难而需要帮助的客人，并在自己的职权范围内予以解决。（　　　）

4. 宾客关系主任是一些大型豪华饭店设立的专门用来建立和维护良好的宾客关系的岗位。直接向总经理负责。（　　　）

三、简答题

1. 简述大堂副理的主要工作职责。

2. 简述处理宾客投诉的一般程序和方法。

3. 前厅部如何建立良好的宾客关系？

4. 处理宾客投诉要注意哪些问题？

四、案例题

辛普森饭店的服务补救措施

"卡里，你在做什么？快到出发时间了。"

"我正在找一本新书。妈妈,你有没有看见过?"

亚伯拉罕·尼科尔斯的声音回旋在楼梯上空:"你们准备好了没有?"

"我们还有几分钟时间,艾贝。"他的妻子安吉拉回答道。

"好的,不过当心,我们已经比原定时间晚了,我先去车里把小孩安置好。"

两周前,艾贝被邀请出席一个为期两天的会议,会议地点是在离他家5个小时车程的一个城市。他和安吉拉决定将出席会议和全家外出度周末两者结合起来。在向辛普森饭店订房时艾贝告诉预订员所有的要求:周四晚上11点抵达,需要一间干净的禁烟房,房内要有两张双人床,另加一张婴儿床给才6个月的贾森用,还希望为他们8岁大的女儿提供膳食服务;希望饭店有游泳池和健身中心;周四和周五按团队价收费。

周四晚离家前,尼科尔斯的晚餐吃得很快。卡里吃得不多,她的父母早料到她在度假前一定会很兴奋。后来他们一家上路了。

尼科尔斯一家抵店后,除了卡里,其他人都希望尽快进房就寝。卡里觉得父母为她准备的点心不够吃。"我还饿,爸爸,饭店有自动售货机吗?"

"好吧,别担心,我先前问过饭店的人,他们说即使夜里也有送餐服务。你会喜欢这里的。这里有个大游泳池,你可以游泳。好了,我们到了。"艾贝推开了饭店大门。

安吉拉把婴儿从车上抱起来,艾贝费力地拖着两个大箱子和小孩的行李。卡里也拿着自己的行李。"有个行李员帮忙就好了。"艾贝对安吉拉抱怨道。

"我知道,最好还有停车服务。"她回答说,"你去停车吧,我们把行李拿进去。"安吉拉一手抱着贾森,另一手拖着一件行李,还用脚来移动另一件行李。

卡里在打哈欠。"你能帮我把其他箱子拿进来吗?"她妈妈问道。

他们进门后,总台接待员抬起头看见了这一切,说:"哦,对不起,让我来帮助你们。平常有行李员值班,但是不巧他生病了,又没有人代班。欢迎光临辛普森饭店。等我把行李拿到总台后,马上为你们办理入住手续。"

几分钟后艾贝回来了,一家人办好了入住手续。他们在楼上看到了自动售货机,但卡里不喜欢里面的东西。当他们进入客房后,发觉房间干净,空气清新。房内有两张双人床,但是没有婴儿床。艾贝马上与总台联系。"我订房时在电话里对那位预订员说过要为我们准备好一张婴儿床的。"他对总台值班人员说。

"哦,太对不起了,先生,我马上找人为您送来。"那位接待员说。

"你能不能给我们一份房内用膳菜单?"艾贝问。

"先生您可以从房内的服务指南中找到这份菜单。在书桌的蓝色本子内。"接待员回答说。

"好吧,谢谢你。"艾贝回答道。

卡里与母亲一起看了菜单,没有找到喜欢的食品。"只有两种沙拉和一些做好的冷三明治。"她对父母亲说。安吉拉设法安慰卡里。卡里现在是又兴奋又饿,看来她是不想睡了。最后安吉拉为她点了一大袋炸土豆条,接受房内用膳订单的服务员说,这次是为他们破了例,平时炸土豆条要与三明治一起点才行。

婴儿床是由一位气喘吁吁的先生送上来的,炸土豆条几乎同时送到。他用了5分钟时间解释为什么才送来。艾贝很礼貌地向他致谢,然后安顿贾森入睡。

"会议要到明天上午10点才举行,我们可以好好睡上一觉。"艾贝对安吉拉说。

"是呀,但要看贾森的表现,他不知道我们正在度假。"她回答道。

第二天早上,全家在8点30分被一阵吵声惊醒。这声音并不是贾森的哭闹声,而是敲门声。"客房部。"声音从门外传进来。艾贝打开房门看到客房管家。这时贾森开始哭了。

"非常抱歉,先生,我并不是有意要吵醒您,"客房管家说,"您没发现……没关系,我过会儿再来。对不起。"客房管家想这并不是我的错,他们根本没有用"请勿打扰"的标志。

全家吃了早饭,艾贝去开会了。卡里急着要去游泳池。但是安吉拉要问总台游泳池在哪里。"非常对不起,女士,"那位接待员说,"没人告诉您吗?游泳池正在维修之中。"卡里听了很不高兴。安吉拉设想情况也许会变化:"是否很快会修好?星期天行吗?"

"我想不能,夫人。"接待员回答说。

"好吧,我从杂志上获知有一家博物馆离平克顿自然历史博物院很近的?"

那位总台接待员知道那家博物馆,但是没有现成的介绍资料。她在一只信封的背面画了一张示意图,告诉他们如何步行去那家博物馆。那位接待员记不清每条街的街名,也不知道博物馆的开放时间和门票价格。尽管这样,安吉拉和孩子们还是去了,并在博物馆度过了快乐时光。回饭店后,卡里非常兴奋地把她在那里的所见所闻告诉总台的接待员。安吉拉对接待员表示了谢意。

周五下午,艾贝参加的会议结束了。他意识到他应该挂上"请勿打扰"的牌子,但他环视四周,找不到那张牌子。

艾贝刚刚有了空闲时间,安吉拉把孩子托付给他看管,这样她就可以去健身中心。她用了一下脚踏车后又去使用划船器,发觉其中一个把手已经松动。回房间时,她把发现的情况告诉了总台接待员。她还询问了附近有没有适合家庭用餐的餐厅。那位接待员拿出电话号码本,翻开黄页,说:"所有适合家庭用餐的餐厅都不在城里,但是有一家高档餐厅就在附近……"安吉拉对他表示感谢,结果那天全家的晚餐是吃外卖送来的比萨。

那天夜里,全家感觉到他们的房间正好在茶座的上方。到了深夜12点都能听到传来的音乐声,但还不算太糟,因为歌手唱的都是他们熟悉而喜欢的歌。周六夜里的情况就不同了,强劲的声音使房间颤动起来。尽管有这样的噪声,孩子们还是入睡了;艾贝和安吉拉无法入睡,直至凌晨2点才睡着。他们谈起次日何时离开饭店,结果他们决定比原计划出发时间提前离店。经过这一夜折腾,他们感到度假的心情大大地打了折扣。艾贝开始填写宾客意见表。

次日,在办理离店结账手续时,饭店的记账又出现了错误,把三天的房费都按门市价计算了。"我们马上为您重新制作一份账单,尼科尔斯先生。"总台接待员对他说。

艾贝在等候期间把宾客意见表投入了专用箱内。这时饭店的总经理汤姆·吉拉德走来,他作了自我介绍。"我今天正在做非正式的宾客调查,您在这儿的居住情况如何?"

艾贝把整个情况告诉了他,包括好的和不好的方面。汤姆听得很仔细,并做了笔记。他对艾贝表示了感谢,并对他一家所遇到的不便之处表示了歉意。然后他请尼科尔斯全家在餐厅免费用了午餐,并告诉艾贝如果他们全家下次再来这里,请他们与他的办公室联系,他会为他们免一天的房费。

三个星期后,尼科尔斯收到了一封由汤姆·吉拉德发来的有关投诉处理的后续信件。信中介绍他们全家离店后,他和饭店全体员工是如何针对发生的问题来研究纠正措施的。但是艾贝告诉安吉拉,信用卡公司转来的账单比饭店结账的账单多出了14美元。打电话去辛普森饭店查询后才知道,饭店在他们离店后发现有小酒吧的消费,当时漏记了。

问题:

1. 回顾尼科尔斯一家的住店经历,饭店哪些方面做得不错?哪些方面做得不好?尼科尔斯全家对饭店的整体印象是好还是坏?

2. 总经理是如何回应尼科尔斯先生的投诉的?

3. 对尼科尔斯一家反映的住店情况,总经理应如何向部门经理和员工传达?饭店能否承诺实现宾客百分之百的满意率?如果能的话,如何贯彻?

4. 辛普森饭店的员工在改进沟通、质量控制以及最终在服务改进方面应做什么样的努力?

实践训练

1. 两位客人清晨打电话到总经理办公室,说他们昨天在饭店中餐厅吃了晚餐,晚上他们都出现了拉肚子的症状,希望饭店对餐厅饮食卫生予以关注,并对自己的遭遇表示强烈不满。作为总经理,你该怎样处理此事?

提示:处理此事要协调哪些人?请同学分别扮演这些角色,演示处理此事的全过程。

2. 一位客人在等电梯,约5分钟后电梯还没有来,客人便走到大堂副理处说:"你们这个电梯是怎么搞的?半天还不来!"大堂副理说:"先生,我们的电梯是进口的呢,速度挺快的。"听这么一说,客人更生气了,说:"耶?!进口的又怎样?耽误了我的事还有理!去叫你们经理来,我要亲自跟他说说!"

问题:为什么会出现这种情况?大堂副理正确的做法是什么?经理来了该怎么处理?

请3位同学分别扮演客人、大堂副理、经理,演示此事的处理场景。

课后阅读

饭店关系营销策略

我们已经知道,世界市场需求与竞争的新特点是:对消费者争夺的重点已经从以前争取新的消费者转向目前保留已有的消费者与争夺竞争对手的消费者。为了实施好这种转变,除了采用消费者价值理论和消费者非常满意或兴奋理论外,还需要采用关系营销理论,来补充甚至替代传统的交易营销理论。

交易营销理论是指每一个销售人员在其销售定额和报酬计划指导下,分别在各自的销售区域里进行推销工作,他们仅为获得每一资助交易额而努力,不关心对消费者长期情感与业务关系的培育。典型的是大多数饭店在淡季推销大量的剩余客房时所普遍采用的策略。

关系营销理论(relationship marketing)是指：以通过长期努力建立长期的情感与业务关系为目标，注重创造、保持和强化与消费者及其他有关人员的强有力联系，并以长期的顾客满意和公司利润作为成功的衡量标准，而不是以短期的交易额作为成功的衡量标准。最典型的是波音飞机公司所采用的策略，它愿意与许多航空公司保持长期联系，虽然目前一份订单都没有，但在将来某一天，可能会获得几千万美元甚至几亿美元的飞机订单。现在，全世界的营销活动已经越来越从急于求成的交易营销向建立长期业务网络的关系营销转化。

对饭店来说，从交易营销发展到关系营销有哪几种具体选择呢？至少有以下五种与消费者的关系形态可供选择。

第一种是基本关系形态。它是指基本的交易关系，即指饭店的销售人员只负责销售饭店的产品，不关心和提供销售以后的任何其他服务。

第二种是反应性关系形态。它是指饭店的销售人员不仅负责销售产品，而且鼓励购买者在发现产品有问题时可以打电话与他们联系。

第三种是负责任关系形态。它是指在饭店产品销售以后的一段时间内，饭店销售人员主动打电话给购买者，调查产品是否能满足购买者的期望。同时，饭店销售人员也向购买者征求改进饭店产品的意见。

第四种是主动联系关系形态。它是指一家饭店的销售人员或其他人员经常打电话给消费者，特别是老顾客了解他们对改进现有饭店产品功能和开发饭店新产品的建议。

第五种是合伙者关系形态。它是指一家饭店不断地与其客户一起工作来帮助他们，并不断发现能为他们提供更有价值的产品与服务的方法。

如何与宾客建立强有力的关系，使宾客在满意的同时产生忠诚于你饭店产品的自我约束力？一般可以选用下列三种增加宾客价值感的方法。

1. 增加宾客的财务利益

增加宾客的财务利益是指对某些忠诚的顾客来说，支付相同的价格可以享受更多更好的产品。最通常的做法是对经常性的顾客给予优惠性奖励利益。如航空公司对经常乘坐它们飞机的旅行者提供"常旅客奖励方案"，即可以按乘坐飞机的里程给予奖励积分，积分到一定数额后可以为顾客提供免费的旅行奖励。据1992年统计，全世界参加这类奖励旅行计划的乘客已高达4000万人，这意味着航空公司拥有了4000万名忠诚的顾客。又如饭店对经常来住的宾客往往提供高一个等级的客房，饭店内的小商店则给予经常来购物的顾客可以对不满意的商品进行退款的特权。虽然，这类增加宾客财务利益的计划可以建立起消费者对饭店产品的偏好，但是由于这类计划很容易被竞争对手模仿，因此饭店难以通过实施这类计划拥有长期的竞争优势。这样，饭店还必须要运用增加消费者社交利益的方法来强化自己的竞争优势。

2. 增加宾客的社交利益

增加宾客社交利益的方法是：通过了解宾客的独特需求，提供专门化与个性化的产品与服务，以此来建立与消费者个人间的良好关系。例如，波音飞机公司为每一位现在的或潜在的客户都指定一位营销经理进行定期联系，详细了解与记载每一位客户的各种需求信息,熟悉客户负责人的名字与个人爱好等,而不是像超级市场里的服务人员对待其顾客那样,不注意他们的名字与个性。实践证明个性服务和感情服务有利于形成顾客忠诚,为了使个性化服务更有主动性和计划性,必须提升个性服务,即对于一些建立在标准化基础上的,比较成熟的个性服务,可以逐步建立适应个性服务要求的规范,即个性服务的标准化。这需要两个保证:一是硬件——数据库保证。通过数据库综合分析各种顾客信息,即可以帮助饭店找到目标顾客群,将各种宾客档案加以处理。这方面集团化或营销联盟中的饭店更有优势,如某位顾客在杭州下榻香格里拉饭店,他还要去武汉,于是在客人到达武汉之前杭州香格里拉饭店已将其客情档案,特殊要求通过本集团的计算机网络传至武汉香格里拉饭店,使客人到武汉后仍可享受到和在杭州一样的款待,俨然是武汉的"虚拟"回头客,网络扩大了回头客的定义。二是软件——素质保证。个性服务总处在提炼、升华状态,饭店组织应成为学习型组织(Learning Organization),不断提高员工的服务技术、技巧和知识水平。

3. 与宾客建立稳定、便利的联系方式

与宾客建立稳定、便利联系方式的具体手段是:提供通信设备,建立联系机构,从实体上加强与宾客的关系。这特别适用于对公司、机构、旅行社等到团体市场进行营销的饭店。许多国际饭店集团设立了800免费咨询与预订电话,有的还与大公司建立固定联系,使自己饭店成为代理大公司旅行、会议业务的常设机构。另外,不少饭店集团在互联网上设立自己的主页,能进行及时的、直接与顾客对话式的、有目标的促销。同时,利用电子邮件接受预订与咨询。有些商务饭店根据自己客源结构特点,通过有效的顾客组织化战略,把顾客纳入内部系统,使饭店与顾客紧密结合。如上海和平饭店的"金融家俱乐部";最近上海某大饭店,也成立了"建筑师之家",通过免费举办各种洽谈会、研讨会、报告会、设计作品展览会等吸引了大批建筑师,并使之成为自己的忠实顾客。另外,还可以通过建立战略联盟来增强关系营销的能力。纵向的战略联盟是饭店与旅行社、供应商、航空公司、旅游经销商等建立网络伙伴,如北京京瑞大厦与航空公司合作,使客人在饭店大堂就完成登机手续,方便了客人。有的饭店在经营形势好时,嫌旅行社支付的房价低,不愿和旅行社发生关系,生意差时又去求旅行社,自然不会有好结果。横向的战略联盟是饭店成立营销联合体,成员间统一促销,互相介绍客源。在有些饭店杀价竞争激烈,给载客的出租车司机回扣成风的地区,饭店间还要联合起来,实行行业自律——抵制恶性竞争。

从世界经济发展的总趋势看,我们要追随从交易营销向关系营销转变的潮流,但在实际营销活动中,到底选择交易营销管理方式,还是选择关系营销管理方式,这仍然需要依据消费者选择饭店的行为方式、产品本身的特点、宾客数量及提供利润大小等因素来决定。

(1)我们来看宾客数量多少与他们提供的利润大小对选择交易营销还是关系营销管理方式的影响。关系营销是适合于那些数量少但提供利润大的宾客。如适合大公司的长包房客户,他们的特征就是数量少,但提供的利润大。相反,交易营销则最适合于那些数量多但提供利润小的宾客,如一次性的中转散客。

(2)还需要考虑宾客选择饭店的行为方式和产品自身的特点。对于需要花很大调查分析工作量和巨额资金才能从一个饭店转到另一个饭店的宾客来说,也可以对他们采用关系营销管理方式,如对大公司长包房的购买者来说,因为他们通常需要仔细地研究各饭店的情况,从中选择一家期望能提供良好的长期与综合服务的饭店。在这类产品的交易中,顾客和饭店都花了许多资金和时间来建立关系。顾客发现,转向另一家饭店要支出大量的费用(如为满足特殊需要的重新装修)和承担巨大的风险,因此对这类宾客宜采用关系营销的方法。

(3) 当饭店提供几乎没有差别的产品如相同的自助餐时,由于顾客可以在每一次购买时,通过谈判在几家饭店中选择能提供最好交易条件的那家饭店,在这种情况下,一家饭店与一位购买者建立长期关系,在把握下一次销售机会时,饭店必须始终提供具有竞争性的交易条件。因此,对这类宾客往往适宜采用交易营销的管理方式。

前厅服务质量管理

- 了解前厅服务质量的具体内容
- 掌握前厅服务质量管理的方法
- 树立优质服务的基本意识
- 探索前厅服务质量管理的新理念、新方法

子任务8.1 前厅服务质量的内容

美国著名质量管理专家朱兰(J. M. Juran)1994年在美国质量管理学会年会上所说，20世纪将以"生产率的世纪"载入史册；未来的21世纪将是"质量的世纪"。质量必将成为新世纪的主题，它正在向我们挑战，前厅服务质量作为饭店总体服务质量的代表，同样要迎接它的来临。

8.1.1 质量管理的意义

朱兰有句名言："生活处于质量堤坝后面"(life behind the quality dikes)。质量正像黄河大堤一样，可以给人们带来利益和幸福，而一旦质量的大堤出现问题，同样也会给社会带来危害甚至灾难。所以，企业有责任把好质量关，共同维护质量大堤的安全。

从宏观上来说，当今世界的经济竞争，很大程度上取决于一个国家的产品和服务质量。质量水平的高低可以说是一个国家经济、科技、教育和管理水平的综合反映。对于企业来说，质量也是企业赖以生存和发展的保证，是开拓市场的生命线，正所谓"百年大计，质量第一"。

当今市场环境的特点之一是用户对产品质量的要求越来越高。在这种情况下，就更要求企业将提高产品质量作为重要的经营战略和生产运作战略之一。因为,低质量会给企业带来相当大的负面影响:它会降低公司在市场中的竞争力,增加生产产品或提供服务的成本,损害企业在公众心目中的形象等。

另一方面,以前,价格被认为是争取更多的市场份额的关键因素,现在情况已有了很大变化。很多用户现在更看重的是产品质量,并且宁愿花更多的钱获得更好的产品质量。在今天,质量稳定的高质量产品会比质量不稳定的低质量产品拥有更多的市场份额,这个道理是显而易见的。较好的质量也会给生产厂商带来较高的利润回报。高质量产品的定价可以比相对来说质量较低产品的定价高一些。另外,高质量也可以降低成本,而成本降低也就意味着公司利润的增加。

8.1.2　前厅服务质量的内涵

1. 前厅服务质量的概念

饭店产品有各种形态,但本质上都是"服务",饭店的质量管理,本质上就是服务质量的管理。要明确服务质量的概念,需要分别了解"服务"和"质量"的概念。

(1) 服务的定义

国际标准 ISO8402:1994 对服务的定义是:"为满足顾客的需要,供方和顾客之间接触的活动以及供方内部活动所产生的结果。"在这个定义中需要说明的是几方面。

① 服务是产品的一种,是活动或过程的结果。

② 服务不仅包括服务者(供方)与被服务者(顾客)接触时的活动所产生的结果,也包括服务者(供方),即服务组织内部的活动所产生的结果。

③ 在供方与顾客的接触中,供方可以是人员,如售货员、医生等;也可以是某种设备或设施,如自动售货机、取款机等。

④ 服务是以顾客为核心展开的,没有顾客也就谈不上服务。

⑤ 一般服务是无形产品,但在提供服务的过程中,有形产品也常常成为服务的组成部分,如大堂是否清洁明亮,总服务台是否整洁有序等。甚至有时这些有形产品对服务的优劣是决定性的。

(2) 质量的定义

同样,国际标准 ISO8402:1994 对质量的定义是:"反映实体满足明确和隐含需要的能力的特性总和。"在这个定义中需要说明的几方面:

① 明确需要是指在标准规范、图样、技术要求和其他文件中已经作出规定的需要。而隐含需要指:a.顾客和社会对实体的期望;b.人们公认的、不言而喻的、不必明确的需要。显然,在合同情况下或在法规规定的情况下,需要是明确规定的;而在其他情况下,应该对隐含需要加以分析研究、识别并加以确定。注意,需要会随时间变化而变化。

② 特性是指实体所特有的性质,它反映了实体满足需要的能力。

③ 质量特性要由过程或活动来保证。

④ 对"满足需要"要有正确的理解,不限于满足顾客的需要,而且要考虑到社会的需要,符合法律、法规、环境、安全、能源利用和资源保护等方面的要求。

必须强调,只有用户才是最终决定质量的。宾客对服务质量的感知过程如图 8-1 所示。日本已故著名质量管理专家石川馨认为,"真正的质量特性"是满足消费者要求,而不是国家标准或技术标准,后者只是质量的"代用特性"。美国著名质量管理专家费根堡姆也指出,"质量的主导地位基于这样一个事实:是用户决定质量,而不是推销员、工程师、公司经理决定质量。要承认:对质量的评价如何取决于用户使用产品在客观或主观上的感觉"。饭店销售的产品本质上是服务,所以质量在饭店更多的体现为服务质量,这是前厅部向客人提供各项服务的标准和尺度。按照这些标准和尺度提供的服务给客人带来的实际感受同其对这一服务的期望值之间的差距决定了服务质量的高低。如果客人的实际感觉超出了其期望值,则说明服务质量好;两者一致就是一般的服务质量;实际感觉低于期望值,则说明质量差。

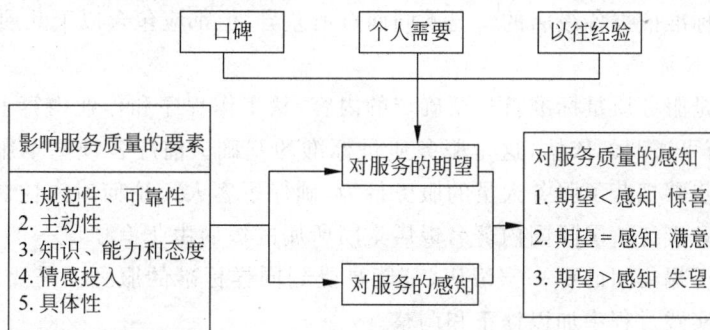

图 8-1　宾客对服务质量的感知过程

2. 前厅服务质量的要素

下面是著名营销专家菲利浦·科特勒提出的影响服务质量的五个要素。

（1）服务的规范性、可靠性

服务的规范性、可靠性即准确、可靠、按时、保质、保量、规范地向客人提供所承诺服务的能力。这一能力更多地来自于饭店及其部门的规章制度、服务规范和服务程序,完善的程序和制度可以规范员工的服务行为,保证服务质量的规范和统一。

（2）服务的主动性

服务的主动性指员工为客人提供优质服务的主观意愿。就一般情况而言,只要员工是主动热情地为顾客服务,即使是服务的能力和水平有限,也能给宾客留下美好的印象。

（3）知识、能力和态度

员工所具备的知识、能力和态度,是前厅服务产品的重要组成部分,知识、能力水平的高低和服务态度的好坏,对顾客感受起着决定性的影响。

（4）情感投入

情感投入是指员工在对客服务过程中所表露出的对客人的关心和重视程度,如对客人亲切友好的态度,对客人需求的敏感和关心,对客人感受的理解,等等。

（5）服务的具体性

服务的具体性是指服务过程中具体可见的人员、设施、设备、环境等诸多因素。在服务的供给方与需求方的接触中,除了人与人之间的接触外,还有物与人的接触。如果饭店前厅部的各种设施设备和服务用品等没有处在良好的状态,都会给宾客的感受带来不好的影响。

8.1.3 前厅服务质量标准

服务质量的好坏高低,受顾客本身评价标准和感受的影响,所以我们可以认为能满足宾客需求和能给宾客带来惊喜的服务,就是好的服务。但这并不否定在前厅服务中由于顾客主观标准的差异而不需要统一的标准,相反,制定服务质量标准是提高服务质量的一项最基础最重要的工作。前厅服务质量标准的制定,应该在宾客、员工和管理者的共同参与下,经过信息搜集、需求预测、标准拟定、标准试行、信息反馈和标准确定几个阶段最终形成。标准依据各饭店的情况不同而有所差异,但都应包含以下几项基本内容。

1. 服务规程标准

服务规程是服务质量标准首先要确定的内容,从工作程序和作业内容上确定质量标准,使员工都有可遵照的依据,这是服务质量标准的基础。前厅各项基本服务的正确操作规程和操作步骤规范了服务人员的服务行为,确保了客人无论何时入住饭店都能享受到同等的服务和接待。国际国内著名饭店集团所属的饭店由于有了统一的服务规程,保证了客人无论下榻集团的哪一家饭店,都能享受到同样标准的服务。需要注意的是,服务规程也要在实践过程中加以修正和调整。

2. 服务时间标准

任何一项好的服务都是有相应的时间标准的,即在有效的时间限度内送达或完成某项服务。这里的有效的时间,其最低限度就是指在宾客产生不耐烦情绪之前,所以服务时间就成为衡量服务质量的重要标准。为了保证前厅部各项服务的质量,各岗位都会制定一定的服务时间限制,以确保员工在规定的时间内准确成功地完成各项服务。需要注意的是,服务时间的确定要实事求是,要在保证服务有效性的前提下加快服务时间,提高效率。

【情景模拟 8-1】

某饭店前厅服务时间标准	
服 务 项 目	时 间 标 准
办理入住登记手续	3分钟完成
办理结账手续	1分钟完成
电话接听	10秒以内
行李离店	3分钟内抵达
安排出租车	10分钟内反馈
回答问讯	立即答复或5分钟内有反馈
处理预订	5分钟内完成
旅游安排	15分钟内反馈

3.服务设施设备标准

设施设备是高效提供全面服务的基础,包括机器设备、办公用品以及前厅服务项目、宣传资料、服务时间等具体可见的条件。服务设施决定了饭店前厅的主要服务内容,而设施设备决定了服务能否按照程序要求准确无误地完成。饭店产品是有形设施与无形服务的结合,虽然服务是最本质的,但是服务是建立在设施设备基础之上的。五星级饭店与三星级饭店的服务项目和内容有很大的不同,主要的原因就在于设施设备的差别。如果设施设备不能正常使用,就会影响工作和对客服务。

4.服务行为标准

① 服务态度标准。美国商业饭店的创始人斯塔特勒先生曾经指出:"服务指的是一位雇员对客人所表示的谦恭的、有效的关心程度。"这里的"谦恭的、有效的关心"就是服务的态度标准。

② 语言行为标准。服务的语言行为标准,可以用服务(service)一词的几个字母来表示。smile——微笑,提供微笑服务;excellent——出色,将每一项微小的工作做到出色;ready——准备好,随时准备好为宾客服务;view——看待,客人都需要特殊照顾;invite——邀请,每次服务完成后的邀请;creat——创造,精心创造热情服务的气氛;eyes——目光,热情友好的目光关注顾客。

子任务 8.2 前厅服务质量管理

8.2.1 质量管理的概念

质量管理(quality management):国际标准 ISO8402:1994 中对质量管理的定义是:"确定质量方针、目标和职责并在质量体系中通过诸如质量策划、质量控制、质量保证和质量改进使其实施的全部管理职能的所有活动。"

现在做一些解释:

① 质量管理是各级管理者的职责,但必须由最高管理者领导。质量管理的实施涉及组织中的所有成员。

② 质量管理是组织全部管理职能的重要组成部分,是企业管理的中心,是企业管理的纲。质量管理的职责是制定并实施质量方针、质量目标和质量职责,质量管理应该与经营相结合。

③ 质量管理是有计划的系统活动,为了实施质量管理,需要建立质量体系。

④ 质量管理是以质量体系为基础,通过质量策划、质量控制、质量保证和质量改进等活动发挥其职能。

上述质量管理的定义集中反映了组织进行质量管理的主要内容,但不是质量管理的全部内容。

8.2.2 前厅服务质量管理的基本理论

1. 顾客期望理论

服务质量的优劣,是与顾客的期望分不开的。当顾客对服务质量的感受超过了他的预期时,顾客就会产生满意,对服务质量的评价就比较高;当顾客对服务质量的感受低于他的预期时,顾客就会产生不满,对服务质量的评价就比较低。

服务过程是由一系列前后相继、相互制约的行为构成的。在服务过程中,从决策者对顾客期望的认知到服务质量的规范化,再到服务信息向顾客的传递以及服务的实际执行,服务组织内部存在着四个明显的差距。这些差距极大地影响着顾客的感知服务质量,因此,理解这些差距形成的原因及其对服务质量的影响程度,是十分必要的。

差距1:顾客对服务的期望与服务提供者认知之间的差距。

服务企业的管理人员可能并不确切知道顾客对服务质量的期望,因此管理人员认为的顾客期望可能与顾客的实际期望之间存在差异。这种差异的大小是由三个因素造成的。首先是市场调查;其次是内部纵向沟通,即从服务执行人员一直到企业最高管理当局之间的沟通;再次是管理层次,服务执行中间层次与人员越多,沟通就越困难,沟通效率就越低,其间的信息丧失率和错误率就越高。

差距2:服务提供者对顾客期望的认知与服务质量规范之间的差距。

服务企业在制定具体的服务质量规范时,会因为质量管理、目标设定、任务标准化和可行性这几个原因,使管理者对顾客服务期望的认知无法充分体现在所制定的服务质量规范上。第一是服务企业会因为缺乏全面、系统的服务质量管理而使差距加大。第二是目标设置。大量的事实表明,能提供优质服务的公司都有一套明确的目标。顾客服务目标需要完整地反映在企业的服务质量规范之中,并以这些目标作为服务质量控制的依据。第三是任务的标准化。第四是可行性问题,即满足顾客一定的服务期望在经济上和技术上是否合理可行。如果管理人员认为顾客的服务期望在本公司无条件满足,那么对顾客期望的认知与服务质量规范之间的差距就会加大。

差距3:服务质量规范和服务提供者实际行动之间的差距。

当服务提供者不能够或不愿意严格按照服务质量规范提供服务时,这种差距就产生了。由于它是在服务表现过程中形成的,因此也被叫做"服务表现差距"。影响服务表现差距的因素包括服务意识、团队协作、员工胜任程度、技术胜任性(公司的技术和设备水平满足一定服务质量要求的程度)、现场控制、跟踪控制、角色冲突和角色模糊等。

差距4:服务提供者的实际行动与服务提供者沟通之间的差距。

服务组织在广告和促销中作出的服务承诺与实际提供的顾客服务之间的差距,往往是由于企业与顾客间的沟通发生差错或者过分夸大其承诺、滥许诺造成的。

2. 全面质量管理理论

(1)全面质量管理的基本指导思想

① 质量第一、以质量求生存、以质量求繁荣。任何产品和服务都必须达到所要求的质量水平,否则就没有或未完全实现其使用价值,从而给消费者、给社会带来损失。从这

个意义上讲,质量必须是第一位的。20世纪80年代以来,国际市场的竞争异常激烈。日本在产品质量和经济上的成功与欧美工业发达国家的衰退,促使了欧美国家质量管理的复兴。例如,1984年英国政府发起了一项质量改进运动,与此同时,美国政府也发起了一项有关质量的五年运动。现在西方国家又把统计过程控制列为现代高技术之一。市场的竞争归根结底就是质量的竞争,企业的竞争能力和生存能力主要取决于它满足社会质量需求的能力。1984年首届世界质量会议提出"以质量求繁荣",1987年第二届世界质量会议提出"质量永远第一",这些都说明"质量第一"的指导思想已成为世界各国的共识。

贯彻"质量第一"就要求企业全体职工,尤其是领导层,要有强烈的质量意识;要求企业在确定经营目标时,首先应根据用户或市场的需求,科学地确定质量目标,并安排人力、物力、财力予以保证。当质量与数量、社会效益和企业效益、长远利益与眼前利益发生矛盾时,应把质量、社会效益和长远利益放在首位。

"质量第一"并非"质量至上"。质量不能脱离当前的消费水平,也不能不问成本一味讲求质量。应该重视质量成本的分析,把质量与成本加以统一,确定最适宜的质量。

② 用户至上。在全面质量管理中,这是一个十分重要的指导思想。"用户至上"就是要树立以用户为中心,为用户服务的思想。

要使产品质量与服务质量尽可能满足用户的要求。产品质量的好坏最终应以用户的满意程度为标准。这里,所谓用户是广义的,不仅指产品出厂后的直接用户,而且指在企业内下工序是上工序的用户,下工段或下车间是上工段或上车间的用户,等等。饭店要为旅游者提供优质的旅游产品和服务,涉及景区景点、旅行社、旅游饭店、交通客运部门等多个环节和部门,相互之间更应该树立用户至上的意识。

③ 质量是设计和制造出来的,而不是检验出来的。在为旅游者提供产品和服务的过程中,检验是重要的,它可以起到对不合格产品和服务把关的作用,同时还可以将检验信息反馈到有关部门。但影响产品质量好坏的真正原因并不在于检验,而主要在于设计和制造。设计质量是先天性的,在设计时就已决定了质量的等级和水平;而制造只是实现设计质量,是符合性质量。二者不可偏废,都应重视。但从我国旅游业发展的现状来看,还需要格外强调设计质量。

④ 强调用数据说话。这就是要求在全面质量管理工作中具有科学的工作作风,在研究问题时不能满足于一知半解和表面现象,要对问题除有定性分析外还尽量有定量分析,做到心中有"数"。这样可以避免主观盲目性。

在全面质量管理中广泛地采用了各种统计方法和工具,其中用得最多的有"7种工具",即因果图、排列图、直方图、相关图、控制图、分层法和调查表。以后日本又提倡和推行了"新7种工具",即关联图法、KJ法、系统图法、矩阵图法、矩阵数据解析法、过程决策程序法(PDPC法)和箭条图法。常用的数理统计方法有回归分析、方差分析、多元分析、实验设计、时间序列分析等。

⑤ 突出人的积极因素。"人民,只有人民,才是创造历史的动力。"从这个意义上讲,在开展质量管理活动中,人的因素是最积极、最重要的因素。

与质量检验阶段和统计质量控制阶段相比较,全面质量管理阶段格外强调调动人的积极因素的重要性。必须调动人的积极因素,加强质量意识,发挥人的主观能动性,以确保产品和服务的质量。全面质量管理的特点之一就是全体人员参加的管理,"质量第一,人人有责"。1962年日本在我国"鞍钢宪法"三结合小组的启发下开展了质量管理小组活动,对保证和提高质量起了很大的作用。旅游业本身是一个劳动密集型的产业,每一个与顾客接触的服务人员都代表着饭店的质量水平。

要提高质量意识,调动人的积极因素,一靠教育,二靠规范,需要通过教育培训和考核,同时还要依靠有关质量的立法以及必要的行政手段等各种激励及处罚措施。

(2) 全面质量管理的工作原则

① 预防原则。在服务质量管理工作中,要认真贯彻预防的原则,凡事要防患于未然,尽量把不合格产品和服务消灭在发生之前。饭店虽然也向旅游者提供有形产品,但本质上都是提供的服务。服务是生产与消费同时进行的,是一次性的,不能重复。在这种情况下,对于服务的质量就应该事先设计好。试想一下,如果饭店在接待旅游者之前不设计好相应的流程和各环节的质量标准,会是怎样的状况?

② 经济原则。全面质量管理强调质量,但无论质量保证的水平还是预防不合格的深度都是没有止境的,我们必须考虑经济性,建立合理的经济界限,这就是所谓的经济原则。因此,在产品设计制定质量标准时,在生产过程进行质量控制时,在选择质量检验方式为抽样检验或全数检验时等场合,我们都必须考虑其经济效益来加以确定。20世纪80年代以来,由于国际市场的竞争异常激烈,所以质量管理发展的新方向之一即经济质量管理(EQC),在推行全面质量管理时追求经济上的最适宜的方案。1986年德国乌尔茨堡(Wurzburg)大学成立了以冯·考拉尼教授为首的经济质量管理研究中心,就是这种趋势的一个明证。

③ 协作原则。协作是大生产的必然要求。前厅部的工作涉及与饭店其他部门的共同协调,部门内部的服务分工很细,这就要求要有良好的协作。因此,强调协作是全面质量管理的一条重要原则,这也反映了系统科学全局观点的要求。

(3) 全面质量管理的基础工作

① 标准化工作。标准是从事生产、服务等各项工作的一种共同的技术依据,是综合了生产实践、科技成果加以研究制定,并经过一定程序批准,在一定范围内共同遵守的技术规定。正如生产的工业品、各类工程建设、环境条件、安全卫生等都必须制定标准并在工作中贯彻执行,在前厅服务工作中,如客房预订、礼宾服务、宾客入住登记、结账离店、电话总机等,都应该有各自工作的程序和标准。饭店企业虽不同于工业品生产企业,但同样也不例外地须实行标准化工作。实行标准化,有利于保证和提高产品质量,保障宾客的利益。在服务工作中,推行标准化可以减少设计和工艺准备的工作量,促进劳动生产率的提高和降低服务成本。

除了有关服务流程的设计与服务的技术标准外,还有各项管理标准。后者在饭店范围内更有突出的指导作用。质量管理的过程就是对标准的采用与实施的过程,需要保持生产过程和服务提供过程中标准的统一性、权威性和约束力。同时,要认识到标准是产品质量应达到的最低期望值,而不是最高水平。例如,按照国家规定,达到国家标准的是合格品,超过国家标准、处于国内先进水平的才是一等品。随着生产技术水平的进步,既应保持标准的相对稳定,又应定期加以修改和提高,力争尽快与国际水平接轨。

②计量工作。大多数质量特征都可以定量化。因此,计量工作就成为全面质量管理的重要基础工作之一。基础计量管理包括计量标准的贯彻、精密测量技术的推广、理化试验鉴定和技术分析等工作。基础计量管理工作的基本要求是:严格保持测量手段的量值的统一、准确和一致,并符合国家标准;保证测量仪器和工具质量可靠稳定以及配套;完善测量技术、测量手段的技术改造和技术培训工作;逐步实现计量工作的科学化与现代化。

对于前厅服务工作,其质量特征似乎不能定量,实际上只要站在宾客感受的角度不断改进评价指标及评价方法,计量评价是可以更完善、更科学的。比如,大堂空气指标,各项服务的时间指标,顾客等候的时间指标,设施设备清洁和维护的频率等,都是反映前厅服务的计量指标。

③质量信息工作。及时、正确的质量情报是企业制定质量政策、目标和措施的依据。质量情报的及时处理和传递是生产过程质量控制的必要条件。质量情报是多方面的,它包括:国内外有关的科技发展状况,同类产品质量情况及发展趋势,市场需求的变化及质量反映,企业内部在产品研究与制造过程中的质量信息等。应该建立企业的质量信息系统并和企业内外的质量跟踪系统结合起来。要确定质量跟踪点,质量反馈程序和期限,并把质量跟踪方式与企业生产计划、批量投入期量标准结合起来,以保证质量信息的及时性。做好质量信息工作还要和企业的生产统计分析工作结合起来,要完善指标体系,使质量信息工作规范化、制度化。

④质量教育工作。质量管理活动既是一个工作过程,也是一个教育过程,要"始于教育,终于教育"。特别是在当前,质量管理正面临新的挑战,要适应新的经济环境,加强教育至关重要。饭店前厅部的工作与宾客的接触十分频繁,而且是饭店服务工作的表率,是整个饭店服务质量的代表,对饭店的服务形象起着决定性的影响。因此,饭店必须加强对前厅工作人员服务质量的教育,使他们树立良好的质量意识,主动创造优质的服务质量。

⑤质量管理小组活动。质量管理小组是全面质量管理的群众基础。它是以保证和提高质量为目的,围绕现场存在的问题,由班组工人或科室人员在自愿的基础上所组成的开展质量活动的小组。开展质量管理小组活动,要做到组织、研究课题、措施与效果"四落实",要把学习与创造相结合,成果发表与竞赛评比相结合,思想教育与物质鼓励相结合,稳步发展,不断提高。

8.2.3 前厅服务质量管理的内容

前厅服务质量管理的内容主要有前厅接待服务设施质量、服务质量、环境与气氛质量、服务关键环节(点)质量、安全质量等方面的控制与管理。

1. 前厅设施设备质量控制与管理

前厅是宾客的第一印象区,因此前厅配备的设施设备相对完善,质量要求也较高。前厅配备的设施设备主要有服务设施设备、客用设施设备以及辅助设施设备三种。前厅设施设备质量控制与管理除了按照《旅游饭店星级的划分及评定标准》中对不同星级饭店的设施设备规格、等级的明确规定外,还应注意以下几点。

① 保证前厅设施设备的装修质量、设施设备的齐全程度、设施设备的等级与规格、设施设备的完好程度。前厅设施设备质量的高低不仅取决于其齐全度、完好度,还应与饭店的规格等级相匹配,保证能够为宾客提供相应等级的服务。

② 抓好前厅设施设备质量控制的几个环节:a.合理地配置、培训使用人员,对人员进行选择和考核,提高其责任心与业务技能。b.制定工作手册,明确各员工的职责,做到职、责、权分明。c.培养和强化饭店员工的设施设备维修和保养意识,引进饭店设施设备维修保养人才,保证由专门的人员使用饭店设备。同时制定设施设备的维护保养条例,切实做好维修计划,加强对设施设备维修和保养工作的组织管理。d.制定人为损坏设备的经济责任制和合理的报修程序,做好维修所需零配件的管理和库存量的控制。e.建立各主要设备维修档案资料,整理好每次维修的相关文件。

2. 前厅服务质量控制与管理

前厅服务质量控制与管理是一个涉及服务理念、服务行为、服务方式、服务效率的综合控制与管理过程。

(1) 前厅服务质量控制与管理的服务理念——时空观念

① 前厅服务质量控制与管理的时间观念。前厅服务质量控制与管理的时间观念反映出饭店前厅接待系统中各部门、各岗位及各班次在协调合作上时间的一致性特点。保证前厅服务的时间一致性,才能避免出现服务不协调的现象,使前厅服务有序、有质、有效。例如,礼宾部安排行李员运送已离店团队行李的时间必须与团队离店时间相一致,客房提供的时间必须与客房销售的时间相一致等。

② 前厅服务质量控制与管理的空间观念。前厅服务质量控制与管理的空间观念反映出前厅接待服务过程中各部门、各岗位及各项具体工作环节之间的"服务链条"的关联性和协调性。

(2) 服务行为控制与管理

前厅服务具有对服务人员综合素质和自控行为能力要求高、依赖性强、服务过程短暂等特点。因此,加强对前厅服务人员行为的控制管理对提高前厅服务质量至关重要。服务行为的控制与管理主要包括服务态度、服务技能、语言及应变能力、仪表仪容、礼节礼貌、行为举止、操作规范等方面的控制与管理。

(3) 服务方式控制与管理

服务方式指的是前厅服务员以什么样的形式为宾客提供服务。不同的服务方式对于服务人员的服务行为、沟通与应变能力的要求不同,也将产生不同的服务效率与效果。服务方式的控制与管理要求对不同服务方式的服务程序、服务人员的行为举止、着装等进行统一化、规格化、标准化的管理,并通过服务培训,提高服务人员对新型服务方式,如坐式服务、一站式服务以及开放式服务的理解、把握与控制的能力。

(4) 服务效率控制与管理

服务效率是服务质量的重要内容,是前厅提供优质服务的基本前提。前厅的工作特性更讲究服务的高效与准确性,拖沓低效的工作将会影响整个前厅服务质量。很难想象宾客在长时间的等待之后会对前厅的服务感到满意。前厅服务效率的控制方式主要有制度化控制、系统化控制、定量化控制、现代化工具控制等。

① 制度化控制。制度化控制是指采用规章制度的形式把保证前厅服务运作效率的一系列标准、程序、规则固定下来,使之成为前厅服务效率控制的重要组成部分。前厅的服务效率制度化控制包括三个方面的内容:第一,明确规定制度控制的条件和范围;第二,明确规定服务操作的基本流程和步骤;第三,明确规定在违反制度时应负的责任。

制度化控制可分为标准化制度控制和程序化制度控制两类。标准化制度控制是以规章制度的形式将前厅服务人员对客服务时所必须达到的标准固定下来,作为前厅部控制服务效率的重要手段。前厅部控制服务效率的标准化制度主要有前厅部各岗位人员或服务运作时所应掌握的技能标准、质量标准、服务操作标准、工作效率标准等制度。程序化制度是以规章制度的形式将前厅服务接待工作的先后次序(最优次序)固定下来,使前厅的服务工作依据接待服务工作的程序来进行,从而为提高服务效率提供客观标准。相关的程序化制度有:总机接待服务程序、宾客入住登记程序、行李寄存程序、宾客换房程序等。这些程序化制度规定了前厅服务人员具体的操作流程与运作要求,能够有效地提高前厅服务人员的对客服务效率。

② 系统化控制。系统化控制是将前厅部的服务运作看成是一个具有综合性和整体性的系统,通过合理使用前厅系统有限的人力、物力、财力资源,运用综合的、系统的管理方法,组织、计划、管理和控制前厅系统、饭店系统及外部的环境系统中各种积极因素,从而提高前厅服务运作的工作效率。

③ 定量化控制。定量化控制是通过各种数据、文字、定性指标或文件来约束和控制服务效率的方法或手段。定量化控制手段主要有表单定量控制、指标定量控制和人员定量控制。表单定量控制是通过各类表单传递信息,控制前厅部的服务效率。指标定量控制是通过各种指标的设定来控制服务效率。人员定量控制是通过人员相互匹配的定量关系来控制服务效率。即在前厅服务运作过程中,根据接待宾客的特点、前厅部的人员配备情况以及所要达到的服务水平和要求,按一定的确定服务项目的人员配备。

④ 现代化工具控制。现代化工具控制是通过现代化工具来控制服务效率的控制方法。前厅可以通过计算机、网络、扫描仪等现代化工具来提高服务效率。例如饭店计算机系统中的计算机预订系统、计算机入账系统、计算机计费系统以及计算机结账控制与管理系统的使用,可大大简化前厅数据处理的工作,有效地提高前厅服务效率。

3. 前厅环境与气氛的质量控制与管理

前厅环境与气氛的质量控制与管理体现在两个方面:可视环境与气氛的质量控制与管理以及可感知的服务环境与气氛的质量控制与管理。

(1)可视环境与气氛的质量控制与管理

可视环境与气氛具有严格的量化标准,能够带给宾客更加直观的视觉体验,是饭店环境氛围塑造的重要组成部分。前厅可视环境与气氛主要体现为前厅相关服务设施设备的完好与完备程度、各种陈设与饰品的类型、规格与品位,以及通过声、光、电、绿化等手段所营造出的、能为宾客视觉直接感受到的环境氛围。运用声、光、电手段的目的是为宾客创造一种和谐、温馨、舒适的活动与休息空间,对声、光、电控制的内容包括声、光、电的选择、布局与设计,日常的保养与维护。绿化的控制主要体现在绿色植物、盆栽的栽培、修剪和定期的轮换,绿色植物物种的选择、与前厅环境的和谐及其与其他饰物的搭配是否妥当等方面的控制与管理。陈设与装饰的质量主要体现在饰品、艺术品、摆设物的选择、摆放和管理上。

(2) 可感知的服务环境与气氛的质量控制与管理

可感知的服务环境是由服务人员的优良品质、服务意识以及高超的服务技能技巧构成的,并在员工提供服务的过程中体现出来。因此可以说,服务环境是员工服务时表现的行为方式,包括服务人员的仪容仪表、礼仪规范、服务方式、服务技巧、服务效率、团队精神等,是能让宾客感知和体验到的服务气氛与氛围。为提高可感知的服务环境与气氛质量,应做好以下工作。

① 加强前厅员工仪容仪表的知识培训。端庄的仪容仪表能够表现出服务人员对宾客的尊重,使宾客产生信任感,有利于创造良好的服务环境与氛围。前厅员工是顾客进入饭店最先接触到的员工,所以加强前厅员工上岗前的仪容仪表知识培训非常重要。

② 提高服务人员的礼仪规范要求。礼仪规范是对前厅服务人员在对客服务中的站立、端坐、行走、社交等方面的体态、语言行为标准的规定与要求,是前厅部改善服务形象、提高服务质量的重要考核内容。前厅部服务人员应履行高规格、高标准的礼仪规范,以营造出前厅部员工对客服务主动与积极的服务环境氛围。

③ 创新服务方式。科学化、人性化的服务方式可以创造出热情、高效、便于沟通、亲切友好的服务气氛。越来越多的饭店结合宾客的需要以及前厅部管理的需要积极进行服务方式的创新与改良,以提高前厅的服务气氛与环境质量。目前被饭店所采纳的创新服务方式包括坐式服务、"一卡式服务"、开放式服务和一站式服务等。

④ 加强服务技巧的培训。服务技巧是指前厅部服务人员在对客服务过程中所具备的解决问题的技巧。员工的服务技巧能提高前厅的服务氛围与环境的质量。前厅部员工所应掌握的服务技巧主要有:与宾客交流沟通的技巧、饭店产品销售技巧、与管理人员和其他员工之间的协调技巧等。

⑤ 服务效率控制。服务效率是影响宾客感知的前厅服务质量优劣的重要因素。让宾客等待或不及时解决问题无疑会影响前厅的整体服务气氛。服务效率控制可以通过系统化、制度化、定量化以及现代化工具等手段来实现。

⑥ 团队精神的培育。前厅服务需要饭店各部门员工热情服务、紧密配合、相互支持、相互协作。因此员工的团队精神是前厅部取得经营成功的关键。团队精神在增强前厅部整体凝聚力与向心力的同时,可以营造出一个温暖、轻松、团结向上、充满生机与活力的服务环境。团队精神可以通过轮岗、座谈会以及竞赛等形式来培养。

4. 前厅安全质量控制与管理

前厅是宾客进入饭店的必经之地,人多、情况复杂,安全质量的控制管理显得非常必要。前厅安全质量的控制与管理内容包括:车场安全的控制与管理,进入饭店的客人的生命和财产安全的控制与管理,大堂秩序的控制与管理,电梯安全的控制与管理,饭店设备财产的安全控制与管理等。

8.2.4　前厅服务关键环节(点)的质量控制

1. 预订服务的质量控制与管理

客房预订是饭店与宾客建立良好关系的开始。客房预订工作要求前厅部预订人员熟悉饭店的客房类型以及订房业务知识,具有较强的销售能力,要求饭店具有系统化、规范化的订房网络系统和完善的订房管理制度与服务标准。预订服务的质量控制与管理工作包括以下几方面。

① 订房作业流程控制。对宾客预订要求确认、接受预订、确认预订、预订记录存储、预订变更与取消、抵店准备等订房作业流程进行控制与管理,并对每一个流程的员工职责进行明确,尽量减少预订工作中的差错。

② 责任约束与控制。应指定专人负责预订房信息的记录、存储与归档,为责任约束与控制提供依据。责任约束与控制主要是对预订员的责任心、相关预订程序、规范及其预订条款、注意事项等方面的培训责任的约束。

③ 沟通协调机制管理。建立预订组与总服务台及销售部的沟通与协调管理制度,通过沟通协调机制达到对饭店客房预订组、总服务台和销售部之间的沟通协调与控制管理。总服务台员工应每日对预订未到、预订变更与取消、提前与延期离店的客房数进行统计,制作成表格,交给预订部,销售部也应就当日的预订信息与前台预订部沟通,从而避免排重房、排错房与漏排房;加强与预订中心及订房代理处的联系,及时掌握预订信息。

④ 客房预订政策。制定客房预订政策,明确饭店与宾客之间的责、权、利关系,保障双方的合法权益不受侵害。

⑤ 超额预订的控制与补救管理。加强对预订变更与预订取消的管理,制定科学合理的超额预订比例以及补救措施,减少超额预订给饭店造成经济、信誉等方面的损失。

2. 接待服务的质量控制

接待服务是前厅对客服务全过程中的一个关键阶段,这一阶段的工作效果将直接影响前厅的客房销售、信息收集、对客服务协调、客账以及客史档案建立等功能的发挥。接待服务的质量控制应做到以下几点。

① 遵循接待服务程序。前厅接待服务程序应遵循识别宾客有无预订、根据宾客需要介绍客房、排房定价、办理宾客入住登记、确定付款方式、制作宾客账单、资料存档的顺序。

② 根据宾客的类型提供个性化的接待服务。例如对于 VIP 客人和常客,则可简化

接待服务程序,或者是提供客房内办理入住登记等特殊服务。

3. 离店结账服务的质量控制

优质的离店结账服务应该满足高效性和准确性两个指标的要求。离店结账服务质量控制内容包括以下几方面。

① 做好离店结账的基础工作——客账记录。客账记录的主要目的是避免结账时出现差错,避免发生逃漏账,客账记录要做到账户清楚、转账迅速、记账准确,因此应建立一套完备的制度来保证,并依靠各业务部门的配合及财务部的审核监督。

② 加强前厅同客房部的合作。为了减少宾客等候收银结账的时间,收银员与房务员之间应加强沟通,提高查房的速度,尽快为宾客办理结账手续。

③ 简化离店结账手续,提高结账效率。

8.2.5 前厅服务质量管理的基本方法

1. 树立现代饭店的质量意识

任何一种质量管理的方法都需要有正确的思想指导,使其组织上下形成统一的质量意识,才能切实有效地发挥各种质量管理方法的作用。现代饭店的质量意识主要包括以下几方面。

① 只有好的质量与坏的质量之分,而不存在着较好的质量与较差的质量之分。

② 我们在第一次做一件事情的时候,就要把这件事做好。

③ 开展"无缺点运动",如"无缺点日"和"无缺点周",使员工养成无缺点工作的习惯。

④ 确立质量的成本与责任意识。坏的质量将增加不必要的成本支出,这就是由立即纠正或赔款所产生的支出。

2. 制定适合与适度的质量标准

进行服务质量管理,要有相应的质量标准。虽然旅游服务的功能质量受旅游者主观感受的影响较大,但这并非就等于不需要标准。旅游服务质量标准的建立是饭店质量管理的基础工作,通过质量标准使企业的管理者及时发现问题和偏差,并采取措施来提升质量,促进饭店管理的科学化、系统化和效率化,从而提升饭店自身素质。标准化的服务质量也为饭店树立了标杆,有利于企业的规模扩张,增强企业实力,同时标准化导致产品和服务的差异性减少,促进饭店的创新。

制定质量标准要注意适合性与适度性。适合性,就是指质量要适合于各类目标客源的要求。例如导游在为普通大众旅游者讲解某个旅游景点时,可以讲解一些基本的概况和一些民间传说;但对于知识型、专家型的旅游者,就应该讲解得更专业和深入一些,包括地质形成、气候、动植物状况等。适度性,是指质量要根据目标客源的等级要求即付费标准,以合理的成本为顾客提供满意的服务。例如旅游饭店的目标客源是普通商务客,只需提供商务工作室就可以了;如果目标客源是高级商务客,就要提供商务行政楼层。

【情景模拟 8-2】

××饭店大厅服务质量标准

一、大厅环境布置

厅内服务区域设置合理，整体布局协调美观，装饰布置独具风格。天花板、墙面、地面建筑和装饰材料及各种服务设施同饭店所定的星级标准相一致。前厅位置显眼，能环视客人进出及活动。台面大理石或水磨石装饰美观大方。接待、问讯、行李、收款处中英文对照标牌醒目。灯光气氛、墙面装饰、色彩选用、地毯铺设、花草盆景、字画条幅等装饰布置舒适典雅，有形象吸引力。各种服务设施齐全，分区摆放整齐、美观。厅内供客人休息的座椅沙发不少于 20 座，并配有茶几或方桌。各种设备完好率不低于98％。整个大厅空间构图形象美观、布局合理，气氛和谐舒适，服务安全方便。

二、大厅清洁卫生

大厅门窗、玻璃、天花板、墙面、地板、灯具、前厅、扶手等各种设备配专人清理卫生。天花板、墙面无蛛网灰尘，地面边角无废纸杂物，门窗、玻璃无污点印迹，门厅道无障碍杂物，盆栽盆景无烟头废纸。大厅地面随时拖尘、一尘不染，地毯吸尘每日不少于3 次。烟缸内烟头不超过 3 个。公用电话每日消毒不少于 2 次。整个大厅始终保持清洁、整齐、美观、舒适。

三、大厅环境定量标准

大厅温度，冬季 18℃～24℃，夏季 22℃～24℃。相对湿度 40％～60％。风速 0.1～0.3m/s。一氧化碳含量不超过 5mg/m³，二氧化碳含量不超过 0.1％。可吸入颗粒物不超过0.1mg/m³。新风量不低于 200m³/(人·h⁻¹)。细菌总数不超过 3000 个/m³。自然采光照度不低于 100lx，灯光照度不低于 50lx，厅内噪音最高不超过 45dB。整个前厅空气清新，温度适中。

3. 推出服务质量保证卡

饭店推出服务质量保证卡，一是使顾客放心满意；二是通过满意的顾客口碑宣传，吸引大量的回头客；三是利用顾客的质量监督促进饭店的全面质量管理。

服务质量保证卡一般包括这几方面的内容：服务态度的保证、服务标准的保证、产品标准的保证、质量保证的使用区域、对质量不满意部分的纠正与赔偿的保证、质量热线电话。

【情景模拟 8-3】

万豪宾馆服务质量保证卡

尊敬的宾客：

欢迎您下榻万豪宾馆。在您下榻期间，我们将为您做如下服务保证：

(1) 友好和礼貌的殷勤接待；

(2) 万豪标准的服务；

(3) 提供最高等级的产品。

这一质量保证适用于所有在万豪宾馆管理的区域内。

如果我们的服务不符合万豪标准的话,我们保证立即纠正,或退还给您不满意部分的钱款。

我们的质量热线电话是:021-53594969

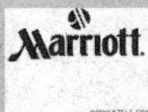

Marriott.
www.szu.t.com

4. PDCA 工作法

PDCA 是指开展质量管理工作的四个阶段,这里,P 指计划(Plan),D 指执行计划(Do),C 指检查计划(Check),A 指采取措施(Action)。PDCA 循环是质量体系活动所应遵循的科学工作程序,周而复始,循环不已。这四个阶段具体又可分为以下八个步骤。

① 列出目前存在的质量问题;

② 找出质量问题中的主要问题;

③ 分析产生主要质量问题的主要原因;

④ 制定解决质量问题的计划和措施;

⑤ 实施计划和执行措施;

⑥ 对照制定的措施和目标检查执行情况,及时调整,纠正偏差;

⑦ 对达到目标的措施加以规范化和制度化,固化成果;

⑧ 对未解决的问题和新出现的主要问题转入下一个工作循环。

在第二个步骤中,通常要采用 ABC 分析法来找出重点问题,A 是重点问题;B 是次重要问题;C 是次要问题。根据"重要的少数,次要的是多数"原则,当同一个(类)问题多次发生,频率在 70% 左右时,这类问题就被确定为 A 类问题,需要重点解决;当同一个(类)问题发生频率在 20% 时,这类问题被确认为是 B 类问题,须引起重视;当同一个(类)问题发生频率在 10% 以下时,这类问题被确定为 C 类问题,可暂时不予考虑。

在第三个步骤中,通常采取因果分析法,它是运用像鱼刺一样的因果分析图,来对产生质量问题的原因进行层层分析,然后对症下药,予以解决。

5. 顾客期望的管理

服务质量的优劣,是与顾客的期望分不开的。当顾客对服务质量的感受超过了他的预期时,顾客就会产生满意感,对服务质量的评价就比较高;当顾客对服务质量的感受低于他的预期时,顾客就会产生不满,对服务质量的评价就比较低。而饭店也不能被动接受顾客对自己的预期,应该能动地调控旅游者的预期,有效地管理顾客期望。

在竞争日益激烈的市场条件下,饭店只有掌握顾客期望的形成机制、变化动态,采取及时措施满足顾客期望,调整服务的竞争战略,直到旅游服务的系统设计,加强品牌管理,才能达到有效的质量管理。其中积极的顾客期望管理是饭店建立长期竞争优势的有效策略。

(1) 保证服务承诺能够反映旅游服务的现实水平

承诺是饭店对顾客在服务水平、服务质量上的一种允诺,这种诺言必须基于现实,既不能脱离现实,给予顾客过高的期望;也不能落后于现实,这样必然会丧失一部分客户。饭店的经营管理者给旅游者和客户提供承诺时,要做到以下几点。

① 通过市场调查掌握主要客源的具体和特殊需求。

② 根据旅游者现实需求补充、完善服务项目和服务设施。

③ 杜绝作出不切实际、与实际相差甚远的承诺，以免造成顾客的失望。

④ 关注市场信息的变化，随时追随市场行情和走向。

（2）保证承诺的服务具有现实的可靠性，即承诺得到兑现

任何承诺的价值在于服务的不折不扣，研究表明，承诺一旦离开服务的可靠性支撑是难以经受实践的考验的，其结果往往是适得其反。可靠性是旅游服务质量的重要标准，只有提供可靠而且稳定的服务，才可以稳定客源，赢得旅游者良好的口碑，获得更多的盈利机会，从而提升自身的市场竞争力；同时还可以有效控制与减少服务失误造成的不必要的支出，提高员工士气，稳定员工队伍。坚持服务的可靠性需要采取的措施有以下几点。

① 饭店的管理者要重视服务质量的设计、监督、检查等管理工作。只有管理层重视了，一线服务人员才能保持服务质量的可靠性和稳定性。

② 经常与客户保持必要的联系，听取客人意见，改进服务质量。

③ 质量检查坚持不懈。

④ 建立完善的服务基础，包括系统的服务标准，责、权、利相统一的服务岗位责任制，部门之间团队合作意识，信息及时反馈机制，以及为一线员工服务的后勤保障等。

（3）提供超出旅游者预期的服务

显然，如果旅游者获得的服务超出了他自己的预期，旅游者就会非常满意，很可能重复购买或介绍他人购买。所以饭店要处理好企业提供给旅游者的实际利益与旅游者预期利益之间的关系。这里关键在于饭店要将旅游者对旅游服务质量的预期调节到适当的水平上，要防止出现太低和太高两个极端。一些成功的跨国公司为了创造使消费者非常满意的结果，在其产品性能大大超过其竞争对手的前提下，采取适当的保留性宣传策略，以使消费者为享受到的额外利益而惊喜。例如波音公司承诺其生产的飞机比其他同类飞机节约5％的燃油，而实际上却节省了8％，使用户感到格外的高兴而再次购买或推荐别人购买。这种策略也值得饭店学习借鉴，比如旅行社可以安排一个免费景点，或将承诺的2星级住宿标准提高为3星级标准；饭店客人在结账时，意外收到了饭店赠送的礼物；餐馆免费向客人赠送一道菜等。

8.2.6　前厅交互服务质量管理

饭店服务的提供和消费往往是同时进行的，顾客在服务消费过程中参与服务生产，并与服务提供者发生多层次和多方面的交互作用。交互服务过程的好坏直接影响顾客对服务的评价，决定着服务质量的高低。前厅部又是顾客与饭店服务接触最多的部门，所以抓好前厅交互服务质量的管理，对于整个饭店的服务质量是重要的环节。

1. 前厅交互服务质量管理的内涵

（1）交互服务过程

过程性是服务最为核心和基本的特性。服务是一种过程，服务的生产与消费的同时

性,决定了服务的完成需要顾客的共同参与。萧斯克(Shostack,1985)使用了"服务交互"(Service Interaction)概念,用来指更广泛的"顾客与服务企业的直接交互",既包括顾客与服务人员的交互,也包括顾客与设备和其他有形物的交互。顾客在饭店所进行的消费,其核心价值是在消费过程中创造的,顾客直接参与服务的生产过程,顾客是饭店服务的消费者也是生产合作者。顾客在服务消费过程中与饭店发生多层次、多方面的交互作用。

服务交互过程对于顾客、服务人员和服务企业都具有极其重要的意义。对于一线服务人员而言,与顾客的交互是他们工作的重要组成部分。对于顾客来说,交互过程是他们消费服务和满足服务需求的必然,服务交互质量影响他们对服务质量的体验,并对他们未来的购买决策也有影响作用。对于服务企业来说,服务交互过程具有重要的战略意义:"与顾客简短的交互过程是决定顾客对服务总体评价最重要的因素",是企业吸引顾客、展示服务能力和获得竞争优势的时机。瑞典学者诺曼(R. Norman,1984)将决定企业成败的短暂的交互过程称为"真实瞬间"(Moment of Truth)。"真实瞬间"让顾客便于判别服务是良好的还是差的,"真实瞬间"会印在顾客的大脑中,会被他(她)记住,并会被他(她)传播。

(2) 交互服务质量

顾客在饭店里得到的服务由两个部分组成,一是作为过程的服务;二是作为过程结果或产出的服务。作为产出的服务指的是服务的最终结果,是顾客购买服务的基本目的。例如入住饭店,"产出"是住宿、饮食。顾客在获得这一产出的过程中,其感知的不仅是产品,而且也包括服务过程。芬兰学者格朗鲁斯(Geran Nuse)将服务质量划分为两个方面,一是与服务产出有关的技术质量(Technical Quality);二是与服务过程有关的功能质量(Functional Quality),前者说明是什么(What),后者反应如何(How)。因此,服务质量是由产出质量和交互质量综合作用的结果。说明饭店所提供的产品存在着较大的同质性,而且产品的可模仿性较强,为了在竞争中取胜,饭店必须以提高服务过程的质量来获得差异性。因此,提高交互服务质量,对于饭店提高市场竞争力具有十分重要的作用。

(3) 饭店交互服务质量管理

饭店交互服务质量管理是指为实现饭店交互服务质量的提高而采取的加强交互过程的控制,实施交互服务的培训,并创造顾客参与服务过程的互动环境的管理活动。

2. 前厅交互服务质量管理的基本内容

顾客对于饭店服务质量的评价高低取决于顾客对服务产出和服务交互过程的综合评价。交互服务是由顾客、饭店和服务人员共同参与完成的,这就增加了交互服务质量的不稳定性,也造就了交互服务质量管理的难度,因此,前厅部在交互服务质量管理活动中要做好以下几个方面的工作。

(1) 服务供求管理

由于服务"不存在库存"的特性,饭店服务产品比工业产品或农业产品存在着更为明显的服务供求关系矛盾。饭店存在着明显的淡旺季,时常出现需求过剩或供给过剩的现象。

因此,饭店应对供求进行合理调节,加强管理,从而为员工创造良好的服务环境。饭店应分析市场需求,了解和掌握市场信息,预测市场,旺季时要合理调配饭店资源,特别是人力资源,避免员工因超负荷劳动而降低服务质量现象的出现。淡季时,则应通过价格策略、促销策略等手段来刺激顾客消费,避免饭店设施设备的闲置,增加饭店收入。

（2）员工授权管理

从本质上讲,交互服务过程是由顾客与一线服务人员共同完成的,服务人员在提供服务时处于核心位置。他们同顾客一起,通过交互作用,扮演了整场服务的"明星"角色。为了提高一线员工"现场服务"的质量,管理人员应该对其进行培训,让他们意识到优质服务的重要性,使他们在有无监督的情况下都会尽心尽力地去为顾客服务。

如何能使一线员工在无人监督的情况下能够提供优质的服务,保证顾客满意呢? 这就要求饭店进行适当的授权,赋予员工快速解决问题的权力。授权有利于增强员工的成就感和自豪感,提高员工服务工作的满意度。只有满意的员工,才能创造满意的顾客;授权能够发挥员工的积极性和主动性,使他们能以更大的热情投入到对顾客的服务中;授权也能够使顾客的需求得到更快速、及时的满足,由于交互服务的过程十分短暂,因此要想在短暂的瞬间满足顾客需要,员工就必须有一定的权力。为了向员工授权以使他们拥有一定的工作权限,使他们喜欢自己的工作并提供成功的服务,管理者需要从"对其实施权力"的思想向"授权给他们"的管理理念转变。

授权不是简单的权力重新分配,成功的授权需要提供给员工必要的信息,使员工具备更好地为顾客服务的知识和能力,即处理好"鱼和渔"的关系,否则授权就等于是一句空话。同时,授权还应与奖励结合起来,对于出色的员工应给予相应的奖励。当然,授权也不是完全的放手,管理人员还应当采取适当的控制措施,避免对员工放任自流,不加约束。

（3）现场督导管理

交互服务是在"现场"完成的,因此现场督导和监控十分重要。饭店服务的提供完全暴露在顾客面前,交互过程的任何差错都可能给顾客留下不好的印象,成为顾客评价饭店服务质量高低的重要组成部分。同时,由于顾客直接参与服务过程,顾客也需要从饭店服务项目的多样性及服务过程的复杂性有所认识并投入较多的时间。因此,饭店需要加强现场督导和监控,从而使交互过程顺利进行。

（4）服务补救管理

相关内容在任务模块七:子任务7.3　服务补救。

（5）人际交往管理

交互服务是由服务人员和顾客共同参与完成的,这就决定了一线员工与顾客之间的交往是十分频繁的。正确处理好一线人员与顾客之间的人际关系,对服务质量的提高具有十分重要的作用。服务人员不仅要具有较强的服务意识,还应该有丰富的服务技能和社交能力,能够处理好与顾客接触过程中所出现的各种问题。特别是顾客不满意时,应懂得随机应变,正确把握住顾客的心态,采取有针对性的服务措施来解决。在人际交往管理中,要培养员工能根据不同类型的顾客心理,采取不同的补救方法的能力。管理中要坚持"宾客至上"的原则,"以诚相待",用自己的行为来使顾客认同企业、认同自己、认同饭店产品。

【情景模拟 8-4】

　　早晨刚上班,某客户打电话说:"老家来了个侄子,昨天在你那儿住了一宿,先记账。我送不了他。他没出过门,我让他找你,你找人送他到火车站……"正说着,服务员已经领着一个人到了办公室。

　　他个头不高,厚厚的棉袄外套了一件不合体的西服,手里捏着我的名片。问我:"你是这儿的经理呀?"我说:"是。""那个谁跟你说了没?"我对电话说:"好、好,他来了。你和他还有什么事吗?……那好,再见。"

　　"嘿!你这屋里挺暖和,我住的屋里忒冷,还就那么一个小薄被窝,还不如村里呢,可把我冻坏了!"我说:"你没开空调吧?你看!"我一指卫生间墙上的开关。"就是它,拧了没有?""哟,那儿还有开关啊?我说呢。"我和他开玩笑说:"你还嚷冷。你吃饭了吗?"他说:"吃了。"他凑到我跟前,小声说:"你们的饭忒贵,我就喝了两碗粥,她们说10块钱!还是那么小的碗!"我问他:"你没吃别的?鸡蛋、肉什么的,那么多好吃的都没吃?""没有。"他很肯定地回答,"再吃那些得多少钱呢!"我说:"那是自助餐,你吃什么,吃多少都是10块钱。吃饱、别浪费就行。走,我领你再吃点儿去。""不了,我得赶紧,就一趟车。"他低下头,脸红了。他的内心肯定不舒服,觉得冒傻气了。我联想到餐桌上客人喝洗手盅里水的事件,赶紧缓和气氛:"都是我们服务员不好,没告诉你。非狠狠地批评他们不可!别在意,下回你就都知道了。"

　　问题:试分析,这位来自乡下的客人对饭店的服务会满意吗?如果不满意,原因出在哪里?

复习思考

一、选择题

1. 以下关于服务的描述不正确的一项是(　　　)。
   A. 服务是产品的一种,是活动或过程的结果
   B. 在服务方与顾客的接触中,服务方可以是人员,如收银员、接待员等;也可以是某种设备或设施,如电梯等
   C. 服务是以饭店设施为核心展开的,没有设施设备也就谈不上服务
   D. 一般服务是无形产品,但在提供服务的过程中,有形产品也常常成为服务的组成部分

2. 前厅服务质量标准的内容包括(　　　)。
   A. 服务流程标准　　　　　　　　B. 服务行为标准
   C. 服务设施设备标准　　　　　　D. 服务时间标准

3. 全面质量管理的基本指导思想是(　　　)。
   A. 宾客至上　　　　　　　　　　B. 质量是靠检验出来的
   C. 强调用数据说话　　　　　　　D. 质量第一,以质量求生存、以质量求繁荣

　　4. 前厅交互服务质量管理的基本内容包括(　　　)。

　　　A. 人际交往管理　　　　　　B. 服务供求管理

　　　C. 员工授权管理　　　　　　D. 现场督导管理

二、判断题

1. 饭店质量标准的适合性,就是指质量要适合于各类客源的要求。(　　　)

2. 全面质量管理的工作原则之一是预防原则。(　　　)

3. 质量管理活动既是一个工作过程,也是一个教育过程。(　　　)

4. 服务质量的优劣,是与顾客的期望分不开的。(　　　)

三、简答题

1. 饭店如何加强对顾客期望值的管理?

2. 简述 PDCA 质量管理工作方法的步骤。

3. 前厅服务质量控制的关键环节(点)有哪些?

四、案例题

百老滩度假饭店

　　百老滩度假饭店是一家豪华型国际饭店集团的一个分店,位于美国弗吉群岛的圣约翰岛屿上。圣约翰是个小岛,岛内没有机场,来这里的游客都是在附近的圣托马斯机场下飞机,然后乘船或乘直升机到达圣约翰的。百老滩度假饭店占地30多英亩,13座建筑散落在山的缓坡面,前台设在山坡最高处,并且离海滩和渡口最远。

　　百老滩度假饭店在圣托马斯机场设立了一个接待处,通常旅行代理商或者饭店服务员会告诉预订饭店的顾客,他们下飞机后到机场的接待处登记,然后乘坐饭店的敞篷汽车穿过圣托马斯岛,45分钟后到达码头,等候到达圣约翰的渡船。渡船每小时一次,通常游客要在码头等20~30分钟,然后再航行20分钟到达圣约翰岛。每当渡船一离开圣托马斯码头,机场接待处的接待员就会同饭店联络,通知他们哪些顾客将乘船到达。这样饭店的前台服务员就会有充足的时间整理好办理入住登记所需的手续,然后带到渡口,这样顾客一下船就可以办理入住登记,并且可以拿到钥匙,直接进入房间。这套服务制度效率很高,免去了顾客走到山坡上的前台办理入住登记的麻烦。

　　每天,百老滩度假饭店办理入住的房间达50多间,偶尔也有个别顾客在机场时没登记而是直接乘船来到圣约翰岛的。这种情况有两个原因:一是顾客下飞机时没看到有接待处;二是接待处的接待员可能恰好离开了一会儿。由于前台不知道他们的到来,因此这些顾客到达圣约翰渡口时就无法直接办理入住登记,也拿不到钥匙,因此只好再等上15分钟到20分钟,让服务员返回到山坡上去取。

　　有个星期六的上午,马丁夫妇在圣托马斯机场下了飞机,周六的机场通常都是车水马龙的,客流量很大。马丁夫妇的最终目的地是圣约翰岛的百老滩度假饭店。但他们没有在机场的接待处登记,而是一下子看到了百老滩度假饭店开往码头的敞篷车,就直接上了车。15分钟后待所有的饭店顾客都到齐了,敞篷车离开机场开往码头,45分钟以后穿过圣托马斯岛到达码头。乘客们又等了10分钟渡船才到,他们拎着行李上了船,20分钟以后驶入码头。在那里,饭店前台的经理早已把住宿登记的手续和房间钥匙准备好,并用清凉可口的朗姆酒加糖调制的冰镇饮料热情地欢迎大家的到来,然后把他们领到

50英尺远的地方排好队办理了入住登记。马丁夫妇也站在队伍里,但他们并不知道自己不属于这支队伍。当轮到他们的时候,服务员发现登记表中没有他们的名字,只好让他们等着,她回山上去取。

可以想象马丁夫妇此刻一定不高兴,自从到达圣托马斯机场,他们花了一个半小时才到达这里,现在别人都可以进房间了,唯独他们却还要再等15分钟,他们的不高兴也是可以理解的。像大多数其他顾客一样,他们来自美国东海岸。穿的是适应华氏40度气温的衣服,在圣约翰岛华氏90度的天气里,他们是又累又热,不停地向前台经理琼抱怨说他们的服务质量令人无法忍受。琼以前曾多次遇到过这类情况,能够理解他们的烦躁,因此客气地向他们表示歉意,进一步解释说他们在机场设立了一个接待处,他们当时应当在那里登个记,并对他们不了解饭店的服务制度表示遗憾。但简单的道歉并没有使马丁夫妇感到满意,他们继续抱怨饭店的服务不周。琼再次客气地向马丁夫妇表示,过后她会派人送瓶葡萄酒和一个果盘到房间,以示安慰。

马丁夫妇对此次事件感到特别恼火,因为他们一向对百老滩度假饭店隶属的这个饭店集团期望值特别高,他们以前曾多次在这个饭店的其他分店住过,一直认为它的服务质量非常好,而且这个饭店集团有为顾客提供"超越期望值的服务"的美称,并认为顾客提出的一切要求都是合理的,要求员工竭尽全力达到顾客的完全满意。百老滩度假饭店赋予基层领导处理顾客意见的权力,比如琼这样的前台经理就有权力对不满的顾客做补偿,从而不会使顾客投诉扩大到总公司。百老滩度假饭店的高层管理部门认为,如果顾客在饭店居住期间发生了问题,哪怕是很严重的问题,员工也应当竭尽全力在顾客结账前把大事化小,小事化了,让顾客总体感觉到他们的居住还是愉快的。本着这个原则,琼认为给顾客送一个小礼物就会使他们得到补偿,从而平息他们的不满。尽管发生在马丁身上的问题每周都会出现几次,但是琼始终觉得一瓶葡萄酒和一个果盘就会解决问题。

问题:

1. 从服务流程的设计上,百老滩度假饭店有什么问题?怎样改进?

2. 从顾客期望值管理的角度,谈谈百老滩度假饭店存在的问题和加以改进的措施。

实践训练

【实训目的】　掌握前厅服务质量管理的基本方法。

【实训时间】　2课时。

【实训材料】　某饭店前厅部经理召集本部门的主管、领班开会,主要是查找最近一段时间以来在前厅工作中出现的管理和服务问题。经过查找,反映的主要问题。

1. 客人持有客房确认预订单,但是来到饭店时,却没有可提供的房间下榻,前厅部自认为客人可能是不会来,因此将房间另外出租给别人;这样就引起客人的不满和较坏的第一印象。

2. 客人持有客房确认预订单,但是在客人步入前厅部或总服务台办理入住登记时,饭店前厅部接待人员找不到客人的预订客房记录卡,这样也就引起客人的不愉快,以致出现后来的客人投诉。

3. 前厅部接待人员不够热情和礼貌,接待服务中有不尊重客人的举止、言行,引起客人的投诉。

4. 有时护送客人前往下榻房间的中厅杂役员或客人本身,被前厅部交给一个与客人下榻房间号码不符的客房钥匙,因此中厅杂役员或客人本人又不得不再回到前厅部换取钥匙。这种情景也会引起客人的不满和投诉。

5. 由于等候入住登记下榻或者是结账迁出离店的客人较多,等候时间(均限定在60秒之内)过长,客人感到烦恼也会引起客人的投诉。

6. 前厅部或称总服务台服务人员忘记或者没有及时转交、传送客人的信件或留言,从而引起客人的不满和投诉。

7. 当客人抵达饭店时,前厅部不能为客人提供他(她)事先所预订的那种类型的客房,这样客人自然会抱怨并产生不满和投诉。

8. 客人抵达饭店并来到他(她)所要下榻的房间,可是发现客房还没有整理;这是因为客房部和前厅部之间工作不协调所致,从而给客人较坏的第一印象,并引起投诉。

9. 由于前厅部粗心,客人入住登记时没有验证客人的正式证件(即护照、汽车驾驶执照或其他的身份证件),加之又将客人的名字搞错,为此客人在饭店内的下榻及其费用账目无法收集起来,最后在客人离店结账时出现很大的麻烦,以致引起客人的投诉。

10. 客人在饭店内产生的费用,他既不确认也不核实,因此客人的一切费用账目无法收集起来,最后只能推给总经理去处理、解决。

11. 由于客人个人情况、身份、数据均为不合法,因此很难处理客人账目。

12. 中厅杂役员或行李员,将客人的行李送到其他客人的房间,造成客人的久等、不满和投诉。

13. 由于没有足够和完善的预订控制系统,从而导致超额预订,使正式预订的人没有客房下榻,结果造成客人不满和投诉。

14. 当客人结账离店时,没有将该房间的钥匙交回,结果客人又回到房间使用电话或者利用该房做些其他事情,造成饭店的损失和不安全。

【实训方法】 请对以上问题进行梳理和分析,按照相应的质量管理方法,以小组为单位(3~5人)拟定出一份改进前厅服务质量管理工作的方案,并进行展示和演讲。

【实训考核】 由老师和学生组成考核组进行评分。

课后阅读

日本饭店的管理及服务质量——赴日考察后的反思

回国已经有段时间了,但日本饭店业给我留下的印象仍历历在目。尽管我们的饭店业有了迅猛的发展,但距离国际水准仍有很大的距离,还远远适应不了国内外客人的需要,也同样适应不了市场经济的需要。笔者将赴日本考察的一些感受整理出来,以飨读者,或许能有一定的启示。

1. 客人至上的工作原则

"客人至上"、"客人是上帝"这样的口号我们已经提出多年了,但可以说,我是"学之于中国,晓之于日本"。在日本我才真正感到,当我以一名服务人员的身份出现时,该如何恭敬客人;而当我以一名顾客身份出现时,又该如何受到"上帝"般的礼遇。因此我感到日本的服务不愧是世界优良的。

以我所在的饭店为例,从迎宾服务、中间服务直到送客服务,他把你真正当作了"上帝",使你高兴而来满意离去。给你留下的印象是亲切、温暖、热情、周到、舒适、方便。

当你光顾饭店时(这是一家旅游饭店),总服务台若干人在雨搭鞠躬迎接你,接过你的行李,把你的车开到停车场,引导你进入楼内。客人来到一个陌生的饭店,为了不使客人感到拘束,服务人员要主动地与客人搭讪,一路上不能使客人感到沉闷。客人一到饭店就沉浸在热情的气氛之中。

当客人离开饭店的时候,饭店要组织欢送队伍,鞠躬致谢,就连挥手都要挥到直至客人看不见为止。表现出一种眷恋之情,真是情真意切。为了体现客人是上帝,在服务中不仅是靠热情周到、文明服务,而且能做到以下几点。

(1) 抓住客人的心理进行服务。针对客人的一般心理和个别客人的特殊心理进行服务。他们认为客人一出家门,对当晚下榻的饭店就持有一种愉快的期待感,也就是说"这个饭店怎么样啊?""服务人员能怎样热情地对待我啊?"等,同时又抱有一种不安感。因为客人对其地区和饭店的情况不了解,所以服务的第一步是解除客人的不安感,使期待感得到满足。他们的服务员与客人一见面就能交上朋友。

(2) 带着微笑进入岗位。饭店的社长说,我要求我的服务人员必须自始至终微笑服务。因为客人看不到你的心,只能看到你的脸,通过你的脸来看你是不是真正地愿意为他服务。因此他们的服务人员都能做到带着微笑进入岗位。无论在什么场所见到客人都主动点头打招呼。特别是早晨的问候,他们认为在早上面向客人脚跟并拢目视客人说声"早上好",这样会使客人一天心情舒畅。在走廊,因为工作忙走路要超过前面的客人,还要说一声对不起,请求客人原谅。在与提着行李要离开饭店的客人相遇时,无论谁都会说:"谢谢,请慢走。"服务人员的微笑和语言对客人来说是一种莫大的安慰和享受。

(3) 把一视同仁作为原则。日本的热情服务都是一视同仁的。他们认为人们感到最不愉快的是被分为三六九等。要做到服务一视同仁,不能分年轻美貌的女客和白发苍苍的老人,腰缠万贯的富翁和贫穷百姓,白人和黑人等,只要是我的客人就都一样对待。总服务台和收银处的原则就是"先到先服务",或者说按次序服务。

(4) 永远处于仆人的地位。日本饭店对服务人员的装饰有严格的要求。在岗位上,女士不准化艳妆,不准戴耳环、项链,戴戒指也只能戴订婚或结婚戒指。每个人都佩戴服务标牌。服务人员的任何装饰都不能超过客人。例如,当你发现你戴的手表比客人的手表价值贵的时候,你必须主动地把表面朝向内侧,避开客人的目光,不能让客人有一种这个服务员比我富有的心理。总之,服务员要永远处于仆人的地位。

(5) 处处为客人着想。饭店附近的一个旅游点在各饭店都放有旅游简介,当它因维修不能接待客人的时候,就在各饭店发出通知,注明停业和开业的时间,以免游人白跑路。他们真是想客人之所想,急客人之所急。他们的服务为什么这样好,这样热情周到,是什么动力、是什么原因呢? ①竞争的需要。日本是一个商品经济发达的国家,在同等商品同等价格的情况下要获得最大的效益,必须靠优质服务。服务的好坏是他们能否在竞争中取得成功的重要手段。因此服务也成为独特的价值与商品一起出售。这家饭店一位负责人说,一家饭店只凭有美丽的建筑,可口的饭菜是不行的,而要提高工作人员的素质,这样才能使客人全部满意。②双向选择、优胜劣汰。在分配制度上,能够充分体现多劳多得,奖勤罚懒。干什么活拿什么钱,干多少活拿多少钱。你的劳动价值得到了一种评价和肯定。在用工制度上,实行双向选择。企业可以选择员工,员工也可以选择企业,互相制约互相促进。企业发展经营得好,就能有一支稳定的员工队伍。有一支稳定的员工队伍,员工的素质才能不断提高,工作质量才能稳定。同时员工的生活也需要安定,这样就必须努力工作。因此,每个人都有一种强烈的竞争意识,在工作上尽力表现自己。

2. 先进的管理方式

(1)管理层次鲜明,指挥系统畅通。饭店的管理层次是鲜明的,指挥系统是十分畅通的。总经理除参加日常工作的检查外,基本上不接触日常的接待工作,如迎来送往,等等。主要精力都放在经营方针、经营手段、发展规划上。日常工作主要由各部门的经理负责。如总服务台是接待工作的"中枢",它在一个月前就拿出接待任务书,向各部门预报下个月的客房预订情况。客房、管家、餐厅、康乐、工程等部门都根据这个预报进行人员、物资、场地等方面的准备。在前一天提出次日的住客分配表,表中包括客人的姓名、房间号、就餐标准、到离时间,宴会厅、会议室的形式,客人的特殊要求等,各部门都按照这张表执行。部门与部门之间从不互相插手,上下级之间也从不越级指挥或越级请示,所以工作上是很有条理的。

(2)三面等价原则,各尽其责,各施其权。饭店在管理工作中,实行的是三面等价原则。他们对"工作"进行了分析,认为工作的完成可构成一个等边三角形。就是说要很好地完成工作,责务(职责)、责任(义务)、权限,每一个边都必须是相等的,任何不等边三角形都不能很好地工作。这里责务(责任和义务)是指圆满完成上级分配的任务和义务;权限是指对为完成被分配给的任务所必要的决定、指令和行为的权限;责任是指对任务完成的情况进行说明、报告的义务。由于实行了三面等价的原则,每一位管理人员都能各尽其责、各行其权、认真负责,工作上有干劲、有起色。管理人员完全是合同制,在合同期胜任的续签合同,不胜任的,合同期满自动解除。这样管理人员既有内原动力,又有外在的压力。因此都有一种积极向上的工作热情,没有懒惰的现象。

(3)加强培训,提高员工素质。日本的服务工作之所以能达到标准化、程序化、规范化,这与他们加强对员工的培训,提高员工队伍的素质是分不开的。新员工上岗前,要了解宾馆的历史、组织机构、服务设施等,使大家对这个企业能产生一种感情。然后学习宾馆的守则、服务手册等,使员工在工作中能有所遵循。最后对操作程序、服务用语、礼仪等进行严格的训练,经考试合格后才能上岗。在员工培训上,各宾馆都有一些具体的独特的做法。

(4)制度严明,自觉性强。饭店有一套十分完整的规章制度,以此来约束每一个员工。如考勤制度,全体员工包括常务董事在内上下班都必须打卡。管理人员在办公室也要打卡,无一例外。月底人事工资科就根据出勤卡发工资,基本没有迟到早退的现象。一线服务员每人都有三套服装(含礼服、和服),当晚和次日晨穿的衣服都是不一样的,星期六、星期日客人最多的时候,与平时穿的服装又有所区别。其目的是为了给客人一种新鲜感,每一名服务员都能认真执行。

员工的自觉性也是很强的,都能自觉地管理自己,都有我们所说的主人翁责任感。在员工教育中有一条就是"接受命令、实施报告"制。它要求每一名员工一定要养成爽快地接受命令的习惯,抵触的恶习是不能进行服务的。

员工食堂二百多人就餐,只有两名炊事员。早上七点前食堂就开门,晚上直到确定没有员工吃饭了(11点左右)才由保卫人员锁门。打菜、抹桌子、洗碗等都是自己动手。菜凉了可以自己热,特殊情况也可以自己做。冰箱以及放在外面的蔬菜从来不锁,没有浪费,也没有丢失。

(5) 抓正面教育,重感情投资。在资本主义社会,除了在每个领域、每个角落充分运用经济手段,以金钱为润滑油以外,也十分注意对人的正面教育。饭店每月一日是员工大会,首先是介绍新一批员工,其次是每个部门的负责人向全体员工报告上个月的工作情况,也包括表扬工作中表现突出者,再次是社长报告上个月的工作情况,如经济形势、接待任务的完成情况、客人的反映、工作上的突出事例及存在的问题。同时布置下个月的工作任务、工作重点、需注意的问题等。对表现突出的员工进行表扬和奖励。

在每个楼层的服务室都贴有《人生指针》等宣传品,告诉人们要正确对待人生、处理好人际关系、注意行为言论、珍惜美好时光等。工作中管理人员十分注重处理好人际关系,注重对部下的感情投资,造成一种和谐、互相尊重的气氛。基本上看不到训斥员工的现象。员工大会开始的时候,领导和员工互相鞠躬,每天的班前会都是课长先向员工问好。

每到年终岁尾各单位都召开"忘年会",领导为员工拜年,请大家忘掉一年的烦恼,努力工作去迎接新的一年。元旦还召开"誓师会",领导同员工先面谈新的一年的经营方针,然后听取大家的意见,最后同大家同饮誓师酒。

(6) 坚持检查制度。管理人员都能亲临一线监督检查,管理人员可以说是无处不到,无所不看,无所不查,而且十分严格,凡是不合格的一律返工,以此来保证饭店的工作质量、出品质量、服务质量。总之一句话,要为客人提供满意的商品。如对房间的设备,坚持定期检查,项目共有18项、60多个内容,出现问题马上解决,因此设备完好率是很高的。

房 价 管 理

任务描述

• 理解房价的制定与管理的重要性
• 熟悉客房价格的特点、房价的种类与计价方式、饭店价格体系的构成
• 熟练客房经营统计分析
• 树立通过合理的成本控制投入系统的房价管理的意识

子任务 9.1 房价的制定与价格体系

9.1.1 饭店客房的理论价格构成

根据马克思的劳动价值理论，一般来说，价值都是劳动的产物。客房商品的价值主要包括以下三个部分。

① 物化劳动的转移价值。即房屋建造过程中所消耗的原材料、辅助材料以及投入使用以后所消耗的物资设备的价值，如家具、水暖电器设备和各种生活用品的价值。

② 在劳动消耗中的生活资料的价值。即房屋建造者和客房职工为满足其个人生活需要所消耗的生活资料的价值。表现为以工资和福利形式所支付的劳动报酬。

③ 劳动过程中新创造的价值超过劳动者在这一劳动过程中消耗的生活资料的价值的余额。即房屋建造者和客房职工为社会所创造的价值。表现为利润和税金形式向国家所提供的公共积累。

9.1.2 房价制定的基本原理

饭店商品的价格高低取决于饭店商品的价值高低。我们经常看到这样一种现象：饭店商品价格太高时，饭店消费者不愿意购买；太低时，饭店经营者不愿意出售或经营。这种现象告诉我们,饭店商品价格不仅取决于饭店商品经营者对饭店商品价值的评价,以货币量来表现称为供给价格;而且还取决于饭店消费者对饭店商品价值的评价,以货币量来表现称为需求价格。只有当饭店经营者和饭店消费者对饭店商品价值的评价一致时,即当供给价格与需求价格相等时,饭店商品的销售才能获得成功。这种销售价格可称为市场成交价格。一般来说,饭店商品的市场成交价格有一个变动区间,其下限是饭店经营者为了保本盈利或亏损最小所能接受的最低价格,其上限是对该饭店商品的效用评价最高的消费者所愿意出的价格。实际成交价格确定在这一变动区间内的一个点上,这一点的位置取决于饭店商品供应者的卖方竞争与饭店商品需求者的买方竞争状况,当饭店商品的供给大于需求时,卖方竞争激烈,价格下跌,趋向于区间的下限,当饭店商品的需求大于供给时买方竞争激烈,价格上升,趋向于区间的上限,如图9-1所示。

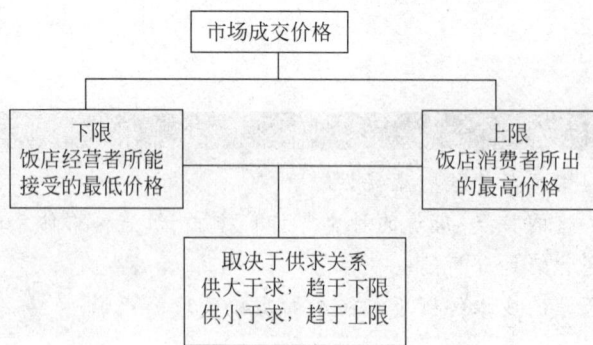

图 9-1　饭店商品价格制定的原理

9.1.3　影响房价制定的因素

1. 定价目标

定价目标是在判断市场需求的基础上完成的,这个定价目标一定要保持客房的价格与市场需求的最佳适应性,使价格既为客人所接受,又保证企业获得必要的利润。在实际工作中,由于饭店的规模不同,等级不同,设备装修水平的不同,其定级目标也不同。如以追求利润为目标,采用声望定级策略;以降低成本为目标,采用薄利多销定价策略;以满足客人的物质与精神享受为目标,采用高价促销定价策略。

2. 成本水平

成本水平是影响客房商品定价的基本要素,客房商品定价时,必须考虑客房商品的成本水平。一般而言,价格应确定在成本之上,否则将导致亏损,长期下去,饭店将难以生存。因此应分析、预测成本费用水平,确定盈利点的高低,为制定价格提供依据。

3. 供求关系

当供过于求时,将不得不考虑降低价格;当供不应求时,则可以考虑提高价格;而当供求平衡时,当前的市场价格即为合理的价格。供求关系是不断变化的,平衡是暂时的,而不平衡则是绝对的,因此,客房商品的价格应随供求关系的变化,不断地加以调整。

4. 竞争对手的价格

竞争对手的价格是饭店制定房价时的重要参考依据。制定房价时,要分析同行竞争对手的客房价格,主要对同一档次、同一规格客房价格进行具体分析,然后选择定价策略。按市场价格定价,可以保证一定的利润;按照高于竞争对手的价格定价,可以强调产品质量,但可能会减少收入;按照低于竞争对手的价格定价,可以树立价格低廉的产品声誉。但是,饭店也不能一味地靠低价取胜,因为有些客人会把到某一价格较高的饭店住宿看成是表明自己身份和地位的象征,价格过低,会失去对这部分客人的吸引力。另外,也会使客人怀疑本饭店的服务质量,长期实施低价格策略,也会影响饭店的市场形象,而一旦调高价格,就会引起客人的不满,从而失去竞争力。具体采用哪一种价格策略,视饭店的具体情况而定。

5. 饭店的地理位置

饭店的地理位置是影响房价的又一重要因素。一位著名的国际饭店管理专家曾经说过:"饭店的经营能否成功取决于三个因素:第一是地理位置;第二是地理位置;第三还是地理位置。"这足以说明地理位置对饭店经营的重要性。一般而言,旅游热线、热点地区的房价高于冷线地区,市中心、繁华闹市区的房价高于郊区或其他地区的房价。地理位置的差价幅度很难确定,一般可以参照各地价格标准、国际标准以及本地区旅游发展动向等多种因素,确定合理的价格。

6. 旅游业的季节性

旅游业的季节波动性,必然引起客房商品销售的季节波动性,而且气候条件、地理资源条件的不同,其季节波动性的时限也不一样。另外也取决于饭店所在城市或地区旅游业在淡旺季的供求程度,由于客房供给和需求往往不能达到平衡,必须发挥价格的调节作用来刺激客人需求。不少国家饭店的房价在淡旺季之间的升降幅度达10%～50%,如西班牙,旺季时客房提价30%;而淡季时则降价30%。

7. 政府的价格政策

客房定价还要受政府主管部门及行业协会等组织和机构对饭店价格政策的制约。如为了维护广交会客人的利益,广州市物价局对广州市所有星级饭店在广交会期间的最高房费做了限制,曾规定五星级、四星级、三星级和二星级饭店标准间的最高房费分别不超过2400元、1500元、1200元和550元。

8. 客人的消费心理

客人的消费心理也是进行客房定价时应考虑的因素之一,尤其要考虑"价格门槛",即客人对一种商品愿意接受的价格上限和下限。如对于商务客人,价格不是其主要考虑的因素,而更看重的是产品质量,包括设备设施质量与服务质量,考虑的是物有所值。

9.1.4　常见饭店客房价格种类

饭店的房价根据其接待对象、时间等的不同,分为多种类型,它们一起构成饭店客房的价格体系。

1. 标准价

标准价(Rack Rate)又称为"客房牌价"、"门市价"、"散客价",即在饭店价目表上明码公布的各类客房的现行价格。该价格不含任何服务费或折扣等。

2. 商务合同价

商务合同价(Corporate Rate)是指饭店与有关公司或机构签订房价合同,并按合同规定向客人以优惠价格出租客房,以求双方长期合作。房价优惠的幅度视对方能够提供的客源量及客人在饭店的消费水平而定。

3. 团队价

团队价(Group Rate)主要是针对旅行社的团队客人制定的折扣价格,其目的是与旅行社建立长期良好的业务关系,确保饭店长期、稳定的客源,提高客房利用率。团队价格可根据旅行社的重要性和所能组织客源多少以及饭店淡、旺季客房利用率的不同加以确定。为了吸引团队客人,很多饭店给予团队的优惠价往往低于饭店标准价的 50%。

4. 小包价

小包价(Package Rate)就是饭店为客人提供的一揽子报价,除了房费以外,还可能包括餐费、交通费、游览费(或其中的某几个项目)等,以方便客人。

5. 折扣价

折扣价(Discount Rate)是饭店向常客(Regular Guest)、长住客(Long Staying Guest)或其他有特殊身份的客人提供的优惠房价。

6. 淡季价

淡季价(Slack Season Rate)是在营业淡季,为了刺激需求,提高客房利用率,而为普通客人提供的折扣价。通常是在标准价的基础上,下浮一定的百分比。

7. 旺季价

旺季价(Busy Season Rate)是在营业旺季,为了最大限度地提高饭店的经济效益,而将房价在标准价的基础上,上浮一定的百分比。

8. 白天租用价

白天租用价(Day Use Rate),大部分饭店按照半天房费收取,也有些饭店按小时收取。当客人凌晨入住,客人离店超过了饭店规定的时间,入住与退房发生在同一天时,饭店可按白天租用价向客人收取房费。

9. 免费价

免费价(Complimentary Rate)是为推动饭店业务活动,与客户建立良好关系而制定的,要求在互惠互利的前提下,免收客人的住宿费。这些特殊身份的客人主要包括:社会知名人士、饭店同行、旅行代理商、会议主办人员等。按惯例还需对十六间客房者只收十五间客房费,即所谓十六免一。饭店给予客人免费价格并不普遍,操作过程中严格的审批要求,只有得到规定级别主管人员(总经理)的批准后,才能实施。

10. 家庭租用价

家庭租用价(Family Plan Rate)是饭店为携带孩子的父母提供的优惠价,一般免收孩子的住宿费,用以刺激家庭旅游。

11. 加床费

加床费(Rate for Extra Bed)是指饭店给需要在房间内临时加床的客人收取的房费。

9.1.5　饭店的计价方式

按照国际惯例,饭店的计价方式通常有以下五种。

1. 欧式计价

欧式计价(European Plan,EP)是指饭店标出的客房价格只包括客人的住宿费用,不包括其他服务费用的计价方式。这种计价方式源于欧洲,在美国及世界绝大多数饭店被广泛使用。我国的旅游涉外饭店也基本上采用这种计价方式。

2. 美式计价

美式计价(American Plan,AP)是指饭店标出的客房价格不仅包括客人的住宿费用,而且包括每日三餐的全部费用。因此,又被称为全费计价方式。这种计价方式多用于度假型饭店。

3. 大陆式计价

大陆式计价(Continental Plan,CP)是指饭店标出的客房价格包括客人的住宿费和每日一顿大陆式早餐的计价方式。大陆式早餐主要包括冻果汁、烤面包、咖啡或茶。有些国家把这种计价方式称为"床位连早餐"计价。

4. 百慕大计价

百慕大计价(Bermuda Plan,BP)是指饭店标出的客房价格包括客人的住宿费用和每日一顿美式早餐的计价方式。美式早餐除含大陆式早餐的内容外,通常还包括火腿、香肠、咸肉等肉类和鸡蛋。

5. 修正美式计价

修正美式计价(Modified American Plan,MAP)是指饭店标出的客房价格包括客人的住宿费和早餐,还包括一顿午餐或晚餐(二者选一个)的费用。这种计价方式多用于旅行社组织的旅游团队。

子任务 9.2　房价策略运用

9.2.1　市场生命周期价格策略

饭店客房商品的市场生命周期说明,饭店客房商品的销售市场形势是随着客房商品生命周期阶段的变化而变化的,在不同阶段应该采取不同的价格策略。

1. 介绍期声望高价策略

声望高价策略就是为了创造企业的某种特色,树立形象,形成市场声望,在一定时期内采用高价,尽快取得高额利润的定价策略。当饭店商品处于介绍期,就是饭店刚开业时,销售量增长缓慢,由于介绍商品需要花费大量资金,商品的单位成本很高,在这个阶段一般不存在利润,但是由于饭店设施设备及服务质量较高,会深受客人的欢迎,对顾客有较大的吸引力;另外,来饭店的客人一般是名人、高收入者、具有特殊偏好者等。这些人的需求相对比较稳定,对价格的敏感性较低,所以,可以采用垄断竞争市场的短期定价法,也即新产品定价法采取高价策略。当然,这并不排除允许一部分商品低价试用,让旅游消费者接受。如上海希尔顿饭店在试营业时打75%的折扣,上海富豪外贸大饭店在试营业时打50%的折扣。

2. 成长期市场渗透低价策略

市场渗透低价策略也就是占领市场价格策略,就是企业为了占领新市场,或者扩大原有产品的市场占有率,大力降低成本费用,然后以较优惠的价格吸引客人,造成优势的价格策略。在饭店商品的成长期,产品与服务被客人所接受,单位成本下降,利润有显著增加。这一阶段的任务是扩大市场占有率,当然这时会出现许多模仿经营者,竞争激烈,所以在价格策略上,可以采用实现市场渗透、扩大市场份额的低价策略。低价所扩大的市场份额(销售量),乘上其单位价格,要大于原来采用高价策略时获得的营业收入;用低价来打垮竞争对手,保持自己在市场上的独占地位,然后继续运用高价策略,这时所增加的销售收入要补偿低价时的损失而有节余。低价策略有一定的风险性,因此企业必须有较大的经营规模,资金、技术力量雄厚,而且市场需求对价格变动比较敏感,否则就会造成企业的经济损失。

3. 成熟期随行就市价格策略

随行就市价格策略就是以开展市场竞争、扩大产品销售、增强竞争能力为目标,价格随着竞争对手的价格水平的变化而变化的策略。当饭店商品进入成熟期时,饭店商品已被大部分饭店消费者接受,销售量的增长达到顶峰并开始呈现减缓的趋势。这时的消费者数量最多,随大流的大部分消费者已进行消费,同时,饭店商品已成熟,各饭店之间的差别很小,面临具有替代性的许多同类饭店商品的竞争。所以,这时采用富有竞争性的价格策略,即如果自己的产品和服务明显高于竞争对手,深受客人欢迎,立即采用较高价格,造成饭店产品名贵形象;如果自己的产品和同行竞争对手没有太大的区别,则以竞争对手的价格作参数,价格略低,形成竞争优势;如果同类饭店产品竞争激烈,则尽快开发新产品。这种价格策略的关键在于及时掌握竞争对手价格水平,确定调价时机和调价幅度,否则会削弱自己的竞争实力。

4. 衰退期差别削价策略

差别削价策略就是对不同的市场或同一市场的不同消费群体,根据不同情况采用不同的价格策略。当饭店商品进入衰退期时,饭店商品的销售量明显减退、利润下降。这时商品的购买者偏好不太强烈、人数较少。该商品对大多数消费者来说已需要创新。竞争对手数量虽然下降,但竞争程度还相当激烈,又加上这时成本降低,预期利润已经取得,所以一般采用削价策略。同时,要注意推出新的商品。而新的商品应该在前一个商品的成长期就开始设计,当前一个商品处于成熟期时,新的商品已经处于介绍期,当前一个商品处于衰退期时,新的商品已经处于成长期,这样就可以做到不断推陈出新。

9.2.2　需求弹性价格策略

低价薄利多销和高价厚利少销,是饭店的两种价格策略。在不同的市场需求情况下,这两者能帮助饭店实现销售收入,达到销售利润最大化的目标。

在既定的市场需求情况下,饭店商品需求价格弹性将决定价格的变动对需求的影响。需求价格弹性是用来表示饭店商品需求量对饭店商品价格变化做出的反应程度大小的一个概念。它通常用价格变动的百分率及其引起的需求量变化的百分率来表示,这两个百分率的比值,称为需求价格弹性系数。这个弹性系数可能大于1,也可能等于1或者小于1。

$$需求价格弹性系数＝需求变动率÷价格变动率$$

当需求价格弹性系数大于1时,就是说价格变动1%,需求量的变动大于1%,也就是说需求富有弹性。这表明,提价将会减少销售总收入,而降价则会增加销售总收入。

当需求价格弹性系数等于1时,就是说价格每提高(或降低)1%,需求量相应减少(或增加)1%,此时的需求价格弹性称为需求单元弹性。这表明销售总收入不受价格变动的影响。这是因为价格变化对销售收入的影响刚好被需求量的变化对销售收入的影响所抵消。因为销售总收入等于商品价格与需求总量的乘积,保持不变。

当需求价格弹性系数小于1时,就是说价格变动1%所引起的需求量变动的百分率小于1%,也就是说需求缺乏弹性。这时价格的提高只会造成需求量较小程度的降低,因此,提价将会使销售收入有所增加,而降价则使销售总收入减少。

需求价格弹性系数取决于以下四个主要因素。

① 一种商品被旅游消费者视为必需的程度。一般来说,涉及旅游者的食、住、行、游等方面的商品是旅游生活的必需品,其需求价格弹性较小,而涉及旅游者的购物、娱乐等方面的商品是旅游生活的"奢侈品",其需求弹性较大。

② 旅游消费者获得同样的满足,需要的商品代用品的多少。代用品较多的饭店商品的弹性较大,代用品较少的饭店商品的弹性较小。

③ 旅游消费者用于购买这种商品的收入份额大小。当旅游者需用很大一部分收入去购买一种旅游商品时,这种旅游商品需求量对价格的灵敏性相对地说就要大一些。反之,就要小一些。

④ 市场形态。当处于买方市场时,需求价格弹性较大;当处于卖方市场时,需求价格弹性较小。

我们可以据此判断某一种饭店商品需求价格弹性的大小,从而采取适当的高价或低价。如对闲暇观光客与商务旅行客采用不同的价格策略。通过大量调查发现,闲暇观光旅游者和商务旅行者的需求特点是不同的(见表9-1)。

表 9-1　闲暇观光旅游者与商务旅行者的需求特点

闲暇观光旅游者需求特点	商务旅行者需求特点
能进行事先预订	不喜欢进行事先预订
能接受不同质量等级的产品	要求高质量等级的产品
目的地选择有灵活性	目的地选择没有灵活性
住宿地点有灵活性	住宿地点没有灵活性
对声望不在乎	关注声望
逗留时间长	逗留时间短
价格弹性大	价格弹性缺乏

一般来说,闲暇观光旅游者的需求价格弹性大,可采取折扣低价策略,但同时对他们的购买条件做一些限制,因为他们愿意改变一些消费行为来换取低价。而商务旅行者对价格不敏感,需求价格弹性小,采取低价对增加销售量没有刺激,因此,可以采取保证质量的高价策略。

9.2.3　需求差异定价策略

在多数饭店,一年中都存在着客房闲置的情况,当有特别活动或季节性需求的时候,才会客房满员,因此客房销售所面临的挑战就是在市场需求的淡季尽量出租客房。房价的变化将会吸引特殊消费群体,一年中不同的日子和不同的时间,以差别价将客房出租给客人,这就是需求差异定价。需求差异定价策略有多种形式。

1. 包价旅游房价

包价旅游房价即房价中包含饭店营销的某些旅游产品价格。例如,在饭店住宿3天并包括观光游览或文化体育活动等特殊兴趣活动的包价。这些都是可以通过广告宣传向公司客户促销、直接向顾客出售或通过其他与旅游相关的公司营销其产品。

2. 合作性房价

合作性房价即为旅游、旅行、航空等批发商提供的合作性价格,一般是与旅游批发商制定的特殊打折房价。

3. 周末房价

商务人士或会议组织者倾向于在工作日使用饭店设施。周末房价是一种折扣性的优惠,旨在吸引顾客在周末继续住宿饭店或吸引当地顾客住宿。也可以与交通部门共同营销周末房价,以使国内市场客人可以享受包价"短假"旅行并享受住宿饭店的豪华服务。

4. 商务房价

商务旅行者是使用饭店频率最高的客人,因此商务旅行者几乎是所有饭店追求的客源目标。为了吸引这些顾客,一般要协商制定特别鼓励价(Special Incentive Rates)。额外的吸引力通常在于可以利用特殊商务服务,如秘书、私人助理、传真设备、计算机、复印机、会议室、电视会议设施以及在有些情况下提供的外语翻译服务。

5. 常客房价

此种策略旨在鼓励那些经常下榻饭店消费的顾客定期在本饭店住宿并建立积分以便在一段时间之后降低房价或者对曾经在饭店多次订房的客人给予一次免费住宿。通常被称为"顾客忠诚计划"(Guest Loyalty Scheme)的房价主要是为了吸引商务客人并使其成为忠诚顾客而制定的。此策略的另外一种形式就是为了一次住宿多加1天免费住宿。希尔顿饭店通过促销推出了"多付1美元,多住1天"的服务。这意味着顾客只要再多花1美元,就可以多住1天。

6. 公司房价

饭店将一些大公司或者对饭店服务设施利用率很高的公司作为服务对象,对其长期惠顾提供低廉的房价并对使用饭店的其他服务项目提供一些特价优惠。这一策略的另一种形式就是让顾客加入某一专门俱乐部。该俱乐部不仅提供饭店各种服务项目的折扣,并且为在相关的商店购物、乘机、租车、订机票以及其他任何经饭店协商的、可能吸引公司客户的活动提供优惠。

7. 家庭房价

"儿童免费"是许多饭店用来吸引家庭顾客的一种优惠策略。另外一种形式就是免费负责看护儿童或保姆服务。还有一种形式就是为家庭顾客安排套间或毗邻客房。饭店经常销售此类产品以利用周末或淡季过剩的出租能力。

8. 会议房价

举行会议、训练班、庆典、文化或体育活动的专业团体、行业团体、商业团体以及社会团体总在寻求最实惠的地点。大多数饭店均力争获得此类业务并且推出一种可商议的最低房价(此房价可以收回成本并获得少量利润)。

9. 升级

为了避免伤及声誉和形象,一些高级饭店不愿打折。与此相反,在竞争的环境中,这些饭店为受优惠的顾客提供升级。例如,从一间普通的客房搬进高级客房以便在不加价的情况下为其提供更多的优惠或者提供免费商务会议设施。事实上,饭店已经放弃了部分利润,只是没有使用折扣的形式。为此,他们坚持对外宣传不用降价也能赢得生意。

10. 住宿房价

另外一种折扣形式就是只包括住宿的"纯住宿"房价。这是一些大饭店在最后一刻才会采用的定价策略,然而却是那些试图以其他方式获得竞争力的饭店通常采用的一种策略。就廉价住宿而言,"纯住宿"方式是这一概念的核心部分及其成功的关键。

在上面所提到的策略基础之上还有其他的形式。它们都有着相同的目的,即不惜任何代价赢得生意,尤其是在困难时期或淡季。

子任务 9.3 客房经营统计分析

9.3.1 客房出租率

客房出租率是反映饭店经营状况的一项重要指标,它是指出租的客房数与饭店可以提供租用的客房总数的百分比。按照时间长短,客房出租率可以划分为日出租率,月出租率和年出租率。

客房出租率的计算公式为

客房出租率＝已出租客房数÷可供出租客房总数×100%

类似地,可以计算日出租率、月出租率和年出租率为

日出租率＝日出租客房数÷可供出租客房总数×100%

月出租率＝月出租客房数÷可供出租客房总数×100%

年出租率＝年出租客房数÷可供出租客房总数×100%

例如,华美饭店是拥有 300 间客房的中档饭店,2007 年该饭店出租的客房(天)数为 76 650 间天,那么华美饭店 2007 年客房出租率为

$$客房出租率 = \frac{76\ 650\ 间天}{300\ 间 \times 365\ 天} \times 100\% = 70\%$$

问题1:客房出租率是饭店经营中所追求的主要经济指标,那么是否出租率越高越好呢?

回答:当然不是。如果饭店的客房出租率超过设计能力,全年平均高达95%,那么客房的设施用具得不到正常的保养和维修,客房的管理也容易出现混乱,客房员工长期得不到休整和培训。这种经营叫"破坏性经营"。

问题2:全年平均客房出租率最高不能超过85%,除了上述原因外,还有以下几个方面的因素。

① 饭店是一种服务行业,因此与饭店本身有业务往来关系的人士来住很频繁,这样就需要留少量的免费客房,用来接待相关客人,这既是一种不可缺少的社会交际,也是饭店的一种业务广告。

② 饭店的经营要求,对客人只能回答"YES",而不能回答"NO"。所以必须留一定的客房来保证计划以外的客人的需求。

③ 要有一定的客房用来做紧急情况下的调用。如接待重要会议、一些重要客人来饭店下榻等。

比较理想的客房出租率应该在75%~80%之间,最高不能超过85%(全年平均客房出租率)。当然,全年每个月的出租率根据实际情况,可高可低,例如旅游旺季客房出租率可达90%以上,甚至100%。而淡季则要相对少一些。使全年的平均出租率保持在75%~80%的水平上是最理想的。

9.3.2　客房销售效率

客房销售效率是指实际客房出租所得销售额占全部可出租房间的全价出租销售总额的百分比。客房销售效率的计算公式是为

客房销售效率＝客房实际销售额÷全部客房牌价出租的销售额×100%

例如,某饭店拥有可出租客房270间,其中单人间50间,房价40美元;标准间180间,房价70美元;普通套间30间,房价125美元;豪华套间10间,房价180美元。某日的客房收入额合计为12 000美元。试计算客房销售效率。

$$\begin{aligned}客房销售效率 &= 客房实际销售额 \div 全部客房牌价出租的销售额 \times 100\% \\ &= 12\ 000 \div (50 \times 40 + 180 \times 70 + 30 \times 125 + 10 \times 180) \times 100\% \\ &= 59.6\%\end{aligned}$$

客房销售效率指标对饭店经营与管理的意义在于,客房销售效率实际是以价值量表示的客房出租率,在客房经营统计分析中,它比单纯以数量变化得出的出租率更完善、更准确。它不仅能反映客房销售数量的多少,还反映了客房平均销售价格的大小,以及客房销售类型结构的变化等因素,因而衡量出客房销售的实际效果。为了更好地确定销售目标,准确分析并预测销售状况,可以将客房销售效率与客房出租率结合运用。

9.3.3　双开率

饭店经营者仅仅测算客房出租率并不能完全、准确地反映客房出租状况以及由此产生的效益和成本费用。因为在已出租房间中，每间房住 2 位客人与每间房只住 1 位客人的成本费用和效益是不同的。因此，使用"双开率"这个指标，并与客房出租率配合使用，才能全面、科学、正确地反映客房出租状况以及由此产生的经济效益。双开率是指在已出租客房中，双人使用的房间数所占的比例。计算公式为

$$双开率 = 双人使用的房间数 \div 已出租客房总数 \times 100\%$$
$$双人使用房间数 = 客人总数 - 已出租房间数$$

例如，某天饭店共接待客人 420 人，当日出租客房 300 间，则双开率为

$$双开率 = (客人总数 - 已出租房间数) \div 已出租客房总数 \times 100\%$$
$$= (420 - 300) \div 300 \times 100\% = 40\%$$

需要注意的是，双开率与客房出租率配合使用才有意义。在客房出租率一定的情况下，双开率越高，反映饭店的经济效益越好。如果在饭店待出租房间多的情况下，总台接待应注意提高开房率，否则，在这种客房状况下，增加双开率，只会降低经济效益。

9.3.4　实际平均房价

实际平均房价是饭店经营活动分析中仅次于客房出租率的第二个重要指标，它是客房总收入与实际出租客房数的比值。实际平均房价的高低直接影响饭店的经济收益，因此是饭店经营活动分析中又一个重要指标。实际平均房价的计算公式为

$$实际平均房价 = 客房总收入 \div 出租客房数$$

例如，某饭店某日客房总收入为 36 000 元，当日出租的客房总数 150 间，则实际平均房价为

$$实际平均房价 = 36\,000 \div 150 = 240 元$$

实际平均房价的高低直接影响饭店的经济收益。影响实际平均房价变动的主要因素是实际出租房价、客房出租率和销售客房的类型结构。饭店实际出租房价与门市价有较大的差别，由于优惠、折扣、免费住宿等，会使实际出租房价低于门市价，有时会低得多。只有在经营旺季执行旺季价时，才会接近甚至高于门市价。

实际平均房价与客房出租率密切相关。一般来说，要提高客房出租率，会使平均房价降低；反之，要保持较高的平均房价，会使客房出租率下降。所以，处理好客房出租率和平均房价的关系，既得到合理的平均房价，又保持较高的客房出租率，使客房收益最大，这是饭店经营管理的艺术。片面追求某一方面，都是不正确的。

销售客房类型结构的变化也是影响实际平均房价高低的一个重要因素。目前大多数饭店都确定四个至五个等级的房间。房间等级不同，价格也不相同。一般来说，饭店标准间要占饭店客房数的大部分，其价格基本上趋于平均房价，是饭店前厅部、营销部主要向客人推销的客房。在其他因素不变时，高档客房销售增加，则平均房价就会提高，所

以总台接待员应掌握一定的推销技巧,以便能成功地推销较高档次客房。

9.3.5　理想平均房价

理想平均房价是指饭店各类客房以现行牌价,按不同的客人结构出租时可达到的理想的平均房价。它是一定时间内,从最低价格出租客房和从最高价格出租客房价格得出的平均值。计算时要结合客房出租率、双开率及客房牌价进行。

例如,某饭店共有客房 400 间,其类型及出租牌价如表 9-2 所示。预计未来该饭店的客房出租率可达 80%,双开率为 30%,计算期为 12 个月,求其理想平均房价。

表 9-2　理想平均房价示范

客房类型	数量(间)	牌价(元)	
		1 人住	2 人住
单人房	50	140	—
标准间	300	200	260
普通套房	40	300	400
高级套房	10	450	600

1. 从低档到高档计算每日客房收入

为客人排房时,先从低档的单人房开始,依次向高一档的客房类型递进,直至把客人全部安排完为止。由此计算出的客房收入就是每日最低客房收入。

饭店平均每天的开房数为 $400 \times 80\% = 320$ 间,每日客房收入分别为

$$50 \times 140 = 7000(元)$$
$$[320 \times (1 - 30\%) - 50] \times 200 + 320 \times 30\% \times 260 = 59\,760(元)$$

每日客房收入总计:

$$7000 + 59\,760 = 66\,760(元)$$

2. 从高档到低档计算每日客房收入

为客人排房时,先从最高档的高级套房开始,依次向低一档的客房类型续排,直至把客人全部排完为止。由此计算出的客房收入就是每日最高客房收入。

每日客房收入分别为

$$10 \times (1 - 30\%) \times 450 + 10 \times 30\% \times 600 = 4950(元)$$
$$40 \times (1 - 30\%) \times 300 + 40 \times 30\% \times 400 = 13\,200(元)$$
$$270 \times (1 - 30\%) \times 200 + 270 \times 30\% \times 260 = 58\,860(元)$$

每日客房收入总计:

$$4950 + 13\,200 + 58\,860 = 77\,010(元)$$

3. 计算理想平均房价

$$理想平均房价 = (66\,760 + 77\,010) \div 2 \div 400 \times 80\% = 224.7(元)$$

将饭店的实际平均房价与理想平均房价进行比较,就可以较为客观地评价饭店客房的经济效益。

复习思考

一、选择题

1. 较为理想的年平均客房出租率应在(　　)。
   A. 60%～65%　　　B. 65%～70%　　　C. 80%～85%　　　D. 95%～100%
2. 标准房价又称(　　)。
   A. 标准间价格　　B. 门市价　　　C. 牌价　　　D. 合同价
   E. 团队价

二、简答题

1. 如何分析客房经营主要指标?
2. 房价的计价方式有哪些?

三、案例题

某饭店共有客房 800 间,其类型及出租牌价见下面表格,预计未来该饭店客房出租率可达 80%,双开率 40%,计算期为 12 个月,求其理想平均房价。

客房类型	数量(间)	牌价(元)	
		1人住	2人住
单人房	40	80	—
标准间	700	100	120
普通套房	50	150	200
高级套房	10	250	320

实践训练

调查本市四星级饭店的房价情况,并写出评析报告。

课后阅读

日本某公司驻上海办事处工作人员一行两人,一次住进××市某三星级商务型饭店。由于他们原先已向该饭店销售部预订了房间,所以到总台登记入住时十分顺利,只需在登记表上签个字交上押金就算办完全了入住手续。

住下后的两天里倒也相安无事,然而不愉快的事情却在他们离店结账时发生了。"预订时不是讲好房价是每晚 330 元吗? 现在怎么变成 580 元了?"客人不解地向总台收银员问道。收银员小宋耐心地解答说:"预订时讲的是 330 元,没错。但你入住的那一天刚好遇上全国煤炭订货会在本市召开,客房紧张,全市饭店的房价普遍上调,所以现在是按上调后的房价结算的。"由于日本公司驻上海办事处的职员是中国人,对国内饭店的运作方式还是了解的。他们认定,一旦预订时讲好多少价钱,入住后必须按此价钱结算。因此对收银员小宋的回答十分不满,并立即找到销售部,与当时接受预订的销售部林经理交涉此事。林经理也感到总台做法不妥,马上亲自到总台解释,希望总台立即予以更正。可是总台的收银员小宋认为,她是凭客人入住当天签字认可的登记表上房价结算的,她并无过错,而且若要更改房价,她没有这个权力。林经理问小宋:"预订单上已写明是房价330元,怎么登记表上变成了580元呢?"小宋说:"客人抵店之前,我们已先按预订客户姓名等资料填好登记表,房价是按当天收费标准改过来了,而且客人当时签字时也无异议。"客人则说:"我们签字时没有去看登记表上的房价,因为我们历来认为房价肯定按预订时说好的计算,没有疑问也就签了字。这不是我们的错。"在一旁的该公司一位职员插话道:"按理说,你们饭店只能按预订时确认的房价收费,怎么突然变卦?你们究竟讲不讲诚信?"总台的气氛一时紧张起来。

林经理出于无奈,只好请大堂副理出面解决。然而大堂副理听完情况介绍后,对客人说道:"反正你们回公司可以报销,也不在乎出多少钱,我看就这样算了。"客人原以为事情大概会有转机,没想到大堂副理是这么一种态度,不满的情绪陡然增长。其中一位客人抬高了声音:"我们是你们的长期客户,要是按580元房价拿回去报销,公司还不怀疑我们拿了好处?"客人的话不无道理。林经理见此情形,又气又急,立即把大堂副理拉到一边,悄悄地说:"请你马上叫总台更正,否则这个长期客户今后不住我们这里了,损失就更大。"谁知大堂副理却振振有词地说:"客人自己已经在登记表上签字了,白纸黑字,并且当时资料也输入了计算机,怎么变?要变只有找总经理了。"两个人的脸色显然都不好看。

也许是这两位客人不想再为难林经理,也许是急于赶车上路,他们走过来拉住林经理的手说:"算了,这次就把这个账结了,请你用电话向我们公司解释一下,下回不住你们饭店就是了。"林经理一时怔住,当他缓过神儿还想再讲什么时,客人中的一位已经匆匆回到总台结账去了。

点评:

可想而知,这个日本某公司驻上海办事处今后派人出差到××市,是绝对不会再入住这家饭店了。当然这是该饭店销售部不愿意接受的事,我想这同样也是这家饭店的总经理所不愿意看到的。然而,本可以挽回的事情,却因饭店内部的扯皮没有补救过来,更别说留住一个长期客户了!

这个案例暴露出什么问题呢?至少有两个:其一,总台人员对业务不熟或操作规则不明。尽管客人入住当天的房价调高,但对有预订的客户来说,只能按接受预订时确定的价格结算,这是常规,总台却违背了这一常规。从中可以推测该饭店要么缺乏这一方面的操作规则,要么原本有此规则而招待时念歪了经。其二,该饭店还缺乏对员工进行营销理念的灌输,更缺乏对接触客户第一线的销售部的授权。假如总台收银员或大堂副理具有正确的市场意识,能想到争取一位客户是多么不易,也不至于死抱所谓的"白纸黑字"不放,而完全可以在其职权范围内将事情妥善解决;假如销售部在处理客户问题上有较大的主动权和最后决定权,也不至于落到客户带着不满而去甚至有去无回的地步。

任务描述

- 了解前厅主要管理人员的素质要求
- 掌握前厅主要管理人员的管理方法和技巧

子任务 10.1　前厅主要管理人员及其素质要求

10.1.1　前厅主要管理人员

前厅主要管理人员由以下组成,其岗位职责见任务模块一:前厅概述。

① 前厅部经理;

② 大堂副理;

③ 预订处主管;

④ 接待处主管;

⑤ 总台主管。

10.1.2　前厅主要管理人员的素质要求

一般说来,作为一名前厅主要管理人员,素质和条件应包括以下 5 个方面。

1. 高尚的道德品质

一家饭店的前厅管理人员是饭店的"象征",是员工效法的"楷模"。经验证明,领导作用的大小,并不完全取决于职位的高低、才能的优劣,在很大程度上取决于一个前厅管理人员在员工心目中的威望,取决于前厅管理人员的影响力。员工为什么听从前厅管理人员的命令、服从前厅管理人员的指示呢? 这是因为前厅管理人员拥有员工所没有的权力,但更重要的,是拥有员工所没有的威望和影响力。他们的影响力能够影响和改变他人的思想和行为,前厅管理人员发挥领导功能的有效程度取决于前厅管理人员所具有的影响力的大小。决定前厅管理人员影响力的因素很多,如前厅管理人员的权力、地位、知识、能力、品质、人格魅力等。从影响力的性质来区分,主要分为强制性影响力和自然影响力(见图10-1)。所谓强制性影响力是由社会、组织赋予个人的职务、地位和权力所构成的。当饭店的某人接受饭店有关部门所授予的职位和相应权力之后,即具有这种影响力。强制性影响力的特点是对他人的影响带有强制性和不可抗拒性。因为前厅管理人员可以利用所掌握的权力,以货币形式、半货币形式、非货币形式和精神等多种形式,奖励听从指挥的员工,惩罚不服从命令的员工,以达到影响员工行为的目

```
              ┌──────────┐
              │ 饭店组织  │
              └────┬─────┘
                   ↓
            ┌──────────────┐
            │ 强制性影响力  │
  ┌────────┐└──────────────┘
  │管理人员│
  └────────┘┌──────────────┐
            │ 自然影响力    │
            └──────┬───────┘
                   ↓
              ┌──────────┐
              │ 饭店员工  │
              └──────────┘
```

图 10-1　影响力的性质

的。所谓自然影响力是不可能由饭店有关部门和上级授予的,而必须建立在前厅管理人员本身所具有的素质和威信能够使员工信服的基础之上。这种影响力的基础主要是前厅管理人员的德和才,领导的思想觉悟、道德品质、行为作风、文化素养等方面,如不以权谋私,善于处理复杂的人际关系,胸怀大志,勤奋学习,积极进取,不断进行知识更新等,使他人心悦诚服,从而产生前厅管理人员的影响力。员工出于对前厅管理人员人格魅力的折服、尊重、信任,愿意追随前厅管理人员的指引。

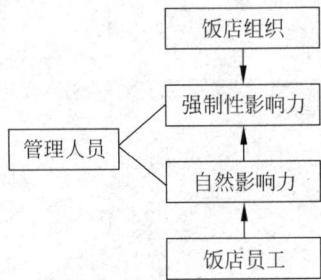

2. 良好的心理品质

根据心理学的研究,前厅管理人员属于"要同人打交道,且能感化人的职业"。他们称之为"交际型"职业。就是说,这一类工作尽管工作内容和方式不同,但都有一个共同的特点,就是要同多方面的人接触,影响和改变着他人。这就要求饭店前厅管理人员应具有"开朗、热情、情绪稳定、体贴、谦虚"等心理品质,克服"冷漠、易怒、粗暴、狭隘、妒忌、自私、阴阳怪气"等不良心理和品质,不断提高自己的心理素质,才能更好地完成领导的任务。

3. 勇于创新的精神

作为现代饭店前厅管理人员,在管理过程中应善于发现新问题、新趋势;善于抓方向性、苗头性的东西;要善于捕捉各种信息、善于钻研、勇于创新;不要因循守旧,观念不能僵化、老化,而要思路开阔,有自己的独特见解。同时又要讲求实际,不完全照搬人家的东西,不要"囫囵吞枣",也不要人云亦云,而应结合本饭店及周边环境乃至国情的实际,在学习先进经验的基础上,进行综合性的革新与独创。

要具有创新精神,首先,饭店前厅管理人员就应掌握现代化知识。有了现代化知识,眼界就会更加开阔,思想就会更加敏锐,就能及时看到事物的发展趋势,更加有利于创新思想的产生和发展。其次,要设法克服创新过程中的心理障碍。心理学的研究表明,人的创新障碍往往是由于老思路的束缚。提出的细节问题越多,老思路的束缚就往往越重。为了避免细节问题束缚新思路的产生,有不少人主张在步骤上分为两个阶段:第一阶段是轮廓设想,这一阶段强调打破框框,大胆创新,先不要考虑太多细节;第二阶段是具体设计,这一阶段要注意冷静分析,严格论证。再次,通过专门训练来提高创新能力。能力是指把各种知识融会贯通起来,解决问题的本领。能力主要是靠工作实践锻炼出来

的,也可以通过专门的训练加以提高,如参加各种方式的培训,有助于提高创新能力。

4. 较佳的知识结构

一个饭店涉及许多部门和人、财、物等各个方面。因此,作为一名饭店前厅管理人员,要做好领导工作,就需要有较高的知识水平,比较渊博的知识面,比较完善的知识结构。具体来说,应着重掌握以下 3 方面的知识。

① 掌握现代化的经济、技术知识。所谓经济知识,既要学习和掌握社会主义市场经济的基本经济规律,也要学习和掌握经济管理方面的知识,如经营管理、质量管理、成本管理、人力资源管理以及企业经济活动分析等方面的知识。所谓技术知识,主要是学习和掌握一些计算机、系统工程、应用数学、运筹学等基本知识。

② 懂得一些心理学、行为科学、社会学、人才学及人事管理学的一般知识。

③ 学习和掌握一些专业知识,如饭店财务管理、市场营销、旅游经济、服务质量管理等。

5. 适度的民主领导作风

为了保证饭店的服务质量,管理者通常要求工作必须在严格的管理制度下进行。在饭店就业的员工素质参差不齐,个性特征与需求又不相同。饭店的很多员工都有一种要求民主参与的愿望,特别是在现代饭店业,员工的自尊需求越来越高。民主作风好,就受员工的欢迎。相反,管理独断专行,我行我素,无视员工的需求,则导致越来越差的管理效果。所以,饭店前厅管理人员实行什么样的领导作风和管理手段是一个比较现实的问题。

社会心理学家勒温在 20 世纪 30 年代末就开始从事群体实验研究。他以"权力定位"为基础,把管理人员的作风分为民主、专制和放任自流 3 种类型。

① 民主作风。权力定位于群体,在管理中时刻注意发挥群体成员的积极性、主动性和创造性,顾及下属的心理需求和欲望,让群体成员参与决策并有机会决定自己的工作进程和方法等。

② 专制作风。权力高度地集中在前厅管理人员个人手中,群体则完全被动地进行工作。

③ 放任自流作风。权力定位于每位员工手中,管理者很少过问和参与群体的活动,使群体成员完全不受控制地独立工作,处于无政府状态。

勒温认为,这 3 种领导作风都是极端的和典型的,因此并不常见。大量的前厅管理人员采取的工作作风往往是介于两种极端类型之间的混合型。

勒温在研究中运用群体绩效为指标,分析这 3 种领导作风的作用,结果说明,民主的领导作风最佳,员工在这种领导作风的组织中工作,不仅容易达到组织目标,而且人际关系融洽,工作满意度高;专制领导作风效果居其次,员工在这种领导作风的组织中工作,虽然通过严格的管理,使群体实现了组织目标,但士气低落,下属对前厅管理人员心怀敌意或麻木不仁,工作满意度较差;效果最差的是放任自流型,下属在这种领导作风的组织中工作,虽然达到社交目的,但各行其是,大家都以自己的意志为转移,偏离了工作目标,所以出现产量低、质量差的被动局面。

当然,任何一种领导作风在脱离管理对象的前提下研究,都是没有实际意义的。下属的素质、心理需求等会对管理效果起着决定性作用。特别是对那些经验型的饭店管理者,应该意识到时代的变化,应该看到,光凭脑子好和有一定领导能力还不是一名称职的前厅管理人员。作为一名真正合格的前厅管理人员,很重要的工作内容之一就是发挥员工的积极性,因而掌握员工的心理状况很重要,如果不了解员工的心态变化,不能及时调整自身的领导作风,对于搞好管理工作只能是有害而无益的。

前厅管理人员的领导作风和管理风格在饭店的运用有着现实意义。由于饭店的工作性质和员工的心态具有一定的特点,管理者应该有针对性地实施适度的民主领导作风和因地、因时、因事制宜的管理手段。一方面,运用参与式的民主管理需要具备工作无固定模式,群体成员在一起相处已有一定时间,渴望共同商讨存在的问题,工作时间要求不紧迫等条件。另一方面,对于员工来说具有强烈的独立需求,有承担责任、参与决策的愿望,对工作中存在的问题及其解决具有兴趣,具有处理工作问题的经验和知识,且有积极参与问题解决的意识和能力。通常情况下,在饭店的经营管理实践中,如果是运营初始阶段,员工文化、知识、技能等程度不高,需要培训指导,员工流动率较高,总体属于依赖型,那么专制型管理往往会收到良好效果。在饭店经营走上正轨,效益上升,员工情绪稳定,素质不断提高,工作技能熟练,自尊需求比较强烈时,管理者则要考虑采用参与制或民主管理。由此可见,饭店前厅管理人员的工作作风和管理手段也应是动态的,而不应是一成不变的。

6. 前厅管理人员的基本条件

现代企业制度需要饭店职业经理人,现代饭店的经营者应该是职业经理人。饭店业职业经理人被定义为:运用系统的现代饭店经营管理知识和管理经验,对饭店(或一个部门)进行经营和管理,是以经营管理饭店为职业的职业管理者。前厅管理人员应以此为目标,奋勇直前。前厅管理人员须具备以下基本条件。

① 具有良好的职业道德修养,热爱饭店事业,忠诚管理职业,遵守饭店业的道德规范,确保饭店不出现违法和不道德的行为。

② 具有系统的现代饭店经营管理知识,良好的饭店管理能力,丰富的饭店管理经验,并且充分地运用。在饭店管理实践中,不断提升企业在业界的形象和声誉,确保企业安全性和效率。

③ 具有良好的团队精神,善于团结整个领导班子;调动大家的积极性,发挥每个员工的潜能,并且通过管理层影响带动全体员工;身体健康;能独立对饭店(或部门)开展经营和管理。

子任务 10.2　前厅管理人员的管理方法和技巧

管理人员要实施有效的管理,仅靠权力是不够的,管理人员在管理工作中需要注意掌握和运用管理方法和技巧,这样才能进行有效的管理,才能实现自己的管理意图和管理目标。同时,也会使自己的管理工作变得轻松愉快,成为一种乐趣,而不是一种枯燥的工作,甚至是十分痛苦的负担。前厅管理人员可从以下几个方面掌握和运用管理方法和技巧。

10.2.1　善于树立自己的威信

1. 全面提高自身的素质

全面素质包括专业水平、管理才能和个人修养。只有这样,员工才会佩服你、尊敬你,继而服从你。全面综合的素质包括以下几方面。

① 专业素质。专业素质包括专业知识和专业技能。一般来讲,管理人员的专业水平应在服务员的前 10% 之列。

② 言谈举止等各方面的个人修养。

③ 管理水平。前厅管理人员必须掌握一定的管理理论和管理知识,并不断总结经验,提高自己的管理水平。

2. 以身作则,靠榜样影响下属

榜样的力量是无穷的。要求员工做到的,自己首先做到。规定员工不能做的事,自己也绝不"越轨"。

3. 不搞官僚主义

官僚主义只能使干群关系疏远,有百害而无一利。有位前厅领班在服务员工作时,竟然让其放下手中的活,去给自己打开水喝,这样的领班怎么能让员工心服、口服,进而在行动上服从呢?

4. 有敢于承担责任的勇气

管理人员越是设法推卸责任,就越得不到员工的敬重。

5. 希望并支持下属取得突出的成绩

希望并支持下属取得突出的成绩,这样不仅能够赢得服务员对你的敬重,树立个人的威信,而且能够调动员工的工作积极性。

10.2.2　发扬民主,加强与员工的沟通

管理人员不仅要把上级的指示传达到下属,更要注意倾听下属的心声,把下属的意见和建议及时、准确地反映给上级管理者。在做决策时,要多与员工沟通,因为决策的最终执行者还是下属员工,经过员工充分讨论的、科学合理的决策,员工乐于服从以及贯彻执行。此外,管理者还可以通过各种公共关系活动,加强与员工的感情交流。

10.2.3　创造良好的人际关系环境

管理人员要有良好的人际关系能力,不仅自己要与员工建立良好的关系,而且要努力在自己所管的班组或部门内创建良好的人际关系环境,使部门内部形成一种团结向上的氛围,服务员之间建立良好的、和谐工作伙伴关系,这对工作的开展有极大的好处。

10.2.4　秉公办事,不偏不倚

管理人员在工作中要一视同仁,无论是分配工作还是分配福利,要做到有根有据,不感情用事,尽量避免办事不公。否则,这容易使员工产生怨气,引发不服和对抗心理。

10.2.5　关心员工的工作和生活

很多饭店员工,尤其是新员工,工作出差错,并不是有意的,而是由于他们缺乏培训,缺乏经验和技术造成的。因此,管理者对他们应多一点培训与指导,少一些指责与惩罚,使员工感觉到管理者是在真正关心自己,帮助自己成长,进而获得事业上的成功,而不是非跟自己过不去,有意整自己。这样,员工的工作积极性、主动性就会大大增强。管理者在员工生病或家里发生困难时,伸出援助之手,往往会起到意想不到的效果。

10.2.6　善于运用语言方法和技巧

管理人员要有良好的语言表达能力,善于运用语言方法和技巧。要能够轻松地利用简洁明确的,甚至是十分动听的语言进行商讨、动员、指挥、劝导同事或员工,使下属能够在感情上产生共鸣。相反,如果管理人员说话枯燥无味,只知单调的重复上级指示,再加上令人厌烦的口头语,必然会引起大家的反感和员工的逆反心理,导致采用各种方式拒绝工作。

此外,管理人员还应该具有一定的幽默感,善于利用幽默的语言和幽默感来增进与员工的关系。幽默感是人际关系的润滑剂,它以善意的微笑代替抱怨,避免争吵;幽默使人活得更轻松、愉快;幽默会获得员工的喜欢与信任。

10.2.7　讲究表扬和批评的技巧

1. 表扬与批评的方法,要因人而异

对员工的表扬和批评,要根据不同对象的心理特点,因人而异,采取不同的方式方法。有的人爱面子,口头表扬就有作用;有的人讲实惠,希望有点物质刺激;有的人脸皮薄,会上批评受不了,有的人则相反,不狠狠地触动就满不在乎。因此,为了收到好的效果,就得讲求方式方法。比如:有的人听到会上表扬他,很高兴,但也有人就怕在大小会上表扬他,担心大家从此对他提高要求,或另眼相看,或打击讽刺,因而,压力太大,对这种人只要拍拍肩膀,说,"你工作得不错",他就会明白对他是了解的、满意的、信任的、赏识的,他也就满足了,这叫做"个别认可"法,此外,还有"间接认可"、"会议认可"、"家庭认可"、"张榜认可"等多种形式,只要运用适当,就能收到良好的效果。

在采用批评等负强化措施时,也要注意因人而异。对于惰性大、依赖心理强的人,采用"触动式批评";对于自尊心强的人,采用"渐进式批评";对于经历少、不成熟、较幼稚

的人,采用"参照式批评";对于性格内敛、善于思考、比较成熟的人,采用"发问式批评"。如表 10-1 所示。

表 10-1 表扬或批评的方法和技巧

员 工 类 型	表扬(批评)的方式
爱面子	口头表扬
讲实惠	物质刺激
脸皮薄	私下批评
脸皮厚	公开批评
惰性大、依赖心理强	触动式批评
自尊心强	渐进式批评
经历少、不成熟、较幼稚	参照式批评
性格内敛、善于思考、比较成熟	发问式批评

2. 批评要掌握好时机

批评要在自己和员工都情绪稳定时进行。但批评也不能拖太长时间,以免有"秋后算账"嫌疑。

3. 批评员工时,要对事而不对人,同时注意态度诚恳,语气委婉

作为管理人员,经常会针对员工工作进行批评教育,但批评一定要语气委婉、态度诚恳,尤其要注意尊重员工的人格,杜绝一切粗言滥语和不文明的管理行为。如果不尊重员工,一味训斥,员工也不会尊重你,得到的往往是不服气的争执或沉默,你将因此失去威望,失去员工对你工作的支持与合作,甚至有些员工可能还会用欺诈的手段与你暗斗,消极怠工。

【情景模拟 10-1】

前台领班小张接到房务中心的投诉,房务中心没有接到 1018 房入住的通知,计算机房态也显示此房是空房,但楼层服务员在检查此房时,发现房间有客人,幸好是敲门进房,未引起客人不满。小张赶紧检查总台入住登记,原来是新来的小王在为客人办理了入住手续后没有按规定通知房务中心也没有及时将资料输进计算机。

小张:"小王,快检查一下 1018 房现在是什么房态? 和你办过的入住单仔细核对一下。"

小王:"1018 房还是空房……哎呀,我已经卖过这间房了,刚才客人有点多,我忘记通知了,资料也还没有输进计算机。"

小张:"客人多的时候不要紧张,你这样……就不会遗忘了。刚才房务中心已经打电话来投诉了,幸好楼层服务员发现较早,否则会造成卖重房或其他的事故,所以,你一定要重视今天这件事,不能再发生了。发生这样的事情一会给饭店造成损失,你也要受到相应的处分,知道了吗?"

小王:"谢谢你,我一定会注意的。"

4. 批评员工时,要注意听对方的解释回答

最后,帮助对方分析问题,提出期望。

5. 切勿在下属和客人面前批评员工

批评员工一定要注意时间、地点和场合,不能当着其下属的面和客人的面批评员工,否则将极大地挫伤员工的积极性,伤害员工的自尊心,使其无"脸"管理下属,严重的还会因此而失去人才。

【情景模拟 10-2】

　　毕业于上海某大学的陈兰,任某饭店总经理助理,工作出色。但老总的脾气大,甚至开口骂人。某日,饭店来了客户与老总商量业务,陈兰给客人倒水,不小心洒了些在茶几上,老板当场骂了起来,并责令陈兰当面拿布抹干净茶几并重新给客人倒茶。陈兰一气之下放弃了这份 4500 元的工作另觅新职。

10.2.8　学会"保留批评"

对于部下的缺点、错误,不一定都要运用批评的方式,有时候,不批评比批评能收到更多好的效果。如:错误是偶尔发生的,且员工本人已经意识到自己的错误。

总而言之,批评的结果,是"有效"还是"无效",有三条标准可以衡量:

① 部下行为的改变是朝着我们想要的方向进行。

② 能保证被批评者的自尊不受伤害。

③ 与部下的关系仍完好无损。

10.2.9　掌握委派工作的方法和技巧

由于各种原因,在委派下属工作时,常常会遇到一些抵触,因此,应该讲究委派工作的方法和技巧。比如,可以对员工说:"小李,今天总台将要有一个重要接待,需要一位能力强的熟手,你上吧?"

身居管理者位置并不一定会自然产生正确委派工作给别人的能力。事实上,许多管理者常常是非常拙劣的委派者。他们虽然也分配工作,但对工作的情况、下属的情况却不完全了解。他们常常把工作分配给不适当的人去做,结果当然不会好。等到浪费了很多时间以后,他们便又卷起袖子亲自去做。这样一来,不仅浪费了时间和金钱,而且打击了下属的积极性。

现代管理者的一个非常重要的职责就是要把工作委派给别人去做。怎样做到有效的委派呢?美国作者 J. W. 李、M. 皮尔斯提出了有效委派系统的七个步骤。如果你能认真地遵守这些步骤,就能够提高自己的管理能力,改进部门的工作,提高企业的效率,把自己从具体事务活动中解放出来。

1. 选定需要委派他人去做的工作

原则上讲,你可以把任何一件其他人能够处理的工作委派给别人去做。为了做到这一点,首先要对下属的能力有所了解。对工作和下属的评价是获得这种了解的途径。

认真考察要做的各种工作,确保自己理解这些工作都需要做些什么,有些什么特殊问题或复杂程度如何,在你没有完全了解这些情况和工作的预期结果之前,不要轻易委派工作。

当你对工作有了清楚的了解以后,还要使你的下属也了解。要向处理这件工作的下属说明工作的性质和目标,要保证下属通过完成工作获得新的知识或经验。最后,把工作委派出去以后,还要确定自己对工作的控制程度。如果一旦把工作委派出去,自己又无法控制和了解工作的进展情况,那就要亲自处理这件工作,而不要再把它委派出去了。

切记不要把"热土豆"式的工作委派出去。所谓"热土豆"式工作,是指那些处于最优先地位并要求你马上亲自处理的特殊工作。例如,你的上司非常感兴趣和重视的某件具体工作就是"热土豆"式工作。这种工作你要亲自去做。另外,非常保密的工作也不要委派给别人去做。如果某项工作涉及只有你才应该了解的特殊信息,就不要委派出去。

2. 选定能够胜任工作的人

建议你对下属进行完整的评价。你可以花几天时间让每个下属用书面形式写出他们对自己职责的评论。要求每位工作人员诚实、坦率地告诉你,他们喜欢做什么工作,还能做些什么新工作,然后,你可以召开一个会议,让每个职员介绍自己的看法,并请其他人给予评论。要特别注意两个职员互相交叉的一些工作。如果某职员对另一职员有意见,表示强烈的反对或提出尖锐的批评,你就要花些时间与他们私下谈谈。在这种评价过程中,你还需要掌握两点:了解工作和职员完成工作的速度。你要通过这两点掌握职员对他自己的工作究竟了解多深。

如果你发现有的职员对自己的工作了解很深,并且远远超出你原来的预料,这些人就可能有担负重要工作任务的才能和智慧。

了解职员完成工作的速度是另一个重要任务。例如,你可能知道一位秘书的打字速度是另一位秘书的两倍,或者一个助手完成同样困难的任务所用时间只是另一助手所用时间的一半。一旦你掌握了每个工作人员对其工作了解的程度和完成工作的速度等情况以后,就可以估计出每个人能够处理什么样的工作,也就可以回到委派工作的分析上来,决定把工作委派给能达到目标要求的人。

如果你对职员的分析正确无误,那么选择能够胜任工作的人这一步就比较容易做好。回到对工作的了解和职员完成工作速度这两个主要标准上来。然后,你再决定是想把工作做得好还是快。这种决策目标将会向你说明能够胜任工作的人是什么样的人。这样,你就有可能让最有才能的职员发挥最大的作用。但有一点也要记住,那就是你要尽量避免把所有的工作都交给一个人去做的倾向。

除了上述两个主要标准以外,其他因素也在委派工作中选择合适的人上起作用。时间价值就是一个很重要的因素。你要注意不要把次优先的工作分配给公司中具有很高时间价值观念的职员去做。不量才用人,既浪费钱财,又影响职员的积极性。

总之,只要认真根据职员对工作的了解、完成工作的速度、时间价值观念和对他的培养价值这几条原则办事,就可以选择出能够胜任你要委派的工作的人。

3. 确定委派工作的时间、条件和方法

大多数管理者往往在最不好的时间里委派工作。他们上午上班后的第一件事便是委派工作。这样做可能方便管理者,但却有损于职员的积极性。职员有什么感觉呢?下属带着一天做些什么的想法来到办公室,一上班却又接到新工作。他们被迫改变原定的日程安排,工作的优先顺序也要调整。这样做的结果便是时间的浪费。

委派工作的最好时间是在下午。你要把委派工作作为一天里的最后一件事来做。这样,有利于下属为明天的工作做准备,为如何完成明天的工作做具体安排。还有一个好处,就是职员可以带着新任务回家睡觉,第二天一到办公室便集中精力处理工作。

面对面地委派工作是最好的一种委派方法。这样委派工作便于回答下属提出的问题。获得及时的信息反馈、充分利用面部表情和动作等形式强调工作的重要性。只有对那些不重要的工作才可使用留言条的形式进行委派。如果要使下属被新的工作所促进和激励,就要相信在委派工作上花点时间是值得的。写留言条委派工作,可能快并且容易做到,但它不会给人以深刻和重要的印象。

委派工作是一种人情事儿。它是把重要的工作交付给某个下属去做。如果可能,最好是面对面地委派工作。

4. 制订一个确切的委派计划

有了确定的目标才能开始委派工作。谁负责这项工作?为什么选某人做这项工作?完成这项工作要花多长时间?预期结果是什么?完成工作需要的材料在什么地方?下属怎样向你报告工作进展?委派工作之前,必须对这些问题有个明确的答案。你还要把计划达到的目标写出来,给职员一份,自己留下一份备查。这样做可以使上下双方都了解工作的要求和特点,不留下错误理解工作要求的余地。应该让这种委派计划指导有效地引领委派工作的全过程。

5. 委派工作

在委派工作之前,需要把为什么选他完成某项工作的原因讲清楚。关键是要强调积极的一面。向他指出,他的特殊才能是适合完成此项工作的;还必须强调你对他的信任。同时,还要让下属知道他对完成工作任务所负的重要责任;让他知道完成工作任务对他目前和今后在组织中的地位会有直接影响。

在解释工作的性质和目标时,要向下属讲出你所知道的一切。不要因为没有讲完所掌握的信息,而给下属设下工作的陷阱。你要把所有的目标全部摆出来:谁要求做这件工作的,要向谁报告工作,客户是谁等。还要把自己在这个工作领域的体验也告诉下属。让他们了解过去的一些事情是怎样处理的,得到了一些什么结果等。要让下属完全理解你所希望得到的结果。如果可能,尽量列出事实、数量和具体目标。那种"这件事需要快办"的说法不是对工作的充分解释。

给下属规定一个完成工作的期限。让他知道,除非在最坏的环境条件下才能推迟完成工作的期限。向他讲清楚,完成工作的期限是怎样定出来的,为什么说这个期限是合理的。另外,还要制定一个报告工作的程序,告诉他什么时间带着工作方面的信息向你报告工作;同时,你也要向他指出,要检查的工作的期望结果是什么,使他明确要求。

最后,你要肯定地表示自己对下属的信任和对工作的兴趣。像"这是一件重要工作,我确信你能做好它"这样的话,可以对下属发挥很大的激励作用。总之要记住,委派好工作,不仅能节约时间,还可以在职员中创造出一种畅快的工作气氛。

6. 检查下属的工作进展情况

确定一个评价标准委派出去的工作进展情况的计划是很有技巧的事。检查太勤会浪费时间;对委派出去的工作不闻不问,也会导致灾祸。

对不同工作,检查计划也有所不同。这主要取决于工作的难易程度、职员的能力及完成工作需要时间的长短。如果某项工作难度很大并且是最优先的,就要时常检查进展情况,每一两天检查一次,保证工作成功而又不花费太多时间,这类工作都有一个内在的工作进展阶段,一个阶段的结束又是另一个阶段的开始。这种阶段的停起时间也是检查和评价工作进展情况的最好时间。当你把一件有困难的工作委派给一个经验较少的下属去做时,不论从必要性还是从完成工作的愿望上来讲,多检查几次进展情况都是有益的。对这种情况,你可以把检查工作进展的次数定为其他下属的两倍。除了定期检查工作以外,还要竖起耳朵倾听下属的意见和报告工作进展的情况。要让下属知道你对他的工作很关心并愿意随时和他一道讨论工作中遇到的各种问题。

一般地讲,你既然把某项工作交给了下属,就要相信他能胜任这项工作。因此,每周检查一次工作也就足够了,但要鼓励下属在有问题时随时来找你,还要让他们懂得你鼓励必要的打扰。

评价工作进展的方法必须明确。要求下属向你报告工作是怎样做的,还有多少工作没有做完,让他告诉你工作中遇到的问题和他是怎样解决这些问题的。最后,你要用坚定的口气向下属指明,必须完成工作的期限和达到要求的行动方案,促使下属继续努力工作。

7. 检查和评价委派工作系统

当委派出去的工作完成以后,你要在适当的时候对自己的委派工作系统进行评价,以求改进。可以组织一个小组,小组中的每个成员都可以评价和批评他们在完成委派工作中的表现。最好是要求大家用书面形式把意见写出来,然后召开一个短会对这些书面意见进行讨论。

为了做好委派工作系统的评价工作,需要解决这样一些问题:工作是否按期完成?工作的目标是否达到?下属是否创造出了完成工作的新方法?他们是否从工作中学到了一些新东西或得到了某种益处?把这些问题作为评价委派系统工作情况的基础,邀请下属进行评论。实践证明,最准确的评价和最要害的批评往往来自下属。因为他们是任务的执行者,对评价委派工作系统要比管理者更有发言权。

评价过程中的一个重要方面是要实行奖励。怎样奖励一个工作做得好的助手?许多情况下,管理者"奖励"给下属的往往是更多更重要的工作.因为事实证明他能干,为什么不让能干的人做更多更重要的工作呢?这种想法和做法从道理上讲无可非议,但实际上却有点滥用职权,如果一个有才能、有责任心的下属觉得他工作成功的奖赏只是更多的工作负担,特别是当他所做的工作是其他人的两倍而报酬却没有相应增加时,他便很难受到促进。

尊敬和赋予新的工作责任是对下属的奖励,但一味地加重工作负担则不在此列,即使你从内心里认为对下属的信赖是一种极大的奖赏和促进也不行。比较好的办法是,向他们透露点个人的事情,如你与上司的问题。你对其他有关工作的反对意见、批评和评论等。这类内部信息表明你对他的真正信任和尊敬,会鼓励他更有效地工作。

10.2.10　注意工作方法

1. 严格而不是一味严厉

严格者,规范、标准也。饭店首先要有"格",管理中则要严守其"格"。严明的纪律、规范是任何一支队伍的力量所在。没有制度、职责、规范,或者虽有而并不认真执行,势必一盘散沙。这样的饭店是不会成功的。但严格不等于严厉。领班对服务员常常疾声厉色,稍不满意,便发雷霆之怒,动辄以处分相威胁,甚至听风便是雨,情况并未搞清楚就下结论,也不给部属以申辩、说明的机会,过分追求言出如山的效果,误以为这便是果断,有魄力。反而伤害了员工,走入了管理的误区。

事实上,任何一个员工都十分关注上司对他的印象与态度,也都有在团体内获得友谊与尊重的需要,有些人还特别看重"面子",训斥无疑会使员工遭受重大的挫折,当训斥的依据又非事实时,这种挫折感会变得格外沉重。如果领班与服务员建立起相互信任、相互尊重的关系,就会使对方都感到轻松,获得一种安全感,增加工作的热情、信心与情趣。

2. 发号施令但不要忽略给予帮助

在分配任务、发布指令时,不应忽略帮助服务员排除工作中的困难,有些困难并非是服务员可以解决的,忽略了帮助,常使服务员感到管理人员对他们不关心,不体谅,造成一种心理压力,甚至误认为管理人员有意刁难,造成上下级之间的信任危机。

连任曼谷东方饭店总经理 24 年的库尔特·瓦赫特意先生认为:曼谷东方饭店之所以一直被列为世界十佳饭店之冠,是因为有三大法宝。其中之一便是培养员工的忧店意识,倾听不愉快的牢骚,鼓励员工对饭店提出各种问题,他说:"管理需要有一种愉快的不满情绪,否则大家都将会睡着。"

3. 做好解释与沟通

与倾听同样重要的是解释,重大的问题,固然要向服务员作出解释,一些看似细小的问题,也应注意与有关人员交换意见,进行充分的沟通,避免不理解或产生误解和挫折感,影响工作积极性和工作任务的完成。

4. 与员工保持一定的距离

管理者在其管理活动中,要反对官僚主义,因为官僚主义会使上下级关系疏远,但这并不意味着要使官兵"打成一片"、"融为一体"。有位美学家曾经说过:审美要有"审美距离"。同样,管理工作也要有"管理距离",即:管理者与被管理者之间应该保持一定的距离以维护自己的权威。只有这样,管理者才会摆脱干扰,放心管理。

复习思考

一、选择题

1. 决定前厅管理人员影响力的因素很多,如前厅管理人员的权力、地位、知识、能力、品质、人格魅力等。从影响力的性质来区分,主要分为( )和自然影响力。

 A. 强制性影响力 B. 个人影响力 C. 团队影响力 D. 组织影响力

2. 前厅管理人员要全面提高自身的素质,包括以下几个方面( )。

 A. 专业水平 B. 管理才能 C. 个人修养 D. 拥有权力

3. 在采用批评等负强化措施时,要注意因人而异,可以采用以下方法( )。

 A. 触动式批评 B. 渐进式批评 C. 参照式批评 D. 发问式批评

二、判断题

1. 严格者,规范、标准也。饭店首先要有"格",管理中则要严守其"格"。( )

2. 下属的素质、心理需求等会对管理效果起着决定性作用。( )

3. 所谓强制性影响力是由社会、组织赋予个人的职务、地位和权力所构成的。( )

三、简答题

1. 前厅管理者应怎样运用领导艺术?

2. 如何提高管理工作的有效性?

四、案例题

忙而不乱巧安排

9月初,我们接待了一个百人的日本大团,该团有144件又大又重的行李。出行李那天,该团要求早上6:30开始收集,7:30一定要装车开走。由于客人住的楼层比较分散,也不会准时将行李放在门外,而且,其他团队与散客也都在这段时间出行李,所以任务很艰巨。

我了解到这个团分住6个楼层。为了尽快完成任务,每个楼层需安排一名行李员,行李收集集中在货梯口,逐层用货梯装走。货梯需一人,下楼层后协助装上行李车需1人,另外,保证行李部正常工作需1人,一共9人。由于第二天早班只有4名行李员,因此,当天中班人员第二天上午必须全部来加班。有的行李员第二天休息,或早有安排或想睡觉,他们肯不肯一大早都来加班呢?

我先放出风声说今天中班行李员明早6:20到岗加班,侧面了解了一下行李员的反应。心里有数之后,我在交接班会上布置任务,并有针对性地谈了应以饭店工作为重,会上多数员工表示愿意加班,但也有个别员工面露难色,说已约好办事情不能来。由于人手有限,缺一人都不行,我让愿意加班的员工先走,请不愿加班的员工留下来单独谈。这样给他们面子,避免在会上难堪,也避免主管与员工在会上的直接冲突。

第二天安排工作时,我把表现好的员工分配在行李多的楼层,勉强来加班的员工在行李少的楼层,并明确告诉他们必须完成任务的时间,不得拖延。时间上我留有一定的余地,以便有意外变动,还来得及弥补。另外我随时督导,促其按时按量地完成任务。

原来需要一小时的工作,半小时就完成了,该团的一位经理惊喜地说:"我们前一站的一家饭店,2小时都出不来行李,想不到在你们这儿,这么快就出齐了。"

完成任务后,我对积极合作的员工公开表扬。对勉强来加班的员工私下表示感谢,感谢他们在主管工作困难的时候给予支持。这样缓解了可能产生的上下级间的紧张关系,有利于今后工作的开展。

问题:行李部工作忙闲不均;临时交办的事很多,如何有技巧地委派工作任务呢?

实践训练

【实训目的】　培养与陌生人交际的能力和饭店内部人际沟通的能力。

【实训内容】　交际与沟通。

1. 主动同一位相关专业的陌生人士交往,交流某个专业问题;

2. 或者同一位认识的人,通过沟通解决一个难题;

3. 运用交际与沟通理论,讲究交际与沟通的艺术;

4. 事先要有精心的策划,必要时候要进行简要的小结。

【实训时间】　2课时。

【实训方法】　学生分组讨论,从管理人员的角度说出各自的观点,然后教师再在此基础上进行引导,要求学生学会分析问题的思路,从而找到解决问题的最佳突破口。

【实训考核】

1. 完成下表。

沟通实录及考核卡

沟通主体		沟通对象		单位及职务	
沟通目标		时间		地点	
项　目		评　　价			得　分
沟通前计划					
沟通过程实录					
沟通后体会					
综合评价及得分					

2. 课上班级组织一次交流,每个组推荐2人介绍交际与沟通过程及体会。

3. 由教师与学生进行评估与打分。

课后阅读

特殊情况可以破例

在××宾馆的一个客房内,新来不久的清洁嫂李阿姨手拿抹布,踮着脚尖,正在仔细地擦拭着浴室的镜子。通过镜子,可以看到李阿姨工作的情境,还可以看到她擦镜子时紧锁的眉头。突然,李阿姨停止了工作,脸部露出十分痛苦的神情,靠在云石台前。她从裤兜中掏出一把东西,塞进嘴里嚼起来。很快,李阿姨的眉头舒展开来了,双手又开始快速地在镜面上移动,就在此时她看到镜子中的领班。

"李阿姨,你在吃东西吧?"顿了顿,领班严肃地说道,"饭店规定,上班时间是不能随便吃东西的。""对不起,领班。我知道规定,可是我……"没容李阿姨说完,领班已打断了她的话："既然知道规定，那就是明知故犯，按规定罚款 10 元。"李阿姨涨红了脸，不知道是因为生气还是因为害臊。她看了看比自己小近 20 岁的领班，无可奈何地摇了摇头。

以后的工作中，李阿姨的工作热情明显不高，还险些出现不应有的差错。主管发现李阿姨情绪异常，于是主动找她谈话。在亲切和平等的交谈中，主管知道了事情的真相。原来李阿姨患有较重的胃溃疡，春暖花开时胃病发得尤其频繁。发病时胃部很疼，不得不吃点东西来缓解一下。今天李阿姨吃的是几粒花生米，自从有病以来，她几乎天天都在兜里装上一把。

"李阿姨，你现在感觉怎么样？"主管关切地问道。

"好多了，就是发病时真疼。"她又无可奈何地摇摇自己的头。

"没关系。李阿姨，我允许你吃东西。"主管望着对面李阿姨吃惊的目光一字一眼地说道："你的情况特殊，可以破例。不过，如果你发病，别忙着工作，先到服务间休息一下，喝点热水，吃点东西。你看好吗？这一方面也是为了饭店的整体形象。"

"好的，好的，我只需要几分钟就行了，决不给领导和同志们找麻烦。"李阿姨感激地说道。

"那咱们一言为定，剩下的事情由我去向大家解释。"主管也满意地笑了。

点评：

综观整个事情的经过，可以看出该宾馆客房部某领班和主管的两种不同的管理方式及其不同结果。领班在看到表面现象后，既未深入调查，亦未从如何解决问题出发，只是罚款了事，其结果是造成李阿姨的逆反心理。这位领班简单化的管理作风造成了消极的后果。富有管理经验的主管，从李阿姨的异常情绪中发现了问题，继而以平等待人的姿态深入了解事情的原委，然后根据具体情况，做出很有人情味的决定，从而解决了问题，使管理者和被管理者双方都满意。员工有了错误，处罚是必要的，但毕竟不是主要的。重要的是从问题的本质上去挖根源，寻找比较满意的解决办法，以达到最好的效果。这是优秀的管理人员应有的素质之一。

参 考 文 献

[1] 孟庆杰. 前厅客房服务与管理[M]. 大连：东北财经大学出版社，2013.

[2] 赵燕兰. 前厅客房服务与管理[M]. 西安：西安交通大学出版社，2012.

[3] 罗峰，杨国强. 酒店服务与管理[M]. 北京：中国人民大学出版社，2012.

[4] 郑向敏. 饭店质量管理[M]. 北京：旅游教育出版社，2005.

[5] 刘伟. 前台与客房管理[M]. 北京：高等教育出版社，2002.

[6] 何建民. 现代酒店管理经典[M]. 沈阳：辽宁科学技术出版社，2000.

[7] 陈雪琼. 前厅、客房的服务与管理[M]. 北京：机械工业出版社，2005.

[8] 黄志刚. 前厅服务与管理[M]. 北京：北京大学出版社，2012.

[9] 贺湘辉. 酒店前厅管理实务[M]. 广州：广东经济出版社，2011.

[10] 徐文苑. 饭店前厅管理与服务[M]. 北京：北京交通大学出版社，2011.

[11] 郑宏博. 前厅服务与管理[M]. 大连：东北财经大学出版社，2000.

[12] 朱承强. 前厅服务[M]. 北京：旅游教育出版社，2000.

[13] 陈媛媛，梁玉社. 饭店前厅管理[M]. 北京：旅游教育出版社，2006.

[14] 周志宏，陈江. 前厅客房服务与管理[M]. 长沙：中南大学出版社，2005.

[15] 谢玉峰. 前厅服务与管理[M]. 郑州：郑州大学出版社，2004.

[16] 吴军卫，雷明化，卢静怡. 旅游饭店前厅与客房管理[M]. 北京：北京大学出版社，2006.